LE PAYSAN SOLDAT.

BESANÇON, IMPRIMERIE DE J. JACQUIN.

LE

PAYSAN SOLDAT,

ÉPISODE

DE LA RÉVOLUTION ET DU CONSULAT;

PAR MATHIEU CHARRUE,

Auteur des *Mémoires d'un vieux paysan* et des *Lettres d'un vieux paysan*,

PUBLIÉ

PAR A. DEVOILLE.

BESANÇON,

CORNU, LIBRAIRE-ÉDITEUR,

Rue Saint-Vincent, 31.

1853.

AVANT-PROPOS.

Nous tenons parole [1] : voici encore quelques pages extraites des papiers du *Vieux Paysan*. Nous avons cru bon de sauver de l'oubli ces récits, intéressants à plus d'un titre ; il n'est pas inutile, dans le siècle où nous vivons, de mettre sous les yeux du lecteur quelque exemple de cette fermeté chrétienne, qu'on sait admirer encore, mais qu'on n'imite presque plus.

Ce livre s'adresse particulièrement aux militaires et aux habitants des campagnes. Les premiers y apprendront comment un homme de cœur sait conserver intactes sa foi et ses mœurs jusque dans la licence de

---

[1] Voir les *Mémoires d'un vieux Paysan*, 2ᵉ édit., p. 168. Note au bas de la page.

la caserne et des camps, et comment la véritable piété s'allie à la franchise et au courage du soldat. Les seconds verront, avec un sentiment de légitime orgueil, un de leurs frères traverser toute une époque de corruption et d'impiété, sans rien perdre des principes qu'il avait puisés dans l'excellente éducation des champs. Du reste, toutes les autres conditions y trouveront aussi de quoi s'édifier et s'instruire.

Quant à l'exactitude des détails historiques, on ne saurait la mettre en doute. Nous renvoyons ceux qui voudraient la constater aux historiens contemporains : à MM. Thiers, de Conny, Gabourd, de Norvins, etc., etc.

Puisse ce nouvel ouvrage, écrit sans prétention et sans art, atteindre le but que se fût proposé l'honorable auteur, si sa modestie n'eût jugé ces pages indignes de voir le jour !

L'Editeur, A. DEVOILLE.

Saint-Loup-sur-Angronne (Haute-Saône), 1er mai 1853.

LE
PAYSAN SOLDAT.

I.

La guerre.

L'arrêt en était porté : je devais m'arracher du sein de ma famille, et courir les chances de ce terrible métier qui s'appelle la guerre !

La guerre! ah! qui a inventé ce mot funeste, et cette chose plus funeste encore? Quelle fatalité cruelle porte les hommes, des frères, à se précipiter les uns sur les autres, à se traiter avec une férocité que ne connaissent pas même les animaux les plus sauvages?

Bien des fois, appuyé sur le manche de ma charrue, j'avais réfléchi sur cet étrange mystère de la nature humaine. Je m'étais demandé comment des hommes qui ne se sont jamais vus, qui ne se connaissent pas, qui ont cent raisons de s'aimer, et n'en ont aucune de se haïr, ont le triste courage de se donner la mort. Je m'étonnais surtout que l'art de tuer ainsi des êtres faits à son image pût s'appeler la gloire ! Les grands capitaines, dont les noms retentissent dans l'histoire, ne me semblaient guère que de fameux bouchers, dont tout le mérite avait consisté à amonceler des cadavres humains. Leur gloire alors me semblait analogue à celle du lion qui a ravagé le désert, ou du renard sanguinaire qui a dépeuplé le poulailler.

Un jour que j'exprimais ces idées devant notre bon curé : « Non, mon ami, me dit-il, tu ne penses pas juste sur ce chapitre important. La guerre, sans doute, a une origine coupable ; mais elle a des résultats divins. Comme la maladie, comme la pauvreté, comme la mort, comme toutes les misères humaines, elle est le fruit du péché. Mais comme toutes les suites du péché, elle peut devenir expiatoire et utile pour le genre humain. La guerre, c'est l'ouragan terrible qui brise, ici des arbres, et là des moissons, mais qui purifie l'air et en chasse les principes délétères. La guerre, c'est le torrent impétueux qui détruit une récolte, mais dépose dans le sein de la terre le limon fertilisant qui doublera celles des années suivantes. La guerre, c'est la saignée pratiquée dans un corps malade, et le sauvant de la mort par un affaiblissement momentané. La société aussi, mon fils, a ses excès, ses débauches, qui lui échauffent le sang, enflamment ses organes, et produisent chez elle des maladies semblables à celles que les médecins appellent apoplexie, congestion, obstruction, pléthore, etc. Il faut alors que le chirurgien attentif ouvre la veine d'un coup de lancette : ce chirurgien, c'est Dieu; cette lancette, c'est la guerre. L'ambition d'un homme, une question souvent minime, un étroit intérêt, un malentendu peut-être, seront la cause, le prétexte apparent de ces chocs terribles des nations. Mais le grand ordonnateur, le commissaire des guerres, le général en chef, c'est Dieu. Lui-même s'est appelé le Dieu des armées. C'est lui qui dirige, selon ses impénétrables décrets, les mouvements aveugles des passions humaines. C'est lui qui porte la pointe sur l'organe malade, détermine la quantité de sang qui doit en sortir, et le moment où il faudra poser l'appareil et bander la plaie. La guerre ! ô mon fils, c'est un remède divin, une opération sublime : c'est — passe-moi cette expression triviale, qui rend mieux ma pensée — c'est la lessive du genre humain. Maudis donc le principe de la guerre, mais bénis ses conséquences. »

Je ne sais si le bon curé ne disait pas cela un peu pour moi. Il m'est venu plus tard dans l'idée que, prévoyant mon avenir, il avait voulu d'avance relever, ou plutôt excuser à mes yeux le métier auquel je devais être un jour condamné. Mais non : ce qu'il disait est vrai, éminemment vrai. La guerre est un fléau, mais un fléau de Dieu. Ses pieds baignent dans le sang, mais sa tête est dans le ciel. Et la gloire de ces guerriers fameux n'est pas tant d'avoir versé le sang humain que de l'avoir épargné peut-être, que d'avoir servi d'instrument à la Providence, pour corriger les folies des hommes ou réparer leurs excès.

En attendant, ce mot passait, comme un présage sinistre, de bouche en bouche : la guerre! la guerre! Tous les échos répétaient : la guerre! Mille rumeurs, plus sombres les unes que les autres, grossissaient les événements, et tenaient les esprits en haleine. Le soir, quand je rentrais du travail des champs, des nouvelles de toute sorte m'attendaient au foyer. C'était avec une tristesse mêlée de joie que j'apprenais les succès de nos armées. Ces victoires, grandies par la renommée, revêtaient pour nous, pauvres paysans, des proportions colossales. Ce frisson révolutionnaire, dont nul n'était absolument exempt, cet orgueil national, ce goût de liberté, s'associant au bruit du canon triomphant, enflammaient les têtes et les cœurs de je ne sais quel délire qui n'était pas sans charmes. C'était comme ce moment de la fièvre où le corps éprouve une sensation de bien-être, précurseur de la crise qui doit suivre.

II.

Le départ.

Je l'ai dit ailleurs : j'avais embrassé mon père malade en prison ; j'avais dit un dernier adieu à ma mère, à mes frères, à mes sœurs ; j'avais jeté un coup d'œil attristé sur nos campagnes, sur cet horizon natal qui reste toujours à nos yeux le plus doux et le plus beau, et je partais pour l'armée (1).

Oui, mon cœur se serra d'une étrange façon, quand, repassant dans ma mémoire les figures, les noms, les lieux que je quittais, je me dis à moi-même : Tu ne les reverras probablement jamais ! Oh ! que de sentiments divers, que de vives attaches sommeillent dans le cœur de l'homme, et n'attendent qu'une occasion pour s'agiter ! Jeunes soldats, sous les yeux de qui tomberont ces lignes, dites combien de sensations différentes se sont éveillées dans votre cœur au jour où vous quittiez pour la vie orageuse des camps l'existence paisible du foyer.

(1) Voir les *Mémoires d'un vieux Paysan*, XXIX et XXX.

Comme tout vous semblait beau ! Combien vous aimiez davantage les êtres avec qui vous aviez vécu jusqu'alors ! Leurs voix avaient un timbre plus pénétrant, leurs figures une expression plus douce ; une foule d'objets, jusque-là indifférents, revêtaient à vos yeux une couleur et des charmes inconnus. N'est-il pas vrai que jamais la patrie ne vous parut plus belle, le foyer plus doux, le repos plus désirable ? Mais, hélas ! c'est en vain qu'on résiste, c'est en vain qu'on s'afflige : l'ordre terrible est donné, il faut partir !

Je dois dire ici, à mon honneur, que je n'avais pas sacrifié à un usage assez misérable qui s'est introduit parmi les conscrits : celui de faire précéder le jour du départ d'orgies prolongées, de parties de table et de débauche, dans lesquelles on cherche à noyer ses chagrins et à s'étourdir soi-même. Ce fut en vain que quelques jeunes gens du village et des environs, qui, pour diverses raisons, n'avaient pu, aussi bien que moi, répondre plus tôt à l'appel, vinrent essayer de m'entraîner dans leur compagnie. Je venais de laisser mon père en prison : ses avis si sages, si paternels, retentissaient encore à mes oreilles ; je voyais mes frères et mes sœurs en larmes ; ma pauvre mère, plus morte que vive, me priait de ne pas la priver un seul instant de la vue d'un fils qu'elle pouvait bien ne plus jamais revoir... Oh ! non, je ne fus pas même tenté de prendre part à cette joie factice, à ce tumulte étourdissant, qui émousse le chagrin sans le guérir, et dégrade l'homme sans profit. Toute ma vie j'avais éprouvé une invincible répugnance pour l'abus du vin, et rien ne me semblait digne d'horreur et de pitié comme l'homme assez vil pour se ravaler par l'ivresse au rang de la brute. Mais en cette circonstance le sentiment de l'honneur parlait plus fort encore : je ne pouvais offrir à mes parents, au moment de les quitter, un spectacle humiliant qui eût pu faire craindre que leur fils, livré à la vie des camps, ne dût devenir, comme tant d'autres, un ivrogne ou un débauché.

J'étais donc pleinement calme et maître de moi-même, au moment où je franchissais la dernière limite du sol natal. Ah! mes réflexions étaient sérieuses et amères. Je relevai les yeux au ciel pour demander du courage, et, me jetant à genoux au pied d'un chêne qui bordait la route, je dis à Dieu du fond de mon cœur : *O mon Père, s'il est possible, faites que ce calice passe loin de moi. Du reste, que votre volonté se fasse et non la mienne* (1). La prière donne du courage ; il me sembla qu'une voix intérieure me répondait que la Providence veillerait sur moi et sur les miens, et que nous nous retrouverions un jour au foyer. Dès lors mes sombres pensées firent place à l'espérance ; et si ma tristesse ne fut pas entièrement dissipée, elle diminua du moins devant la consolante pensée que je ne quittais pas pour toujours les lieux qui m'avaient vu naître.

Un incident survint alors, qui fit sur moi une impression désormais ineffaçable. Au détour de la forêt, une jeune fille se présenta à moi : c'était l'une de mes

---

(1) Math., XXVI, 39.

sœurs, nommée Elisabeth, celle de toutes qui m'aimait le plus, et pour laquelle j'éprouvais aussi l'affection la plus tendre. Elle avait quinze ans ; dès son bas âge on avait remarqué en elle une maturité de jugement, une gravité, et surtout une piété, qui la distinguaient de toutes les jeunes filles de la paroisse. Elle s'approcha de moi, me prit la main, qu'elle baisa, et me dit : « Mathieu, j'ai voulu te revoir et te faire une petite commission de la part du Bon Dieu et de la Sainte Vierge. Nous ne savons pas ce que tu dois devenir : mais ce que je sais, moi, c'est que personne ne saurait périr quand il aime Jésus et Marie. Sois fidèle, mon bon ami, sois inébranlable dans la foi de ton enfance ; ne rougis jamais du Bon Dieu devant tes camarades, et le Bon Dieu saura bien te protéger contre les périls. Va, il n'y a rien de plus beau qu'un soldat chrétien. En attendant, promets-moi de ne jamais te séparer de ce signe. » En même temps, elle tira de sa poche un scapulaire, et me le passa au cou, en m'embrassant tendrement.

Je ne saurais dire combien mon cœur fut touché de cette démarche. Ma force semblait m'abandonner, et je sentais toutes mes plaies se rouvrir. Je ne répondis qu'en lui serrant la main, et en faisant jaillir mes larmes. Elle s'en aperçut, et, conservant son calme le plus parfait, elle me dit : « Je ne suis pas venue pour t'attendrir, Mathieu, mais pour te fortifier. Aie du cœur, mon ami ; cela sied à un soldat, et surtout à un soldat chrétien. Pendant que tu étais près de mon père, nous avons eu le bonheur de voir M. le curé, qui nous a dit la messe en secret (1). J'ai communié à ton intention, et j'ai fait bénir pour toi ce scapulaire. Prends-le, porte-le, ne t'en sépare jamais, et compte qu'il te protégera contre les balles de l'ennemi, et bien plus encore contre les dangers de toute sorte que l'on court dans la compagnie des soldats. Chaque soir tu le baiseras avant de te coucher, en souvenir de ta famille, et surtout de ta petite Elisabeth. Me le promets-tu ? — Oui, chère amie, lui répondis-je en versant de nouvelles larmes ; je te le promets devant Dieu : ou je mourrai avec ce scapulaire sur le sein, ou je reviendrai avec lui. — Alors, adieu ! mon frère, et que le Ciel te protége. Ah ! que je vais prier Marie pour toi ! »

Elle m'embrassa de nouveau, affectant une force plus apparente que réelle ; je sentais bien que sa voix avait faibli. Elle ne pleura cependant point, tandis que moi je laissais couler mes larmes. Elle s'éloigna ensuite sans détourner la tête ; mais comme je la suivais d'un regard humide de pleurs, je la vis incliner le front et s'essuyer les yeux de son mouchoir ; sa tendresse l'avait emporté, et sa douleur s'était fait jour par les larmes.

O ma bonne Elisabeth ! que ta démarche m'a fait de bien ! C'est à toi peut-être, après Dieu, que je dois d'être resté ferme dans ma foi. Soldats qui avez une mère, des sœurs pieuses, je ne désespérerai jamais de votre

---

(1) Le lecteur n'a point oublié que ceci se passe en 1793, quand les prêtres fidèles étaient obligés de se cacher pour échapper à la guillotine.

salut. Ces voix-là sont toutes puissantes au ciel. Recommandez-vous à leurs prières, et priez un peu avec elles. Surtout ne dédaignez jamais leurs avis. Ce mot de ma chère Elisabeth est vrai : Il n'y a rien de plus beau qu'un soldat chrétien.

III.

L'arrivée au régiment.

Quel moment que celui où le jeune soldat arrive à la caserne ! Quelle que soit l'idée qu'il a pu se former par avance de sa nouvelle position, elle est au-dessous de la réalité. Nous autres surtout, pauvres enfants de la campagne, nous étions bien nouveaux, bien étonnés au milieu de ce tumulte et de cette licence des vieux troupiers. Car le soldat se croit en droit de se dédommager par une liberté sans bornes de la contrainte de la discipline. Le soldat est admirable sous les armes et en face de l'ennemi ; mais à la caserne et dans l'oisiveté du repos, qu'il est triste, souvent qu'il est misérable ! Quelle corruption de langage et de mœurs ! Quelle dépravation profonde !

D'un trait, je mesurai l'étendue de l'abîme où j'étais précipité. A peine, revêtu d'un mauvais uniforme, avais-je paru au milieu de mes compagnons d'armes, que je compris qu'il fallait m'armer de courage, pour tenir tête à l'orage qui allait se former contre moi. Chacun sait à quelles épreuves est soumis le jeune soldat à son entrée au régiment. On sonde d'abord sa bourse, et tant qu'on lui sait une pièce de monnaie, on ne le lâche pas qu'il n'ait payé à boire. Ce n'était pas là, du reste, ce qui devait le plus me coûter : d'abord parce que je tenais fort peu à l'argent, et ensuite parce que j'en avais fort peu. Au moment du départ, ma pauvre mère, affligée de n'avoir pas de quoi garnir ma bourse, voulait ou vendre ou emprunter. Je m'opposai à l'un et à l'autre. Mon père, en refusant la faible somme que je lui offrais en prison, m'avait donné un exemple qu'il était bon d'imiter : je me contentai donc des quelques économies que mes sœurs me forcèrent à accepter, et dont le total se montait à quinze francs en argent et cent francs en assignats. C'était avec ce riche pécule que je paraissais au régiment.

Je dois le dire, je me montrai sur ce point de bonne humeur. Dès que j'eus été introduit à la caserne par je ne sais quel intendant ou quel commissaire des guerres, je me vis entouré d'une douzaine de compagnons qui, en me tutoyant, me frappèrent sur l'épaule, comme si nous nous fussions connus dès le berceau. — Ah çà ! camarade, me dit un caporal, aujourd'hui on paie la bienvenue : il faut que tu *dégaînes*. — Volontiers, mes amis, dis-je en montrant ma bourse; vous le voyez, il n'y a pas lourd; mais tant que cela durera, à votre service ! — Un bravo universel accueillit ma réponse. Mon père, en me donnant des avis sur ma future position, m'avait dit : Mon fils, pour te faire aimer du soldat, donne tout, moins ta conscience.

Soldats, gravez en lettres d'or ce principe dans votre cœur : Tout donner, moins sa conscience.

Je profitai de l'avis, et nous allâmes nous installer dans une guinguette. Surmontant mes chagrins, je me montrai gai, facile et ouvert, m'efforçant de tenir le haut bout de la conversation, et de la diriger, en quelque sorte, de peur qu'elle ne tombât trop bas. J'eus peine, je dois l'avouer, à y réussir ; mais comme je savais que tout dépend du commencement, je tenais à me montrer dès l'abord ce que je voulais rester toute ma vie : facile sur certains points, inflexible sur d'autres.

Un soldat seul peut comprendre combien j'eus à souffrir dès le début. La licence des casernes est grande aujourd'hui ; elle était plus grande alors. Aujourd'hui, du moins, le principe religieux est debout ; s'il n'est pas toujours respecté, encore conserve-t-il quelque influence, même sur les plus corrompus. Mais alors la religion était détruite, dans les lois comme dans les mœurs; Dieu était banni du milieu des hommes ; tous les signes de la foi avaient disparu, et, à moins d'en avoir été témoin, on ne se figure pas à quel affreux débordement se livraient les passions, libres enfin du joug qu'elles avaient porté. Il me répugnerait de tracer ici les tableaux dont mes yeux ou mes oreilles furent les témoins forcés. Mais, je le répète, c'était chez moi un parti pris de ne pas faiblir : j'avais adopté pour règle invariable le mot de mon père : Tout céder, moins ma conscience.

Mes compagnons débutèrent par des plaisanteries grossières : je n'y fis aucune attention. On insista : je cherchai à détourner le sujet de la conversation, et j'y réussis plus d'une fois. Mais quelle rougeur couvrait mon front, quelle honte me faisait baisser les yeux devant cette première leçon de libertinage ! Elevé dans l'innocence, au sein d'une famille où jamais un mot impur, une action indécente, n'avaient frappé mon imagination, quel étonnement, quelle tristesse n'éprouvais-je pas à entendre ces hideuses équivoques, ces lascives plaisanteries, qui me révélaient des infamies dont je n'avais pas jusque-là la plus légère idée ! Oh ! avec quelle ferveur je priai Dieu secrètement de ne pas permettre que mon âme fût souillée de ces exhalaisons du vice ! Je me souvins de mon scapulaire ; je portai ma main pour l'appuyer secrètement sur mon cœur, et me mettre, en quelque sorte, sous sa protection. Cela me donna une force singulière. Les traits envenimés tombèrent à côté de moi, sans m'atteindre. Je ne sais s'il y avait chez mes compagnons intention de corrompre un nouveau frère d'armes, ou s'ils ne faisaient que lâcher la bride à leurs vieilles habitudes ; mais ce fut pendant toute la soirée un déluge de plaisanteries obscènes. Je trouvais le temps horriblement long. A la fin, un soldat d'un certain âge, et qui avait servi longtemps sous Louis XVI, s'apercevant que je ne prenais aucune part aux jeux qui les amusaient si fort, m'en demanda la raison. Je crus que c'était l'occasion de faire ma profession de foi, et de prendre, dès l'abord, la position que je voulais conserver. Voici à peu près ce que je répondis :

— Je dois vous avouer, camarades, que ce que vous

dites là me va fort peu. J'ai été élevé simplement, et dans les principes de ce que vous appelez aujourd'hui superstition, et de ce que l'on nommait autrefois religion. A parler franchement, j'aime ces principes-là, et j'y tiens. C'est mon idée. Je ne connais rien du tout au langage que vous tenez, et je ne vous dissimule pas qu'il me déplaît fort. Il y a quelque chose en moi qui se révolte contre cette licence de paroles ; il me semble qu'il y a assez de choses honnêtes au monde pour entretenir une conversation, sans avoir recours à ces turpitudes. Tenez, franchement, je suis sûr qu'au fond vous en rougissez un peu, et que plus d'un d'entre vous éprouve de la honte avant de les dire, et du remords après les avoir dites. Eh bien ! pourquoi nous mettre sur ce pied ? Je ne crois pas que l'on gagne grand'chose à toutes ces sottises-là. Je crois même qu'on s'estime toujours un peu moins, après s'en être rendu coupable.

— Tu es encore novice, reprit le vieux soldat, qui était certainement le plus corrompu de la troupe. Aujourd'hui que tu paies à boire, on te fait grâce ; mais une autre fois, il n'en sera plus de même. Tu feras comme les autres, ami Charrue, ou tu diras pourquoi. Nous ne voulons point de bigot parmi nous. Tu parleras, tu agiras comme doit le faire un franc troupier, un républicain, un vrai sans-culotte, ou tu dégaineras le sabre, quand il n'y aurait que moi. Tiens-toi cela pour dit, et.... à ta santé !

— A ta santé ! Barreau, répondis-je en trinquant avec lui et sans perdre contenance. Ne crois pas cependant que tu me feras plier à ton gré. Il y a en moi quelque chose qui ne plie pas : c'est la conscience. Quand tu auras un plaisir innocent à partager, un service à demander ou à rendre, je suis prêt. Mais pour tout ce qui contrarie ma manière de voir, d'après les principes que j'ai reçus, non, Barreau, non, tu n'y toucheras pas. Doux comme un agneau partout ailleurs, tu me retrouveras là fier comme un lion. Et sais-tu pourquoi ?

— Parle.

— Je suis libre, et je veux l'être jusqu'au bout. L'échafaud serait là, tu m'entends ? je ne reculerais pas. Tu as eu sans doute un père, une mère, et tu sais quels liens nous attachent à ces êtres chéris. Eh bien ! je leur ai juré de rapporter au foyer, si j'y dois rentrer jamais, les idées que j'en ai emportées ; et je tiendrai parole ; et ni toi, Barreau, ni tout autre, ne m'empêcherez de remplir ma promesse. Vous appelez lâche celui qui recule devant l'ennemi ; celui-là est bien plus lâche qui recule devant une plaisanterie. Non, camarades, je ne faiblirai pas. Souillez-vous tant qu'il vous plaira de paroles ou d'actions que vous avez l'air de croire plus ou moins innocentes : quant à moi, dès que ma conscience les condamne, je ne saurais y prendre part ; je ne veux pas que mon père ou ma mère puissent jamais rougir de moi.

Le ton ferme dont je prononçai ces paroles parut faire impression sur quelques-uns. En tout cas, il leur ferma la bouche. J'avais voulu dès l'abord prendre une attitude décidée : mon but était atteint.

Jeunes soldats, qui avez apporté du sein de la famille le sentiment de la vertu et la pratique des devoirs religieux, et qui désirez les conserver, suivez la même voie que moi. Ne vous laissez pas intimider par des railleries ou de plats sobriquets. Posez-vous dès l'abord tels que vous voulez rester, et vous verrez qu'à la fin vous obtiendrez l'estime même de ceux qui auraient voulu vous entraîner au vice. Vous mettez votre courage au service de la patrie : le refuseriez-vous à Dieu ?

IV.

Les chefs.

Ce que la tête est dans le corps humain, les supérieurs le sont dans la société. Du jour où les hommes qui sont chargés de guider les autres sauront se maintenir dans la ligne du devoir religieux, de ce jour-là la foi reprendra son empire. Malheureusement, le plus grand nombre de ceux que leur position ou leur charge élèvent au-dessus des autres donnent l'exemple de l'indifférence religieuse ou de l'immoralité.

A l'époque où j'entrai au régiment, la plus grande licence régnait dans les camps. Les officiers eux-mêmes affichaient le libertinage le plus éhonté. Un lecteur honnête ne pourrait soutenir la peinture des mœurs de ce temps de désordre. Braves sur le champ de bataille, hardis jusqu'à la témérité, pleins d'un enthousiasme guerrier que la mort seule pouvait éteindre, nos chefs offraient dans leur vie privée le spectacle le plus cynique et le plus dégoûtant. La rapidité des marches, l'agitation incessante que la guerre entraîne, pouvaient bien absorber habituellement l'attention de ces fougueux républicains. Mais dès que la victoire ou quelque autre circonstance leur donnait une heure de repos, c'était une affreuse émulation à lâcher la bride à toutes les passions. On se dédommageait par les honteuses satisfactions des sens des longues privations que la guerre avait imposées.

Bien des fois, depuis que j'ai quitté l'armée, je me suis informé près des militaires qui rentraient dans leurs foyers de l'état des choses au sein de nos garnisons, et surtout de la conduite des officiers. J'ai appris avec une grande tristesse que, à part un petit nombre d'exceptions, ce corps, si respectable d'ailleurs par la science et la bravoure, donne l'exemple d'une profonde indifférence en matière de religion, et quelquefois même d'une scandaleuse immoralité. On m'a cité des faits bien humiliants pour l'état militaire et pour l'humanité. J'ai appris avec surprise que des jeunes gens, élevés chrétiennement et convaincus, au fond, de la nécessité des pratiques religieuses, n'osent pas confesser leur foi, retenus qu'ils sont par un misérable respect humain. Oh! vraiment, c'est déshonorer l'épaulette. On m'a nommé même des officiers qui, pressés par leur conscience et n'ayant pourtant pas le courage d'affronter de sottes railleries, se cachent pour remplir leur devoir religieux, se confessent et communient en secret : comme s'ils commettaient une action condamnable. Prodige vraiment inexplicable! des hommes qui sont si braves en présence de l'ennemi, qui jouent, pour ainsi dire, avec le péril, reculent misérablement devant le sourire ou le mot railleur d'un de leurs camarades !

Que nous sommes loin des jours où les Catinat et les Luxembourg donnaient eux-mêmes, en tête de leurs armées, les exemples de la piété la plus humble et la plus sincère ! Et en étaient-ils moins redoutables à leurs ennemis, parce qu'ils étaient fidèles à leur Dieu ? Au jour des justices, le modeste chapelet qu'ils ne rougissaient point de réciter ostensiblement devant leurs soldats, pèsera peut-être plus dans la balance du souverain Juge que les brillantes victoires auxquelles leurs noms sont restés attachés.

L'inférieur imite naturellement son supérieur. Il serait étonnant que le soldat fût chaste quand l'officier est libertin. Qu'il est donc à désirer que les chefs de nos armées offrent en leurs personnes l'exemple d'une irréprochable fidélité aux lois de la religion ! Bientôt leurs subordonnés marcheraient sur leurs traces, et l'armée présenterait alors un spectacle admirable à la terre et au ciel.

Toutefois, les fautes des chefs ne justifient point celles des soldats. Le militaire chrétien sait que, s'il doit le respect et l'obéissance à ses supérieurs, il doit aussi sa conscience à Dieu. Le service militaire passe ; le service de Dieu ne passe pas. Si un capitaine ou un colonel peuvent être nos juges sur la terre, Dieu seul sera notre juge au sortir de cette vie. Le vrai code du soldat est dans l'Evangile, et à celui qui pratique ce code-là le code militaire ne coûte rien.

Au bout d'une semaine, je connus la conduite de chacun de mes chefs, et je vis avec douleur qu'il n'en était pas un que je pusse prendre pour modèle. Mais cela ne me déconcerta pas. — Je les écouterai, me dis-je à moi-même, toutes les fois qu'ils me parleront d'honneur et de patrie ; je serai prompt comme l'éclair pour obéir à leur moindre commandement ; mais là s'arrêtera mon obéissance. Je tirerai le voile sur leur conduite, et chercherai ailleurs mes modèles.

On comprendra facilement quel devait être l'étonnement d'un pauvre paysan comme moi, en présence des désordres qui me frappaient de toutes parts. Nous avions, comme je l'ai dit ailleurs (1), l'habitude de lire chaque soir, au sein de la famille, la vie du saint du jour ; et j'avais puisé là des impressions de toute sorte qui ne devaient pas facilement s'effacer. C'était là, en particulier, que j'avais pris l'idée du soldat chrétien. Rien, je l'avoue, ne me paraissait plus beau que le caractère d'un Maurice, d'un Géréon, d'un Sébastien. Je voyais le type de l'héroïsme dans ce mâle guerrier qui brave intrépidement la mort sur le champ de bataille, mais se laisse immoler sans résistance plutôt que de renoncer à son Dieu. Je trouvais grand, je trouvais sublime ce saint Maurice, officier du plus rare mérite, qui, après avoir tant de fois guidé son immortelle légion à la victoire, lui donne le premier l'exemple d'une invincible résistance à des ordres impies, et meurt plutôt que de brûler un grain d'encens aux idoles. A son imitation, six mille guerriers, braves comme des lions, deviennent doux comme des agneaux, et tombent égorgés comme dans une boucherie. Et à la place de ce magni-

---

(1) *Mémoires d'un vieux Paysan.*

fique modèle, que voyais-je ? Des hommes dégradés par la débauche, libertins, ivrognes, blasphémateurs, cruels, ambitieux, jaloux, pleins de ces vices que l'absence de toute foi religieuse produit, et que la valeur la plus brillante ne saurait absoudre. Quelle différence !

Et pourtant je ne me laissai point abattre. Doué d'un caractère fortement trempé, je résolus de rester meilleur que mes chefs. Au fond de mon cœur, je me sentais capable de mourir comme Maurice, plutôt que d'abjurer ma foi. Une sorte de doux et légitime orgueil s'empara de moi, et me décida à tenir la tête haute pour l'honneur de mon Dieu. Dussé-je être seul, me disais-je, je ne plierai point le genou devant Baal. Je ressentais cette espèce de plaisir qui s'attache à une difficulté vaincue, cette sorte de jouissance qu'éprouve le nageur à fendre un courant impétueux.

Soldats, qui avez puisé la foi dans votre famille, et qui la désertez à la caserne, vous êtes des lâches ! Je me suis convaincu par moi-même que l'homme de cœur peut rester chrétien partout, et forcer l'estime même des plus irréligieux. Le courage sur le champ de bataille est beau, sans doute ; mais celui que l'on met au service de sa conviction religieuse est cent fois plus grand encore. Le premier fait les héros ; le second fait les saints.

Encore une fois, celui qui sacrifie sa conscience au respect humain est un lâche.

V.

Une nuit de garnison.

A peine avions-nous été dressés pendant un mois aux divers exercices militaires, qu'on nous envoya rejoindre les corps d'armée auxquels nous étions destinés. En ce temps-là, on ne passait pas tout son temps de service à brosser sa giberne et à faire l'exercice ; dès qu'on savait distinguer la droite de la gauche, il fallait partir pour les corps expéditionnaires, c'est-à-dire pour la boucherie ; car il y avait peu de chances qu'on en dût jamais revenir.

Les victoires mêmes épuisaient la France ; le nombre des morts et des blessés était effrayant. Partout les ambulances et les hôpitaux regorgeaient de malades. Aux balles de l'ennemi s'adjoignaient le froid, la faim, les privations ; les victimes tombaient par milliers. On n'a, je crois, jamais su ou jamais voulu savoir ce que ces années désastreuses ont coûté en hommes à la France et aux nations qu'elle combattait.

Je n'ignorais point les chances funestes qui se préparaient pour moi. Un souci vint alors me préoccuper :

souci assez rare chez le soldat. Je songeais que si un coup mortel venait à me frapper sur le champ de bataille, je me trouverais là, en face de mon éternité, sans secours spirituels, sans l'assistance de l'homme à qui Dieu a donné ici-bas le pouvoir d'enchaîner l'enfer et d'ouvrir le ciel. Rien, je le confesse ingénuement, ne m'a jamais paru redoutable comme de mourir en état de péché. Tout ce que les hommes appellent maux, n'en a guère que le titre et l'apparence : cela se guérit ou passe avec le temps. Mais la mort en mauvaise disposition! mais tomber aux mains de ce Juge Eternel, aussi sévère dans sa justice que miséricordieux dans sa bonté, et n'avoir à lui offrir qu'une conscience coupable ou douteuse ! c'était là pour moi le comble du malheur.

Incrédules, qui souriez en lisant ces lignes, vous n'aurez pas toujours la même manière de voir. Je vous assigne à ce moment terrible où il faudra quitter la vie, où les nuages qui vous environnent seront tombés, où votre conscience, longtemps étourdie, vous répétera tout bas ces sourdes, ces lugubres syllabes : Eternité! Ce n'est pas l'épée, ce n'est pas l'épaulette qui vous défendra alors : on laisse ces hochets à la porte.

Le soir donc où nous reçûmes l'ordre du départ, cette pensée assiégeait mon esprit. Demain il faut partir : et où trouverai-je un prêtre? Et qui sait si j'en dois jamais revoir un ? Je m'en allais soucieux dans les rues de Strasbourg, pendant que mes camarades se répandaient dans les guinguettes, et noyaient dans le vin et la débauche les soucis du lendemain. Persuadé que Dieu ne refuse point sa grâce à celui qui le cherche avec un cœur droit, j'espérais suppléer par une contrition sincère au défaut du sacrement que je ne pouvais recevoir. Je me recueillis donc de mon mieux, je recherchai toutes les fautes dont je pouvais m'être rendu coupable depuis ma dernière confession, et en exprimai à Dieu mon amer regret. Il me sembla que la force rentrait dans mon cœur. Les craintes qui m'avaient obsédé s'évanouissaient; je me sentais mieux disposé à faire le sacrifice de ma vie. Et, au fait, quand on n'a plus rien à risquer dans l'autre monde, on se résigne plus volontiers au sacrifice de celui-ci. J'ai cru remarquer bien des fois que si tant de gens tiennent à la vie, c'est moins à cause des jouissances qu'ils y trouvent, que par la crainte des maux qu'ils soupçonnent au delà. D'où je conclus que, toutes choses égales d'ailleurs, le soldat le plus brave doit être celui qui est le mieux en paix avec sa conscience.

Mais le Ciel vint en aide à ma bonne volonté. Comme j'étais à une demi-heure environ des murs de Strasbourg, je rencontrai un voyageur que je pris pour un marchand, à raison d'un paquet qu'il portait sur le dos. Il m'accosta, et fit mine de rentrer dans la ville avec moi. Nous liâmes conversation, et, au bout de deux phrases, nous nous reconnûmes l'un et l'autre pour des *fidèles*. Un chrétien sous l'habit de soldat, c'était chose rare alors : mais la franchise avec laquelle je m'exprimais dut ôter à mon compagnon jusqu'à la pensée de me soupçonner de dissimulation. Je ne cachai rien de ma position, de ma foi religieuse, de l'inquiétude même qui me préoccupait à cette heure. — Vous êtes un brave, me dit-il ; et Dieu prend en compassion vos saints désirs. Vous voudriez voir un prêtre ? Suivez-moi.

Nous entrâmes en ville. Comme tout était suspect alors, on nous arrêta à la porte. Mon habit répondit pour moi. Mon compagnon exhiba un passeport où se lisait : *Jean-Joseph Durget, marchand de baromètres* (1). Le paquet, ouvert et soigneusement fureté, laissa voir une demi-douzaine de ces instruments. On laissa passer. A vingt pas de là, mon homme se met à crier d'une voix retentissante : *Aux baromètres ! ...rchand de baromètres ! aux baromètres !* Mais après cette exclamation, il me dit tout bas : Restez à vingt pas en arrière, et suivez-moi. Nous parcourûmes trois ou quatre rues, jusqu'à ce qu'une personne se mettant à la fenêtre d'un quatrième étage, invita le *marchand* à entrer. Celui-ci me fit un signe, et je le suivis. Nous montâmes. A l'extrémité d'un corridor, une porte s'ouvrit et se referma sur nous. Il y avait là trois ou quatre personnes, que ma présence parut d'abord intimider ; mais sur les explications du *marchand*, la confiance reprit, et l'on m'introduisit dans une autre chambre, dont les murs étaient tapissés d'emblèmes religieux. Cet aspect me réjouit. J'étais déjà en mal de la vue d'un crucifix et des images des Saints, qui depuis plusieurs semaines n'avait frappé mes yeux.

—Vous voulez vous confesser ? me dit le *marchand ;*

(1) Historique. Ce prêtre est mort depuis peu d'années.

mettez-vous là : recueillez-vous, et attendez un moment. Il m'ouvrit un buffet partagé en deux par une cloison surmontée d'une grille, et qui servait de confessionnal. Un instant après, je fus fort surpris de voir mon marchand reparaître en surplis : c'était un prêtre. Il entendit ma confession, la meilleure peut-être que j'aie faite de ma vie. Sans doute les circonstances y prêtaient : mais je ne me souviens pas d'avoir été plus vivement touché de la grâce qu'en ce moment solennel, où, par une faveur toute spéciale, Dieu daignait visiter son humble serviteur. La parole du prêtre fut grave et pénétrante. Il me donna d'excellents avis, me confirma dans mes bonnes résolutions, et entra si bien dans ma position qu'il fit couler les larmes de mes yeux. Après la confession, il me remit une petite médaille qu'il m'engagea à conserver soigneusement. Je lui ai si bien tenu parole, que je la porte encore aujourd'hui.

Nous rentrâmes dans la chambre voisine, qui se trouva remplie de monde. Le mot d'ordre avait été donné, et les fidèles arrivaient. Quelques jeunes filles se mirent en devoir de parer une commode, comme pour en faire un autel. Je compris ce que cela signifiait. — Monsieur le curé, dis-je alors, est-ce que je ne pourrais pas avoir le bonheur d'entendre la messe? — Mon ami, on la célébrera cette nuit, ici-même: mais... il serait peut-être dangereux pour vous d'y assister, vu la difficulté des temps. — Ah! Monsieur le curé, c'est qu'il y a déjà longtemps que je m'en passe. — Sans doute : mais vos chefs? Mais l'heure? Mais la retraite qui va battre? — Monsieur le curé, nous partons demain, et je ne veux pas m'en aller à jeûn. Quoi qu'il m'en coûte, j'aurai le bonheur d'entendre votre messe, et d'y recevoir la communion. C'est aujourd'hui une dernière nuit de caserne : le désordre est de droit : plus d'un de mes camarades passeront la nuit en débauche; demain les chefs n'oseront pas être sévères, et j'échapperai, à la faveur du tumulte... Et puis, s'il faut souffrir ou mourir, je suis prêt.

Le prêtre céda. En ce moment on battait la retraite : mon cœur palpita. Il me vint en pensée que pour la première fois je violais les lois de la discipline, et que ce n'était pas là le moyen de me rendre Dieu propice. Je sortis donc pour rentrer à la caserne de la Finkmatt, et demander à mes chefs permission de m'absenter pour une partie de la nuit. La caserne était vide : les gargottes étaient pleines de soldats ivres; les recrues affluaient de tous côtés; un bataillon de volontaires de la Haute-Saône venait d'arriver à marches forcées, pour partir avec nous le lendemain, et se mêlait à nos soldats pour chanter et boire. J'eus peine à trouver un capitaine, à qui les yeux sortaient déjà de la tête, et qui répondit à ma demande : Va te faire... tout ce qu'il te plaira, pourvu que tu sois demain à huit heures sur la place, sac au dos. Telle était la discipline de cette époque.

Je retournai donc bien vite à l'obscure habitation, plus belle en ce moment à mes yeux que les plus riches demeures. La foule s'y était encore grossie, en sorte que les deux chambres étaient pleines. On m'avait appris le signe auquel je devais être reconnu. A minuit, le bon prêtre monta à l'autel et célébra la messe. Il avait passé toute la nuit à confesser, et presque tous les assistants s'approchèrent de la sainte table. J'eus aussi ce bonheur ; je ne crois pas l'avoir jamais mieux apprécié. Nuit sacrée, nuit sublime, dont le souvenir n'est pas encore effacé de ma mémoire ! Non, je ne crois pas avoir jamais respiré plus au large, avoir goûté plus de satisfaction qu'en cet heureux moment. J'étais bien vraiment tout à Dieu : je lui recommandai mon père, ma mère, tous ceux que j'aimais sur la terre, et fis avec joie le sacrifice de ma vie.

Quand la messe et l'action de grâces furent finies, l'abbé Durget adressa une exhortation à l'auditoire. L'impression que ses paroles firent sur nous me rappelait les touchantes prédications des catacombes. Nos larmes coulaient en abondance, comme elles durent sans doute couler bien des fois en ces nuits sublimes, où les pontifes et les prêtres persécutés instruisaient les premiers chrétiens au martyre. Oh ! comme mon cœur battait d'émotion et de joie ! J'étais fier, je l'avoue, de représenter là cette généreuse armée française, si croyante, si chrétienne au fond, mais si misérablement égarée par des chefs indignes et par le vertige révolutionnaire.

Le prêtre me prit ensuite à part, et me dit : Je vais redevenir marchand de baromètres. Avez-vous un père, une mère ? D'où êtes-vous ? — Je suis de... mes parents vivent encore ; mais mon père est en prison. — Bon ! je vois que tout chien chasse de race. Avez-vous déjà écrit dans votre famille ? — Pas encore. Je crains...

On dit que l'espionnage s'exerce partout, nous sommes déjà suspects... et j'aurais peine à ne pas dire quelque chose... — C'est cela. Eh bien! écrivez. J'irai vendre un baromètre à votre mère, et je lui donnerai de vos nouvelles. Mais mettez-vous bien au large, et ne vous gênez pas avec elle. — Et si on vous arrête, Monsieur le curé? — Hâtez-vous, mon enfant, et reposez-vous sur moi : je sais mon métier.

On me procura papier et plume, et j'écrivis. Il y a peu de temps encore, je relisais cette lettre, précieusement conservée par ma mère; en voici quelques passages :

« ... Je vous tromperais si je vous disais que je me plais à l'armée, et je ne serais pas franc si je n'ajoutais que c'est vous, chers parents, qui êtes cause des désagréments que j'y éprouve. Oui : pourquoi m'avez-vous inspiré cette délicatesse de conscience, cette sévérité de mœurs, cette timidité même, qui me rendent si pénibles les désordres dont je suis témoin ? O mon père ! ô ma mère ! vous voyez bien que c'est à vos leçons et à vos exemples que je dois de vivre ici dans un tourment continuel. Ah! que le Seigneur est offensé, et qu'il me semble difficile qu'il ne décharge pas à grands flots le vase de sa colère sur nous !...

» Mais gardez-vous de croire que je vous en veuille de l'espèce de martyre que j'endure ici. Je vous remercie, au contraire, de m'avoir prémuni de bonne heure contre les dangers qui m'environnent, et de m'avoir sauvé à l'avance de ce hideux bourbier, où je vois se précipiter tant de jeunes gens, nés sous de meilleurs auspices. Il me semble que le seul aspect de leurs désordres suffirait à m'en tenir éloigné, quand même ma conscience ne me dirait pas que cela déshonore l'humanité...

» Mon père est-il encore en prison ? Vous sera-t-il bientôt rendu ? Doit-il, au contraire, être conduit à l'échafaud ? Questions que je m'adresse chaque jour, cent fois au moins, et dont je ne puis trouver la réponse. Oh ! que cette incertitude m'est pénible ! Cependant, chère mère, si le Bon Dieu décidait que notre bon père dût mourir pour sa gloire, vous devriez vous soumettre à sa volonté sainte. En réalité, ce serait pour lui un sort glorieux et digne d'envie. Il me semble que j'aimerais à le partager avec lui...

» Je pars ce matin, pour l'armée du Nord, dit-on, et sans trop savoir ce qu'il adviendra de moi. Une chose certaine, c'est que je cours grand danger de mort ; mais une chose plus certaine encore, c'est que cela ne m'effraie pas. Je me sens bien décidé à me battre courageusement, malgré la répugnance que m'inspire le gouvernement cruel que nous servons. Dès l'instant que la patrie est en danger, je suis prêt à tout risquer pour elle ; et, quelque méprisables que soient mes chefs, j'obéirai toujours à leur voix...

» Rassurez-vous donc, ma chère maman, sur le compte de votre Mathieu. Au moment de mon départ, vous me disiez : Mon fils, je ne demande qu'une chose, c'est que si tu dois nous revenir, tu reviennes tel que tu es parti ; et que si tu dois mourir, tu meures en paix avec ton Dieu. Eh bien! mère, vos vœux seront exaucés. Votre fils reviendra ou mourra chrétien. Le prêtre qui vous remettra cette lettre, vous dira comment ces serments ont été renouvelés et scellés. Il suppléera à ce que je ne puis vous dire...

» Il m'a promis surtout de faire parvenir à mon père, d'une manière ou de l'autre, des nouvelles de son fils. Aidez-le à cela. Et vous, par toutes les voies possibles, écrivez-moi, donnez-moi de vos nouvelles, des nouvelles de tous. Adressez vos lettres à l'armée du Nord, troisième division. Ne les ménagez pas. Qu'y risquez-vous, pourvu qu'elles ne contiennent rien contre le gouvernement ? Perdues ou égarées, elles ne vous compromettront pas ; mais, arrivant à leur adresse, quelle joie, quel bonheur elles me procureront....

» Mille baisers tendres et respectueux pour vous et pour tous les nôtres. Je sens seulement aujourd'hui ce que c'est qu'un bon père, une bonne mère.... Si Dieu décidait que nous ne dussions plus nous revoir ici-bas, tout au moins nous nous rejoindrons là-haut : cette pensée fait du bien. Dites à ma chère Elisabeth que son scapulaire repose jour et nuit sur mon cœur, et qu'un secret pressentiment me dit qu'il sera ma sauvegarde... Je vous écrirai dès mon arrivée au camp. Adieu, cent fois adieu ! »

Je mouillai cette lettre de mes larmes. Tous les souvenirs du pays s'étaient éveillés en moi à cette occasion ; et la perspective de l'avenir agissant conjointement avec le regret du passé, je sentais faiblir mon courage. Le prêtre me ranima, et me dit d'un ton inspiré : Vous reviendrez. Le Dieu à qui vous restez fidèle veillera sur vous, et Marie, que vous honorez, ne vous abandonnera pas. Vous reviendrez, vous dis-je. — Puis, m'embrassant avec tendresse, il me renvoya à la caserne.

Quand j'arrivai, les rues et les abords de la Finkmatt retentissaient du *Chant du départ* et de la *Marseillaise*; les soldats rentraient de tous côtés, ivres pour la plupart : un tumulte inouï régnait partout, on n'écoutait ni les menaces ni les ordres des officiers. Quelques heures après, un coup de tambour annonçait le départ : et tout rentrait dans l'ordre. Ces indisciplinés, ces hurleurs de nuit, se rangeaient sous leurs étendards : le délire de l'ivresse avait cessé : à la place des fougueux tapageurs qui étaient prêts tout à l'heure à percer de leurs sabres quiconque eût voulu les retenir, on ne voyait plus que des soldats soumis, entièrement rendus à la discipline, et pleins de cet enthousiasme vrai, sérieux, réfléchi, qui est l'orgueil de la patrie et le présage de la victoire.

Ces métamorphoses subites et quotidiennes furent, à mon avis, un des traits distinctifs de la révolution.

VI.

Première bataille.

Moins de quinze jours après, nous étions en face de l'ennemi. J'avais vu, l'avant-veille, passer un convoi de blessés, qui allaient, au plus prochain hôpital, attendre la guérison ou la mort, et je m'étais dit : Ce sera bientôt mon tour.

Exprimer les sensations qu'éprouve le jeune soldat, quand, un matin, il a pris les armes et qu'il voit au loin apparaître l'ennemi, ce serait chose difficile. Les officiers avaient fait distribuer du pain et de l'eau-de-vie ; l'effet de la liqueur, joint à l'enthousiasme guerrier, ou peut-être même à un étourdissement factice, avait excité dans les recrues une ardeur visible : on avait peine à les contenir dans les rangs. Je parle de la majorité ; car un certain nombre paraissaient craindre. Les ennemis étaient plus forts que nous : et les quelques vieux soldats mêlés dans nos rangs secouaient légèrement la tête, en disant : Qu'est-ce qu'on peut à ce tas d'Autrichiens avec une poignée de *blancs-becs?* Ces mots, volant de rang en rang, avaient excité la colère de ces prétendus *blancs-becs,* qui brûlaient de prouver aux vieilles moustaches que les recrues n'étaient pas aussi méprisables qu'on semblait le croire. Bref, on donna le signal, et notre bataillon se mit en marche.

Je n'avais pas bu : j'étais sain de tête, et parfaitement maître de mes réflexions. En avançant contre ce gros d'ennemis, j'eus le temps de songer à mes parents, à mes amis, et de me préparer à mourir. Je baisai secrètement la médaille que le prêtre m'avait remise, je serrai mon scapulaire contre mon cœur, me recommandai à Dieu et à mon bon ange, et bientôt mes jambes, qui avaient un peu faibli, je l'avoue, se raffermirent sous moi. Un instant après, la bataille s'engagea.

On était alors au mois de mai 1793, une des époques les plus critiques de la révolution. La Convention divisée, la France en insurrection, l'ennemi à nos portes, la défiance et la terreur partout : telle était la situation des choses. Depuis la défaite de Nerwinde et la défection de Dumouriez, l'armée du Nord semblait destinée à recevoir une série d'échecs. Il n'entre pas dans mon plan de les décrire : il me suffit de préciser la circonstance où nous nous trouvions alors. Nos troupes, n'ayant pu débloquer Condé, cerné par les alliés, s'étaient retirées au camp de Famars, sous les murs de Valenciennes. Là, le général en chef Dampierre fut tué dans une sortie, le 9 mai ; le général Lamarche lui succéda, et se vit bientôt attaqué dans ses retranchements par l'ennemi victorieux.

Ce fut précisément à ce corps d'armée que j'arrivais, et à cette dernière rencontre que je fis connaissance avec l'ennemi. Les coalisés, comme on les appelait, étaient un assemblage de Hessois, de Hollandais, de Prussiens, etc., commandés par le duc d'Yorck, par le prince d'Orange, par le duc de Saxe-Cobourg, etc. Je ne sais au juste qui composait le groupe auquel notre bataillon alla se heurter. L'affaire fut chaude ; les balles sifflaient autour de nos têtes, et nos jeunes recrues se battaient en braves. Notre artillerie, surtout, fit merveilleusement, car elle arrêta pendant toute une journée l'ennemi sur les bords de la Ronelle, petite rivière qui protégeait l'entrée du camp. Une fois lancé au milieu de ce tourbillon de bruit et de fumée, je perdis, comme tous les autres, le sentiment du danger, et me ruai sur l'ennemi avec un acharnement dont je me serais à peine cru capable. Nos munitions ayant été épuisées, il fallut se battre un moment à l'arme blanche ; je sentis alors sans effroi mon sabre ou ma baïonnette plonger dans un sein d'homme, et un sang chaud rejaillir jusque sur ma figure et sur mes mains. Mes terreurs avaient disparu : je foulais sans pitié les morts et les blessés ; l'aspect du sang excitait mon courage, au lieu de l'ébranler : c'était en moi un trouble, une agitation tels que je ne sais si une pensée claire et nette aurait pu se formuler dans ma tête. Je me souviens pourtant d'avoir plusieurs fois levé les yeux au ciel, et prononcé assez haut les noms de Jésus et de Marie : preuve que la chaleur du combat n'avait pas tout à fait intercepté en moi l'habitude d'élever mon esprit vers Dieu.

Ce fut ainsi pendant six heures. Pendant six heures, je suivis tous les mouvements du bataillon, toutes les ondulations du terrain, toutes les phases de la mêlée, sans autre émotion que de vagues sensations, sans autre pensée que de faire bravement mon devoir. J'ignore ce que des balles lancées au hasard peuvent atteindre ; mais j'ai la mémoire distincte de trois tués et de plusieurs blessés, tombés sous mon sabre et sous ma baïonnette. Le capitaine de ma compagnie fut frappé de mon ardeur, et fit mon éloge après le combat. Beaucoup de mes compagnons étaient tombés à ma droite et à ma gauche, en avant et en arrière : le soir, un assez grand nombre manquaient à l'appel. Bien que l'avantage nous fût resté, le général Lamarche, se sentant trop faible, donna l'ordre de décamper pendant la nuit, et nous nous retirâmes en bon ordre au camp de César, qui se liait à la place de Bouchain, comme celui de Famars se rattachait à celle de Valenciennes.

Le lendemain j'étais nommé caporal ; il y avait juste deux mois que j'étais au service.

VII.

Le chevron de caporal.

Mon chevron me donna un peu d'orgueil. En rentrant en moi-même, je m'aperçus qu'il était plus facile d'être soldat que je ne l'avais cru d'abord. Je comprenais que la circonstance fait l'homme. J'avais senti particulièrement en moi ce qu'on appelle grâce d'état, c'est-à-dire cette action, cette influence secrète, qui met subitement l'homme au niveau du devoir qu'il a à remplir : influence où beaucoup ne voient qu'un effet naturel, mais où le chrétien voit clairement l'assistance de Celui qui a promis d'être toujours présent, au jour et à l'heure où il faut que sa volonté s'accomplisse.

Oui, ce premier pas dans la carrière me fit un sensible plaisir. Mes yeux se reportaient toujours sur la manche où brillait le bienheureux chevron ; je le considérais avec une joie enfantine ; il semblait changer à mes yeux la couleur de l'avenir. Je commençais la carrière des honneurs ; pour la première fois de ma vie j'avais des inférieurs. C'était peu de chose, sans doute ; mais à quoi l'amour-propre ne peut-il pas s'attacher ? L'imagination, de sa baguette féerique, se mit à frapper; et je vis une brillante carrière s'ouvrir devant moi; je devenais sergent, sous-lieutenant, lieutenant, capitaine, que sais-je? Je crois que l'imagination ne s'arrêta qu'au grade de général.

Cependant la pensée chrétienne ne m'abandonnait pas. Je fus bientôt honteux de ces sentiments d'amour-propre, et en demandai pardon à Dieu du fond de mon cœur. Du reste, je me dois cette justice que, même dans la satisfaction d'être supérieur à quelqu'un, se retrouvait la joie de pouvoir donner le bon exemple avec plus d'autorité. Je songeais que si jamais je devenais capitaine, à plus forte raison général, j'aurais à cœur de faire tout autrement que les autres; je me réjouissais de pouvoir offrir à mes inférieurs l'exemple, à peu près inconnu alors, d'un officier religieux et moral. Que ce souvenir efface devant Dieu la tache qu'un instant d'orgueil imprima sur mon âme!

Mais toute joie a ici-bas son contre-poids. J'appris alors à connaître un mal que j'ignorais encore, chez moi comme chez les autres : la jalousie. Je devins un objet de jalousie pour mes camarades de la veille, mes inférieurs d'aujourd'hui. Tous croyaient avoir autant de droits que moi à cette légère distinction : plusieurs croyaient y en avoir davantage. Mon malheureux chevron devint donc une pomme de discorde dans la compagnie, et une source d'amertume pour moi. On criait plus ou moins haut à l'injustice, au passe-droit. Le capitaine, qui m'avait obtenu ce grade, avait cru remarquer en moi une ardeur particulière au combat. Je savais lire et écrire : avantage dont très peu de soldats jouissaient alors. D'ailleurs, ma bonne mine, une taille avantageuse, une grande force physique, et peut-être même ma sobriété et ma réserve, avaient fait sur lui une heureuse impression : il croyait deviner en moi un futur officier. C'était à cela sans doute que je devais la petite distinction dont j'étais honoré. Mais ce fut précisément à cela que je dus la mauvaise humeur qu'elle excita. Les vieux soldats murmuraient : il leur semblait que plusieurs années de service et de laborieuses campagnes leur donnaient le pas sur un novice, arrivé de la veille au régiment. Les volontaires surtout faisaient entendre leurs plaintes. Chacun sait quel rôle jouaient alors dans les armées ces hommes, dévoués, il est vrai, à la cause de la République, mais arrogants, présomptueux, indisciplinés, estimant au plus haut prix leur dévouement, et se dédommageant souvent de leur sacrifice par le droit qu'ils s'attribuaient de diriger les affaires et de contrôler les chefs. Personne n'ignore, par exemple, que six volontaires avaient eu l'audace de se présenter, le 31 mars précédent, pour arrêter Dumouriez, le vainqueur de la Belgique et de la Hollande ; et que ce brave et malheureux général fut obligé de se défendre, aidé d'un domestique, contre ces audacieux, qui s'étaient donné la mission de venger, disaient-ils, la patrie, en arrêtant un traître. Tel était alors le genre du dévouement.

Mon chevron, dès ce moment, n'eut plus le même attrait pour moi. Je devinais sur les traits des soldats l'aversion que je leur inspirais ; on me regardait de travers, on fuyait ma compagnie. Les allusions désagréables, les murmures, les sobriquets ne m'étaient pas épargnés. On puisa là un prétexte de m'examiner de plus près, et de chercher une occasion de me noircir auprès de mes chefs. Cela n'était pas difficile dans un temps où l'espionnage et la délation étaient à l'ordre du jour. Je ne sais quel vieux soldat découvrit que j'étais aristocrate, et même girondin. C'était peu de temps après la journée du 31 mai, où vingt-deux des principaux membres du parti girondin avaient été décrétés d'accusation : l'occasion était belle. Un volontaire m'avait vu aussi faire le signe de la croix : preuve incontestable que j'étais un *fédéré*, un *suspect*, un ami de Pitt et de Cobourg. Ces plaintes revinrent aux oreilles de mes chefs. Le colonel me fit venir un jour et m'interrogea : je lui répondis sans détour. Il me demanda s'il était vrai que j'eusse donné un signe de la *ci-devant* religion. Je l'avouai hautement, en présence de quelques chefs qui se trouvaient dans sa tente, et déclarai que pour rien au monde je n'abandonnerais la foi dans laquelle j'avais été élevé. Là-dessus un murmure improbateur s'éleva contre moi : le colonel, embarrassé, me condamna à deux jours de prison, comme partisan secret du culte du *ci-devant* Jésus, et comme suspect de fédéralisme.

Grâces au Ciel ! je pouvais donc me glorifier d'avoir souffert quelque chose pour le nom de mon Dieu. J'entrai gaiement en prison, et je ne crois pas avoir joui dans ma vie d'une paix plus profonde que celle que j'y goûtai. Ma pensée se reportait naturellement sur mon père, qui souffrait comme moi, plus que moi, et pour la même cause. Je pouvais du moins prier librement, et je ne m'en fis faute. Encore une fois, je n'ai jamais été plus heureux. Je compris alors, ce qui jusque-là avait été un mystère pour moi, le bonheur qu'éprouvaient les saints au milieu des persécutions. Dans l'ardeur de mon zèle, j'espérais que ma prison se prolongerait, et que j'aurais quelque chose de mieux à offrir à mon Sauveur. Il n'en fut rien. Au bout de deux jours, on me rendit la liberté; mais j'avais changé de bataillon. En toute autre circonstance, j'aurais payé plus cher l'honneur d'être chrétien ; mais alors la situation était critique, et la France avait besoin de ses soldats. Ma conduite dans la dernière affaire plaida d'ailleurs pour moi ; et j'ai su plus tard que mon capitaine avait pris ma cause en main. On me laissa donc la vie, mais on m'ôta mon grade.

Pauvre chevron !

VIII.

Les laboureurs et la guerre.

Dans une des journées d'oisiveté forcée que nous passâmes au camp de César, j'eus occasion de sortir dans la campagne. Les paysans s'y adonnaient à leurs travaux, avec autant de tranquillité, en apparence, que s'ils n'eussent pas été à deux pas de l'ennemi. Ce spectacle me toucha. Je laissai mes yeux errer sur toute la plaine, passer d'un champ à l'autre, d'un travailleur à un autre, et je ne puis dire combien de pensées délicieuses et tristes occupèrent tour à tour mon cœur. L'agriculture était ma vocation première, le plus ancien et le plus doux de mes souvenirs; je n'étais soldat que malgré moi et par hasard, et ces laboureurs étaient bien plutôt mes frères que ces compagnons d'armes, dont mon habit me rapprochait, mais dont mon cœur était si loin. Naturellement, je faisais le rapprochement de ces deux conditions, et je mesurais la distance immense qui les sépare. Voyez, me disais-je, combien le jugement humain s'égare ! On fait consister la gloire dans l'art de détruire les hommes, et non dans celui de les nourrir. Une auréole éclatante environne le nom des guerriers, que l'histoire appelle des conquérants, et que le bon sens devrait appeler des fléaux de l'espèce humaine ; et l'obscurité la plus profonde enveloppe le nom du modeste agriculteur, qui a peut-être découvert ou perfectionné les moyens de sauver ses frères de la mort ou de la faim. Ces champs, qu'une main diligente a semés et aux produits desquels plus d'une existence se rattache, peuvent être dévastés demain par deux armées, foulés aux pieds ou incendiés ; et la renommée célébrera les noms de ceux qui auront causé ces désastres, et se taira sur ceux qui en seront les victimes !

Pendant que je faisais ces réflexions, quelques ouvrières occupées dans un champ de blé se mirent à chanter. Je reconnus là l'heureux caractère du laboureur, s'appliquant à sa tâche sans souci du lendemain, et n'épargnant jamais un dernier soin à la récolte même qui doit périr. La vie agricole tout entière n'étant qu'une suite d'incertitudes, celui qui s'y adonne est obligé de travailler toujours de confiance, pour ainsi dire, assuré de ne rien récolter s'il ne sème pas, mais doutant toujours s'il récoltera ce qu'il a semé. C'est de là qu'il contracte ce paisible abandon à l'avenir, cette tranquillité d'attente, et, par suite, cette égalité d'âme qu'on ne saurait trop admirer en lui. Habitué à tout attendre de la Providence, il donne à chaque chose le soin qu'elle exige : il ignore si le feu du ciel, l'inondation, la grêle, la gelée, ou le boulet ennemi, ne détruiront pas ce qui lui a coûté tant de peines, ce que, hier encore, il cultivait avec tant d'amour ; mais il n'en donnera pas un coup de pioche de moins, et ne regrettera pas même les peines données à un objet qui devait périr.

Condition du laboureur, vous êtes la plus belle, la plus conforme aux vues de la Providence, qui existe ici-bas. Heureux celui qui s'attache à vous ! Heureux celui qui vous apprécie !

Il me sembla que des voix de femmes chantaient un air de ma connaissance, voire même un air religieux. Je m'approchai, et liai conversation avec elles. La vue de mon habit leur fit d'abord peur ; mais bientôt je sus gagner leur confiance, et elles comprirent à qui elles avaient affaire. — Vous chantez ! j'admire ce courage, si près du péril. — Nous chantons, pour nous distraire de nos ennuis et de nos craintes. — Si je ne me trompe, vous chantiez un cantique. — Ce mot leur fit peur : elles me regardèrent en pâlissant. — Ne craignez pas, leur dis-je : je ne suis ni un espion, ni un terroriste ; je suis, comme vous, un enfant de la campagne, et, qui plus est, un chrétien. Voyez plutôt. — Je leur montrai mon scapulaire. Cette vue les rassura. — Oui, reprit une des plus âgées, nous chantons un cantique, et cela nous arrive encore souvent quand nous sommes seules ; nous tâchons de suppléer ainsi à l'absence du culte public. — J'ai beaucoup chanté cet air dans ma jeunesse; et, en vous entendant, je me croyais reporté aux plus beaux temps de ma vie. Mais n'avez-vous pas peur qu'on vous entende ? — C'est ce que je dis souvent, reprit une autre jeune femme ; si les révolutionnaires nous surprenaient, nous ne serions pas à la noce. — Bah ! dit la première, je me soucie bien d'eux. Qu'est-ce qu'ils nous peuvent? Ils ont plus peur de nous que nous n'avons peur d'eux. C'est le coquin qui tremble ; le chrétien est tranquille. Va! leur règne sera court. Ils croient avoir détrôné le Bon Dieu, parce qu'ils ont persécuté ses prêtres, fermé ses temples, fondu ses cloches en canons ou en gros sous ; eh bien ! avant peu, le Seigneur sera remonté sur ses autels, les temples retentiront des saints cantiques, et les cloches sonneront encore sur le cercueil de la République. — Je suis de votre avis, repris-je, enchanté de l'énergie de cette femme ; mais, en attendant, que de maux seront faits, et que de maux irréparables, peut-être ! Savez-vous seulement pour qui vous travaillez ? — Eh ! mon Dieu, pour les pieds des chevaux, peut-être. Déjà une fois, au premier passage, nous avons vu périr le fruit de nos sueurs. Il en sera encore ainsi, sans doute. Mais que la volonté de Dieu soit faite ! Il paraît que nous avions bien offensé le Seigneur, puisqu'il nous frappe si fort.

Ces beaux sentiments me touchaient le cœur, et ils n'étaient pas rares alors dans nos campagnes. — Ayez courage, leur dis-je ; ceci n'est qu'une tempête qui passera. J'ai besoin moi-même d'espérer ; car j'ai laissé un père en prison, une mère, des frères et des sœurs en proie à la détresse ; votre vue me rappelle tout cela, et je vous estime heureuses en comparaison de moi. — Heureuses! qui peut l'être aujourd'hui? C'est le triomphe du crime, et l'oppression de la vertu. On n'a pas un jour d'assuré ; il faut sans cesse trembler pour soi ou pour les siens. — Je vois peu d'hommes dans vos campagnes, repris-je ; est-ce l'usage ici que les femmes soient seules chargées de ces rudes travaux ? — Hé ! soldat, reprit la femme âgée, comment aurions-nous des hommes, quand la guerre nous les prend ? Depuis ce cruel décret du 24 février (1), ils sont tous en garnison dans les villes ou enrôlés dans les armées. Il n'en est pas une de nous qui n'ait là-dedans un frère, un fils, un.... Qu'est-ce que tu as, Cécile ? Et pourquoi toujours pleurer ? Dieu peut te l'ôter, Dieu peut te le rendre, et c'est toujours son droit ; mais tes larmes ne pèseront pas d'une once dans la balance ; c'est pourquoi tu feras bien de te les épargner.

Ces paroles s'adressaient à une jeune personne de la compagnie, qui, depuis un moment, avait suspendu son travail, et semblait livrée à des pensées de tristesse. A ces dernières paroles, ses larmes, jusqu'alors contenues, jaillirent avec abondance, et elle s'éloigna pour pleurer en liberté. Je demandai la cause de sa douleur, et on me répondit : C'est la fille unique d'un des plus honnêtes paysans de notre village. Son mariage était arrêté avec un jeune homme du pays, aussi digne d'elle qu'elle était digne de lui. Déjà un prêtre fidèle était venu en secret les préparer à leur union : le jour même était pris pour la célébrer, lorsque le fameux décret a paru, et a obligé le futur à partir. Hier, la nouvelle nous est venue

(1) Par lequel la Convention ordonna que le recrutement se ferait dans les gardes nationales ; que tout membre de cette garde, non marié, ou marié sans enfants, ou veuf sans enfants, était à la disposition du pouvoir exécutif, depuis 18 ans jusqu'à 45. Elle ajoutait que 300,000 hommes étaient encore nécessaires pour résister à la coalition, et que le recrutement ne s'arrêterait que quand ce nombre serait atteint. (*Note de l'Editeur.*)

qu'il a été emporté par un boulet, ajouta la femme en baissant la voix ; et la pauvre créature n'en sait encore rien, mais elle s'en doute : voilà pourquoi elle est si triste. — On le serait à moins, répliquai-je. Et voilà où en sont réduites une foule de familles, qui se demandent à toute heure ce qu'est devenu celui de leurs membres que la loi a atteint. Peut-être, à cette heure, pleure-t-on ainsi sur moi dans ma famille !

Je m'éloignai le cœur serré de tristesse. L'image de ma mère et de mes sœurs, inquiètes sur mon sort, s'offrit soudain à mon esprit, si vive, si saisissante, que je fus obligé de laisser couler mes larmes. Maudite guerre ! Maudites révolutions ! Que de pleurs ne coûtez-vous pas !

IX.

Une lettre.

Dans le mois de juin 1793, je reçus une première lettre de ma famille.

Jeunes soldats, vous savez quel événement c'est dans la vie du militaire qu'une première lettre du pays. On la contemple avec une joie mêlée d'anxiété ; on en étudie la forme, le timbre ; on se dit : Elle a tout récemment quitté mon foyer ; elle a été conçue, dictée, écrite par ce que j'ai de plus cher sur la terre ; on l'ouvre avec émotion, incertain encore si elle renferme des sujets de joie ou de douleur ; on en cherche avidement la signature, on en dévore, pour ainsi dire, les lignes.

Aux sensations ordinaires, se mêlaient pour nous alors des craintes particulières : nul ne savait au juste ce qu'étaient devenus ses parents. A une époque où la terreur révolutionnaire enveloppait tout, où le bon plaisir de quelques despotes sanguinaires pouvait décider en un instant de la vie ou de la mort, on devine quel intérêt pénible s'attachait à une lettre, à une correspondance, où vous pouviez lire le décret d'arrestation ou de condamnation de l'être qui vous était le plus cher au monde. Oh ! comme mon cœur palpitait quand j'ouvris celle-ci ! Avec quelle rapidité je la lus, et comme toutes les syllabes entraient avant dans mon âme !

C'était ma sœur Elisabeth qui l'avait écrite sous la dictée de ma mère. J'y reconnus facilement les phrases, les pensées de celle-ci, et j'entendais jusqu'au ton qu'elle y eût mis, si elle se fût exprimée de vive voix. Tout allait assez bien à la maison, au point de vue de la santé. Mon père était encore en prison ; mais il était remis de son indisposition, et tout faisait espérer que bientôt il serait rendu à la liberté : car un premier interrogatoire n'avait fait ressortir aucune charge contre lui. Ma mère jouissait d'une bonne santé au milieu de ses soucis; tous mes frères, toutes mes sœurs se portaient bien, hors une, Marie, dont le *promis*, blessé mortellement dans Mayence, attendait, selon toute apparence, la mort à l'hôpital : ce qui avait jeté cette pauvre sœur dans une inquiétude extrême. Je me rappelai la paysanne des environs de Bouchain. De plus, le bruit avait couru que les échecs subis partout par les armées françaises allaient nécessiter une nouvelle levée, dont un de mes frères ferait nécessairement partie. En effet, cette époque, la plus critique de la Révolution, n'avait été qu'une série de défaites, au Nord comme sur le Rhin, aux Pyrénées comme aux Alpes. La valeur de nos soldats et l'habileté de nos chefs ne pouvaient suppléer au nombre, aux privations de tout genre, obvier aux divisions intestines, et lever les obstacles de diverse nature dont les opérations militaires étaient sans cesse entravées. Nul doute que si nos ennemis, au Nord comme au Levant, comme au Sud, comme à l'Ouest, eussent mis plus d'ensemble et d'intelligence dans leur action, la France n'eût été envahie, et la République anéantie. Il était vrai, et la suite le prouva, que la Convention méditait alors un dernier effort pour sauver la patrie en danger ; et c'était ce que la lettre voulait exprimer. On m'y dépeignait les inquiétudes que cette nouvelle alarme causait à ma mère. On m'y décrivait aussi le triste état où étaient nos terres, par suite de mon absence et de celle de mon père. En vain mes pauvres sœurs s'efforçaient-elles d'y suppléer : elles succombaient de fatigue, sans pouvoir suffire à la besogne. On me désignait par leurs noms les champs qui avaient été délaissés, ceux qui promettaient, ceux qui avaient trompé les espérances. Il n'était pas jusqu'à nos animaux dont on ne me donnât des nouvelles ; un de nos bœufs était malade, une génisse avait péri, un jeune poulain, que j'avais élevé avec un soin particulier, ayant été pris par réquisition pour un transport de fourrage, en était revenu boiteux ; enfin, l'argent était rare, la récolte médiocre, la détresse générale. Tel était, en substance, le contenu de la lettre. Je ne dois point omettre un petit *post-scriptum*, où ma sœur Elisabeth, parlant en son nom, me disait, sous ce langage couvert que les circonstances exigeaient : « Un *marchand de baromètres* nous a donné de tes nouvelles. Il nous a *régalés* comme toi. C'est un brave homme. Continue à faire ce que je t'ai dit, et pense à nous à neuf heures du soir, en baisant le *bouclier carré* et l'*ovale*. » Ce régal, c'était la sainte Eucharistie, que le saint prêtre avait sans doute distribuée à notre famille, dans une messe célébrée en secret. On me donnait un rendez-vous de prières à neuf heures du soir. Le bouclier carré, c'était le scapulaire; l'ovale, c'était, je pense, la petite médaille dont le prêtre m'avait gratifié.

Combien de fois je lus et relus cette lettre, c'est ce que je ne saurais dire, non plus que les sentiments divers qu'elle fit naître en moi. Elle me réjouissait et m'attristait tout à la fois. Si, d'une part, j'étais heureux d'apprendre que mes parents allaient bien, et que mon père serait bientôt rendu à sa famille, de l'autre je ne songeais pas sans douleur au malaise, aux soucis de toute sorte qui devaient les accabler. En reprenant un à un les détails de la lettre, je faisais, en quelque sorte, le tour de la maison et du territoire, et je trouvais partout des sujets d'affliction. Pauvre mère! comment tiendra-t-elle contre les inquiétudes qui la rongent? Pauvre Marie! voilà tes rêves renversés, tes affections brisées, ton avenir assombri pour toujours! Et lui, l'infortuné jeune homme, il meurt à l'hôpital, loin de son pays, loin de tout secours peut-être, loin de celle dont il se réjouissait de faire un jour le bonheur! Je ne pouvais m'empêcher de faire un retour sur moi-même, et de me dire : Avant peu, demain, il peut m'en arriver autant, et quelque vent sinistre ira porter à ma mère cette odieuse nouvelle : Votre fils est resté sur le champ de bataille, ou meurt à l'ambulance.

Voilà les pensées qui m'occupèrent pendant quelques jours. Mais bientôt le signal du départ fut donné, et, entraîné de nouveau dans le tourbillon de la guerre, j'oubliai pour un moment ma famille et ses soucis.

X.

Le siége de Valenciennes.

Le 25 juillet, Mayence, assiégé par le roi de Prusse en personne, avait dû se rendre, après un siége où l'armée française avait subi toutes les horreurs de la famine : jusque-là qu'un chat s'y vendait six francs, la livre de cheval mort quarante-cinq sous, et que le général Aubert-Dubayet, invitant à dîner son état-major, n'eut à lui servir qu'un chat flanqué de douze souris. Condé s'était rendu quelque temps auparavant, afin d'échapper à de semblables horreurs. Valenciennes, serré de près, ne pouvait tarder à subir le même sort. Ainsi, à l'armée du Rhin comme à celle du Nord, le sort était contraire à nos armes.

Nous étions encore au camp de César, où le prince de Cobourg nous contenait, à la tête d'un corps d'observation, pendant que le duc d'Yorck pressait le siége de Valenciennes. Le général Ferrand commandait cette dernière place, avec une faible garnison de sept mille hommes. La défense fut héroïque. Les habitants de la ville, transformés en canonniers, aidaient à la troupe, en détruisant de leur mieux les travaux des assiégeants. Les batteries autrichiennes, à leur tour, foudroyaient la ville, qu'elles incendièrent en partie. Sommé plusieurs fois de se rendre, le brave Ferrand avait répondu avec la plus grande fermeté qu'il résisterait jusqu'à extinction. Le bataillon auquel j'appartenais avait pu, sous la protection du feu de la citadelle, entrer dans la place ; mais ce ne fut que pour joindre ses efforts impuissants à une résistance désespérée, et assister à la reddition de cette malheureuse cité. La division s'était mise dans son sein. Une partie des habitants, prévoyant qu'une plus longue obstination ne servirait qu'à les ensevelir sous les ruines de leurs habitations, voulaient qu'on se rendît. Le général, au contraire, tenait ferme et avait l'armée pour lui. Comme les batteries ennemies continuaient leurs ravages, on avait caché les femmes et les enfants dans des souterrains, pour les soustraire à la mort. Là, je fus témoin de mille scènes plus saisissantes les unes que les autres. Déjà la cherté, ou, pour mieux dire, la famine se faisait sentir ; des rassemblements se formèrent alors, et demandèrent tumultuairement qu'on ouvrît les portes à l'ennemi. Mais ces cris ne faisaient qu'augmenter le courage de l'armée, qui était vraiment porté jusqu'au délire. Les représentants Cochon et Briest, de concert avec le général, animaient l'enthousiasme des soldats. A la fin, les Autrichiens donnèrent l'assaut ; une circonstance les favorisa : trois globes de compression venaient d'éclater, au moment où les mines des assiégés allaient détruire leurs travaux. S'élançant sur trois colonnes, les ennemis franchissent les palissades, et entrent dans le chemin couvert. Je me trouvais au premier rang dans cette mémorable circonstance. Je vis nos soldats, effrayés, se replier sur la ville, abandonnant leurs batteries; je vis le général Ferrand les arrêter, et les ramener sur les remparts. La résistance continua jusqu'à la nuit. Notre artillerie fit encore de grands ravages parmi les assiégeants, et les fit presque douter du succès. Cela se passait le 25 juillet, le jour même où Mayence voyait sortir son intrépide garnison. Le lendemain, le duc d'Yorck ayant fait une nouvelle sommation, et déclaré que si le soir la ville n'était pas rendue, tout serait massacré sans pitié, les rassemblements devinrent plus tumultueux; des hommes armés cernèrent le conseil de guerre, et déclarèrent qu'ils ne se retireraient que quand la reddition serait décidée. Force fut donc de céder à l'orage. Le 28, l'acte de capitulation fut signé. Il portait que la garnison sortirait avec les honneurs de la guerre; mais, comme aux braves défenseurs de Mayence, on nous imposa le serment de ne pas servir durant un an contre les alliés. Dans un siége de quarante-un jours, Valenciennes avait reçu quatre-vingt-quatre mille boulets, vingt mille obus et quarante-huit mille bombes.

C'est une des plus chaudes affaires où j'aie jamais assisté. Ce fut là que je vis dans toute sa force éclater cet enthousiasme aveugle que le sentiment républicain inspirait à nos soldats. On ne se figurera jamais tout ce qu'il y eut d'énergie dans cette résistance sans espoir; car, d'après les prévisions humaines, nul ne pouvait espérer de salut. La fureur de nos soldats se manifesta surtout à la lecture de l'*ultimatum* du duc d'Yorck, menaçant de tout passer au fil de l'épée, si on ne se rendait pas dans la journée. Non, des lions irrités n'ont pas cette vigueur sauvage, cette indomptable bravoure. Moi-même, je l'avoue, je cédais au torrent. Une sorte de délire me transportait; ma force était doublée. Je me souviens qu'appelé en aide pour déplacer une pièce de canon, je déployai une vigueur qui frappa d'étonnement les bourgeois qui la desservaient. O Dieu des armées! oui, c'est vous qui soufflez ce feu brûlant, cette énergie puissante qui lève des montagnes. L'homme, de sa nature, est faible et lâche; il craint pour sa vie, pour les siens : vous seul lui donnez le courage et la force.

Les femmes elles-mêmes montrèrent plus d'une fois, en ces jours de folie, une vertu bien au-dessus de leur sexe. Celles qu'un sauvage patriotisme animait donnèrent des exemples de cette froide férocité, que les républiques de l'antiquité auraient pu nous envier. Voici un fait dont je fus témoin. Un habitant de Valenciennes avait été frappé d'un éclat d'obus, près de la porte de Mons. Il tomba sur sa pièce même, et resta quelque temps gisant à terre, et baigné dans son sang. L'attaque commençait seulement; je me trouvais là d'observation, et j'entendais cet infortuné soupirer et gémir, en nommant sa femme et ses enfants. Un sentiment de pitié s'emparant de moi, je demandai permission de l'emporter chez lui. Comme nous n'étions point encore occupés, on me l'accorda. Le blessé eut à peine la force de m'indiquer son domicile; car il n'avait presque plus de connaissance. C'était un honnête ouvrier de la ville, marié à une femme de sa condition, mais à une de ces mégères en qui la fièvre révolutionnaire avait éteint jusqu'aux sentiments de la nature. — C'est bien fait, c'est bien fait ! monstre, s'écria-t-elle, dès que j'eus déposé devant elle son mari expirant ; ah ! tu ne voulais pas marcher au service de la patrie ! Tu faisais le récalcitrant ! Tu regrettais ton Bon Dieu et les aristocrates ! Eh bien ! meurs : tu n'es pas digne de vivre. Retire-toi, Brutus, dit-elle à un petit garçon de quelques années qui allait pour caresser son père ; laisse-le mourir comme il le mérite. Il n'était pas digne de te donner son nom. — Je vis le malheureux ouvrier rouvrir ses yeux agonisants, essayer de remuer les lèvres, et mourir, après deux ou trois hoquets. Je me retirai, le cœur malade d'indignation.

Le délire guerrier qui m'emportait, comme tous les autres, ne durait chez moi que le temps de l'action : c'était la grâce actuelle, la grâce du moment, qui ne dure que selon le besoin. Rendu au calme, je sentais ma première nature reprendre son empire, et jamais peut-être la pitié, ce doux sentiment que Dieu a mis au fond de toute âme, ne se fit mieux sentir à moi. Car, je le dis tout haut, rien ne s'allie mieux chez le soldat que la force et la tendresse, que le courage et la sensibilité. Le devoir du militaire est sans doute de donner la mort à l'ennemi : il est des heures où il ne doit pitié à personne. Mais quand l'action a cessé, quand de soldat il est redevenu citoyen, oh ! qu'il ouvre alors son cœur au sentiment plus tendre, qu'il se prête autant que possible à refermer les plaies qu'il a pu faire. C'est là, je le crois, un devoir ; c'est au moins une douce satisfaction.

Cette satisfaction, je l'éprouvai plus d'une fois dans la circonstance dont je parle. Le 25 juillet, la veille même de l'*ultimatum*, la division qui s'était manifestée parmi les habitants avait pris un caractère plus tranché. On remarquait de nombreuses défections dans les rangs des canonniers, composés presque en entier de citoyens. Les représentants, furieux, avaient donné des ordres sévères pour qu'on visitât les maisons, et qu'on obligeât tout garde national non gravement blessé à reprendre son poste. Cette corvée échut en particulier au bataillon dont je faisais partie. Comme j'étais entré dans une maison désignée, une jeune femme se présenta à moi, et me demanda ce que je voulais. — Obliger ton mari, citoyenne, à venir reprendre sa place à la 4e batterie, au faubourg Marly. — Mon mari... est... blessé. Il ne peut reprendre son poste. — Il faut que je constate sa blessure. — Ah! Monsieur, dit la jeune femme en se jetant à genoux, prenez pitié de moi et de ma famille. Par charité, sauvez mon mari. Il est l'unique soutien d'une femme et de cinq enfants... — Je veux le voir, répondis-je en regardant autour de moi, pour m'assurer que personne ne me suivait. Mon ton radouci inspira sans doute quelque confiance à cette femme ; car elle me conduisit sans hésitation à un obscur cabinet, qu'il eût été difficile de trouver, et où je vis son mari entouré de ses cinq enfants et recevant leurs caresses. Il avait un bras en écharpe. A mon aspect, il pâlit et se leva.

— J'ai des ordres à te communiquer, lui dis-je... — Je m'en doute, citoyen soldat... Aussi j'obéis et je pars.
— Non, mon ami, dit la jeune femme, tu ne partiras pas. Tu as payé, ce me semble, ta dette à la patrie. Monsieur le soldat, vous me laisserez mon mari. — A ces mots, elle se jette au cou de son époux, et déclare qu'elle ne se séparera plus de lui; ses enfants l'imitent et se suspendent aux mains et à l'habit de leur père. Ce tableau m'émut. Pendant ce temps-là, je songeais que la ville était à l'extrémité, que ce soir-là peut-être le parti de la reddition l'emporterait, et qu'il serait barbare d'exposer à la mort un honnête citoyen dont six autres existences dépendaient. Je tirai mon carnet, et écrivis : *N., dangereusement blessé au bras gauche. Hors de service.* — Vous pouvez rester, lui dis-je ensuite; je vous porterai comme incapable; tenez-vous clos ces jours-ci. Adieu, et priez pour moi.
— Toujours! toujours! Monsieur, s'écria la jeune femme dans le transport de la joie; ni mes enfants, ni moi nous ne vous oublierons jamais devant Dieu. — J'avais dit cela, parce que j'avais aperçu au fond de l'alcôve un crucifix et d'autres emblèmes religieux, qui ne me laissèrent aucun doute sur les sentiments de cette famille. Le garde national me serra la main, et je les laissai tous baignés des larmes de la joie et de la reconnaissance.

L'action ayant été très meurtrière ce jour-là, il y eut beaucoup de blessés. Les ennemis avaient été arrêtés aux portes : la nuit seule sépara les combattants. Vers minuit, comme nous continuions nos visites domiciliaires, à travers les rassemblements tumultueux qui demandaient la reddition, je fus accosté par une jeune femme, qui me prit à part, et me dit : Pourriez-vous entrer ici ? — Je l'avais reconnue : je la suivis. Elle me conduisit au fond d'un corridor, dans une pièce où se trouvait un homme à cheveux blancs. — Jeune soldat, me dit-elle, un secret pressentiment m'assure que je ne me trompe pas : vous n'avez de républicain que l'habit. Le service que vous m'avez rendu hier, et surtout ce mot, ce simple mot : *Priez pour moi,* m'ont fait comprendre que vous n'êtes pas un homme, que vous n'êtes pas un soldat comme les autres. Parlez ici à cœur ouvert : vous êtes chrétien ? — Je m'en fais gloire, répondis-je. J'ai juré de mourir dans la foi où je suis né, et je tiendrai parole. — Soyez béni, Seigneur ! dit-elle en levant les yeux au ciel. Alors... rendez-nous... service. Puisque vous êtes chrétien, vous savez quel est le prix d'une âme. De nombreux blessés gisent dans... un certain lieu, et... Monsieur est prêtre. Ces malheureux attendent les secours de la religion : voudriez-vous accompagner, aider, protéger l'homme généreux qui va les leur offrir ? — Je baissai la tête, et réfléchis un moment. La commission était épineuse ; dans ces moments d'exaltation irréligieuse, c'était se vouer à une mort certaine, si l'on venait à être découvert. Mais une soudaine inspiration me fit comprendre que si je devais mourir, il n'était pas de manière plus honorable que celle-là ; et que contribuer au salut d'une âme, de plusieurs âmes peut-être, c'était assurer le salut de la mienne. Je répondis affirmativement ; un trait de lumière avait lui à mon esprit. Je commençai par demander moi-même un moment d'audience; le prêtre me confessa, et je sortis de cette entrevue fort, généreux, décidé à tout pour procurer à mon prochain quelque bien spirituel.

Soldats qui lirez ces lignes, essayez de ce cordial puissant qu'on appelle la confession. Vous verrez comme on s'en trouve bien, et quelle force on puise dans cette pensée : Une balle ou un coup de sabre peut m'enlever la vie du corps; mais la vie de l'âme, mais le bonheur éternel, nul ne peut me l'ôter.

Chemin faisant, je liai à demi-voix conversation avec ce prêtre. Il m'apprit qu'il était un Jésuite français réfugié en Hollande; et qu'à la nouvelle des mesures impies prises par la Convention, il s'était senti pressé d'un invincible désir de venir se dévouer au salut de ses compatriotes. Depuis six ou huit mois, il allait ainsi de poste en poste, de péril en péril, cherchant des âmes à sauver, courant chaque jour risque de sa vie, mais trop heureux s'il lui était donné de verser un jour son sang pour Jésus-Christ. Il me donna en même temps des détails sur la jeune femme; et j'appris par là toute une touchante histoire, que ce n'est point ici le lieu de raconter. — Le bien qu'elle a déjà fait, jeune homme, ajouta le vieux prêtre, je ne saurais vous le dire. Ah! que d'âmes l'escorteront un jour au trône de Dieu, s'il est vrai, comme le dit un grand saint, que chaque apôtre doit un jour y paraître entouré de ceux qu'il aura sauvés (1). Mais où me conduisez-vous? Voici mes

---

(1) Saint Grégoire, *Homil.* 27, *in Evangel. (Note de l'Editeur.)*

numéros, ma liste, dit-il en tirant secrètement un papier... — Mon père, laissez-vous aller. Votre ministère est périlleux ; on ne saurait l'entourer de trop de précautions. Suivez-moi. — Il obéit sans rien dire. Nous étions à la porte du représentant Briest : j'entre et demande audience. — Citoyen représentant, lui dis-je, j'ai mission d'aller chercher à domicile les gardes nationaux qui ont déserté leur poste. Ma ronde est commencée ; mais j'ai la douleur d'en rencontrer qui refusent d'obéir, sous prétexte qu'ils sont gravement blessés. Je ne suis ni chirurgien ni médecin, par conséquent je ne suis pas juge ; et je crains fort que la lâcheté ne s'abrite sous l'apparence d'une blessure. Daigne donc autoriser ce patriote, qui est médecin, à m'accompagner... — Très volontiers! très volontiers! soldat, s'écria Briest, avec deux ou trois jurons qu'il est inutile de répéter. Aussitôt il se met à son bureau. — Ton nom? demanda-t-il au vieillard. — Huguin. — Ton état? — Médecin. — Ton âge? — Soixante-six ans. — Ton domicile? — Condé, etc., etc. Tout cela fut couché par écrit, accompagné d'un ordre à tout citoyen de laisser passer, et remis au prêtre avec force recommandations et force éloges, dont une bonne part retomba sur moi.

— Avec ceci, on va loin, me dit le vieillard en sortant. — Nous entrâmes d'abord dans une ambulance où étaient entassés pêle-mêle des soldats et des citadins blessés. Le Jésuite fit son appel d'un ton d'autorité et d'après sa liste : la jeune femme avait recueilli depuis plusieurs jours les noms de ceux qui désiraient les secours de la religion. Chacun répondit à son nom. Le prétendu chirurgien ordonna qu'on les portât tour à tour dans un corridor voisin : office auquel je me prêtai moi-même avec une grande joie. Le prétexte était de visiter leurs blessures ; le motif était d'être libre pour entendre les confessions. Je fus chargé de monter la garde, et je ne saurais dire avec quelle habileté le bon prêtre remplit son ministère, élevant la voix d'un ton rude quand quelqu'un passait, demandant tantôt de la charpie, tantôt de l'eau chaude, pour faire illusion ; puis, distribuant à voix basse les paroles consolantes, les avis pieux et l'absolution. Sa montre était sans cesse à côté de lui, comme s'il eût voulu mesurer ses heures ; mais à chaque instant il l'ouvrait, et, dans le moment opportun, il en extrayait la sainte Eucharistie, qu'il donnait à ses malades. Sublimes ruses de la charité !

Nous en passâmes ainsi une douzaine en revue, et ne courûmes qu'un seul danger sérieux. Le chirurgien en chef d'un des régiments, accompagné d'un médecin de la ville, faisait aussi sa tournée, et ne vit pas sans étonnement cette figure étrangère usurpant ses fonctions. Il s'approcha et demanda des explications. Le saint vieillard exhiba son permis, et les *confrères* s'inclinèrent et passèrent.

Vers le point du jour, quelques femmes patriotes vinrent, en chantant la *Marseillaise*, apporter du vin et de la charpie. Parmi elles se trouvait la jeune femme, qui s'approcha du *chirurgien* Huguin pour lui remettre son paquet. Il contenait une nouvelle liste de blessés, à domicile, qui réclamaient aussi les secours religieux. Nous y courûmes, et j'aidai encore le saint Jésuite à administrer une demi-douzaine de malades, jusqu'à ce que le tambour et la trompette annonçant la reprise des hostilités, je dus retourner à mon poste. Je ne saurais oublier de dire que, dans une de ces maisons particulières, j'avais eu le bonheur de recevoir aussi l'eucharistie. Le prêtre et moi nous nous séparâmes, le cœur attendri. J'appris que, dans la journée, huit de nos malades avaient succombé.

Le souvenir de cette action me parfume encore le cœur. Tout ce jour, je me battis comme un lion ; mais toujours cette douce pensée venait me consoler : Si mon métier me condamne à blesser, à tuer mes frères, et peut-être à les précipiter en enfer, du moins j'ai contribué à ouvrir le ciel à plusieurs d'entre eux. Que le Seigneur me fasse miséricorde !

Le 28 juillet, comme nous sortions avec les honneurs de la guerre, je vis à une fenêtre le *chirurgien* Huguin, qui me donna un sourire gracieux, et parut faire sur moi le signe de la croix. A la croisée d'un autre étage, je revis la jeune femme, entourée de ses enfants ; elle joignait les mains, et attachait sur moi un regard plein de reconnaissance.

Saint prêtre ! femme bénie ! Je ne doute point que vos prières n'aient longtemps suivi le pauvre Charrue, qu'une circonstance providentielle avait mis en rapport avec vous. Pendant bien des jours, il me sembla éprouver l'effet sensible de votre intercession.

Soldats! il est plus doux de sauver un homme que de le tuer. A l'heure de la mort, une âme envoyée au ciel est un souvenir plus consolant que les plus brillantes victoires.

XI.

La religion du soldat.

Le serment qui nous avait été imposé à la capitulation de Valenciennes nous dispensant de servir avant un an contre les coalisés, on nous destina à agir dans l'intérieur. La Vendée et la Bretagne étaient alors en feu, et il ne manquait pas d'occasions pour utiliser nos services. En attendant une destination précise, on nous dirigea sur Paris.

J'avais fait connaissance au camp de Famars d'un soldat originaire d'un département voisin du mien, et en qui j'avais trouvé un fond d'honnêteté, de discrétion et de franchise qui me gagna tout d'abord. Il s'appelait Roussel. Son éducation avait été chrétienne au berceau ; mais ayant ensuite perdu son père, il avait été confié à un tuteur imbu des principes qui n'étaient alors que trop en vogue, c'est-à-dire grand admirateur de Voltaire et de Rousseau. Sous cette nouvelle influence, Roussel était devenu ce que sont aujourd'hui encore une foule de militaires : un excellent soldat et un mauvais chrétien. Il avait tout le dévouement de son état, jusque-là qu'il s'était engagé par goût ; il obéissait bien, buvait peu, se battait bravement, et se faisait aimer de ses camarades et de ses chefs. Du reste, insouciant sur l'article religieux, n'ayant aucune foi précise, et faisant consister tout le devoir à remplir ici-bas le rôle que le hasard, nos goûts ou la société nous assignent. Dans le cas présent, être bon républicain et bon soldat, c'était, disait-il, tout ce qu'on pouvait demander de lui.

Si l'on y fait attention, cette erreur est fort commune aujourd'hui. Elle constitue même ce qu'on appelle la *religion de l'honnête homme ;* sorte d'idole qui compte beaucoup de partisans, ou plutôt espèce de piége où un grand nombre se laissent prendre.

Nous nous étions battus l'un à côté de l'autre à Famars, au camp de César, à Valenciennes : en sorte que nous étions, Roussel et moi, deux vieilles connaissances. Comme il n'était pas grand partisan du cabaret, il nous arrivait assez souvent d'employer à nous promener et à converser le temps que nos camarades passaient aux guinguettes. Bientôt, nous nous connûmes à fond l'un et l'autre ; notre mutuelle franchise ne nous permettant pas de rien déguiser à un ami que nous jugions digne de notre confiance. Pour mon compte, je dois convenir que j'avais conçu dès l'abord une pensée de prosélytisme, et que l'attachement qui me liait à Roussel était fondé en grande partie sur l'espoir de le rappeler au sentiment chrétien. Quand donc nous étions seuls, j'aimais à le ramener sur les sujets religieux. Roussel n'était pas savant, ni moi non plus ; mais nous apportions tous les deux dans la discussion tant de bonne foi, et même parfois tant de bon sens, que peut-être nous entrions plus avant dans les questions que deux savants n'eussent su le faire. J'avais l'habitude, quand les travaux militaires m'en laissaient le loisir, de noter sur le papier ce qui m'avait le plus frappé. Je me souviens ainsi que, le 2 thermidor an I, étant à Paris et nous promenant au Luxembourg, nous eûmes une discussion sur ce point, à savoir, s'il suffit d'être bon soldat, bon artisan, bon laboureur, et même bon citoyen, pour avoir droit à la récompense dans l'autre vie.

Roussel admettait l'existence d'un Dieu et l'immortalité de l'âme : ces deux points que Robespierre voulut au moins sauver par décret du naufrage universel. En partant de là, il reconnaissait volontiers la création, la liberté de l'homme, et par conséquent la distinction du bien et du mal : en deux mots, il était ce qu'on appelait alors un déiste. Je ne pouvais concevoir comment il s'arrêtait ainsi en chemin, et ne sentait point la nécessité d'une révélation de la part de Dieu : je ne comprenais pas surtout comment il pouvait se débarrasser de ces dix-huit siècles de grandeur et de gloire que l'histoire accorde à la religion positive de Jésus-Christ, à l'Eglise catholique. Je lui fis là-dessus bien des fois des arguments auxquels il ne put jamais répondre. Celui-ci surtout l'embarrassait fort : Est-ce à Dieu ou à l'homme à déterminer les rapports que la créature doit avoir avec son Créateur ? Il répondait toujours que c'est au supérieur à dicter des lois à l'inférieur, et qu'il serait mille fois plus absurde de voir l'homme prescrire quelque chose à Dieu, que de voir un soldat commander à son général. Là-dessus je concluais que si Dieu est notre créateur, et s'il existe entre lui et nous des liens — ce que Roussel ne niait pas — il faut que ces liens aient été créés, déterminés par Dieu, et qu'alors ils doivent être les mêmes pour tous les hommes, puisque, d'une part, Dieu est toujours la vérité, et que, de l'autre, l'homme est perpétuellement le même. D'où je faisais facilement ressortir la fausseté de l'opinion qui prétend que toute religion est bonne, ou que tout homme est libre d'adorer Dieu à sa façon : puisqu'il s'ensuivrait, ou que c'est l'homme qui crée la religion, chose reconnue absurde, ou que si c'est Dieu qui la crée, il est inconséquent avec lui-même, en révélant à l'un que tel dogme existe, et à l'autre qu'il n'existe pas.

— Par exemple, disais-je à Roussel, que penses-tu du dogme de l'Incarnation ? Le catholique affirme qu'un homme a existé s'appelant Jésus-Christ, lequel s'est dit Fils de Dieu. — Le catholique, répondait Roussel, est libre de croire cela, et je ne lui en fais pas un crime. — Et que penses-tu du déiste, de toi, par exemple, qui n'y crois pas ? — Je pense que je suis également libre de n'y pas croire, et que je n'en suis pas moins agréable à l'Etre-Suprême. — C'est étrange ! reprenais-je : je nous suppose tous deux en présence de cet Homme nommé Jésus : nous le prions de nous dire qui il est ; il nous répond : Je suis le Fils de Dieu, le Verbe incréé, la Sagesse éternelle engendrée par le Père, égale à lui, Dieu enfin. Là-dessus je l'adore, et toi, tu lui ris au nez et l'insultes, en le traitant de fourbe et d'imposteur. Eh bien! de deux choses l'une : ou il est Dieu, ou il ne l'est pas. S'il est Dieu, j'ai raison et tu as tort ; s'il ne l'est pas, j'ai tort et tu as raison. Un milieu n'est pas possible. De plus, si j'ai raison, il doit me récompenser ; si tu as tort, il doit te punir ; car, il ne peut, juste et tout puissant comme il l'est, laisser sans récompense celui qui le sert, ou sans punition celui qui l'outrage : j'ajoute même qu'il ne doit point souffrir qu'on reste indifférent en son endroit, et qu'il punira nécessairement celui qui, tout en reconnaissant qu'il est Dieu, c'est-à-dire infiniment parfait et digne de tout hommage, ne se donne pas même la peine de s'informer de la manière de le servir, et le croit indifférent au mensonge ou à la vérité.

Jamais, je dois le dire, Roussel ne répondit d'une manière satisfaisante à ces simples observations.

Du reste, il se consolait — et c'était son idée fixe — de ne donner aucun signe de religion par la pensée qu'il remplissait tous ses devoirs de citoyen et de soldat. — Jamais, me disait-il souvent, tu ne me persuaderas que Dieu peut me damner, après que j'aurai fait mon devoir d'honnête homme et de bon soldat. Quand je paraîtrai devant ce souverain Juge, car je sais que nous y devons tous paraître, je lui dirai : Maître, vous m'avez revêtu d'un habit militaire ; je l'ai accepté et je l'ai respecté ; partout je me suis loyalement conduit. Je n'ai de ma vie fait tort à personne ; je n'ai versé le sang que par devoir, et c'était un sang ennemi, ou c'était le mien propre. Voilà les blessures que j'ai reçues, les campagnes que j'ai faites : examinez et jugez. Vos châtiments ne peuvent atteindre un honnête homme et un bon citoyen.

— A merveille! répondais-je; voilà des phrases bien sonores et bien ronflantes; c'est dommage que Dieu ne les ait pas signées. Sans doute, te répondra-t-il, ma justice te trouve irréprochable sur le chapitre des devoirs du soldat et du citoyen; mais, était-ce là tout? Etait-ce la patrie qui était ton Dieu, ou moi? Où as-tu lu qu'il n'y a qu'un commandement : « Soyez honnête homme? » La sagesse humaine, toujours faible, toujours fautive, a pu se borner à ce seul point, pour se dispenser des autres; mais moi je ne l'entendais pas ainsi, et nulle part je n'ai dit à l'homme : « Il suffit que tu honores l'Etat, et que tu n'offenses pas ton prochain. » Ces lois civiles et extérieures ne constituent qu'une partie des devoirs; il en est d'autres plus intimes, plus profonds, qui exigent aussi, et avant tout, les hommages de l'homme. C'est le cœur, c'est la volonté qui est surtout mon domaine. Ayant créé l'homme tout entier, je l'exige tout entier. Bien plus : ce n'est qu'à cause de moi qu'on doit des égards à la patrie et à ses semblables; car c'est mon image qu'on respecte dans ses supérieurs et dans son prochain. Mais, suffit-il d'honorer mon image, sans m'honorer moi-même? N'est-il pas absurde de se croire lié vis-à-vis de la créature, et dégagé de tout devoir vis-à-vis du Créateur? Je n'ai pas seulement dit : « Tu ne tueras pas, tu ne voleras pas; » j'ai dit aussi : « Tu adoreras le Seigneur ton Dieu, et ne serviras que lui seul. » De plus, j'ai envoyé mon Fils sur la terre pour y racheter l'humanité tombée; je lui ai donné toute puissance pour agir; en se faisant victime pour l'homme, il a fondé de ses mains une société nouvelle, à laquelle il a délégué ses propres pouvoirs; il a laissé à cette société unique, immortelle, des trésors de grâces, une doctrine fixe, des sacrements; il l'a chargée d'appliquer les mérites de sa mort, d'ouvrir et de fermer le ciel, de remettre ou de retenir les péchés. Il a déclaré regarder *comme un païen et un publicain* quiconque n'écouterait pas cette Eglise, à laquelle il a promis son indéfectible assistance (1). Il a positivement affirmé qu'il *désavouerait devant ma face celui qui n'aurait osé le confesser devant les hommes* (2), c'est-à-dire qui aurait rougi de l'honorer par un culte public, de pratiquer les rites et les cérémonies instituées par l'Eglise en son nom. Pendant de longs siècles, cette Eglise a subsisté, brillant comme un soleil au sein de l'humanité, prêchant et enseignant, prescrivant et défendant; toujours conséquente à elle-même et uniforme, également invincible à l'erreur et au vice, triomphant là de l'hérésie, ici de la corruption; ne cachant à personne les anathèmes et les promesses; appuyée, d'ailleurs, sur des signes visibles de ma puissance, sur des miracles sans nombre; honorée par de sublimes vertus, qui se reproduisent perpétuellement dans son sein. Et il sera permis de fermer les yeux à cette lumière, et les oreilles à cet enseignement? Et le lâche, qui, pour suivre les inclinations de son cœur corrompu, a dé-

(1) Matth., xviii, 17.
(2) Id., x, 32-33.

daigné de faire partie de cette société, parce que sa doctrine gêne la raison, et que sa morale asservit les sens, celui-là, dis-je, sera justifié? Justifié uniquement parce qu'il n'a pas commis le vol ou le meurtre, qui n'étaient point dans ses goûts, et pour lesquels il craignait la justice humaine? Suis-je donc une idole qui ait des yeux sans voir, et des oreilles sans entendre? Ai-je formé l'homme sans raison, ou, en le créant, ai-je abandonné mon autorité sur lui? Non, non : en le créant intelligent et libre, je lui ai imposé des devoirs envers son Dieu, envers lui-même et envers ses semblables : triple obligation, triple lien dont l'un ne dispense pas de l'autre ; car, avant d'appartenir à un état, à une société, il m'appartient ; je lui ai prescrit l'adoration envers moi, un culte intérieur et extérieur; je lui ai donné une loi à laquelle tous les siècles ne sauraient ôter un point ni un iota. Cette loi, tu l'as connue, tu l'as pratiquée même dès le berceau. Malheur à toi, si tu l'as abandonnée depuis pour suivre tes caprices ! Malheur à toi si, content de ne point déplaire aux hommes, tu ne t'es point mis en peine de plaire à ton Dieu ! Tu savais bien que c'était Dieu, et non les hommes, qui devait un jour te juger. Retire-toi, maudit, et vas au feu éternel ; car je ne te connais pas !

» Voilà, Roussel, le langage que Dieu pourra et devra te tenir. Que lui répondras-tu? Il me semble que tu ne te justifieras pas en montrant ton épaulette et ton congé. Ne badinons pas : ces objets-là se déposent au cercueil. Un certificat de bon citoyen ou de brave soldat n'excuse pas de l'abandon du service de Dieu, d'autant plus que la signature d'un homme, souvent pécheur, souvent criminel, n'a pas grande valeur aux yeux de Celui devant qui les plus purs soleils ont des taches.

» Va, va, camarade, c'est peu d'avoir rendu à César ce qui est à César, si l'on n'a aussi rendu à Dieu ce qui est à Dieu. »

XII.

Une fête révolutionnaire.

Le camp de César ayant été évacué le 8 août, une nouvelle route était ouverte aux alliés sur la France. Le général Kilmaine, nommé à la place de Custine, se sentant trop faible, avec trente-cinq mille hommes découragés, pour tenir tête à soixante-dix mille hommes de troupes victorieuses, avait abandonné la ligne de l'Escaut pour celle de la Scarpe. Cambrai et Bouchain se trouvaient ainsi exposés à subir le sort de Valenciennes et de Condé ; une partie de la frontière était découverte ; les ennemis pouvaient se répandre dans tout le département du Nord, et n'étaient plus qu'à quarante lieues de la capitale.

Ces nouvelles se répandirent avec la rapidité de l'éclair. Un cri de malédiction s'élève à Paris contre le général, qui, par une retraite habile, vient de sauver peut-être les restes de son armée. Mais c'était le sort alors des plus habiles généraux, de ne pouvoir faire agréer autre chose que des victoires. Toutefois, ces préoccupations n'empêchent pas d'autres soins. Paris offrait alors le singulier contraste d'une terreur réelle et d'une joie factice, cet assemblage de gravité et de folie, qui le caractérise spécialement, et en fait le véritable représentant de l'esprit français. On venait d'apprendre que la nouvelle constitution était acceptée par les quarante-quatre mille municipalités de la France, moins celles de Marseille, de la Corse et de la Vendée, et on préparait l'anniversaire du 10 août.

Il faut avoir été témoin de quelqu'une de ces fêtes nationales, comme je le fus de celle-là, pour comprendre tout ce qu'il y a de ridicule au fond de ces solennités, ou plutôt de ces comédies, quand l'idée religieuse y manque. Je ne vois rien de pauvre et de dénué comme la pensée humaine se substituant à la pensée de Dieu, comme la patrioterie singeant la religion. La folie des révolutionnaires fut toujours de croire que le peuple ne tient au culte que par les formes, et qu'un spectacle quelconque, relevé de cérémonies et de costumes plus ou moins grotesques, remplacera pour lui cette douce et intime croyance, qui n'entre si avant dans son âme que parce qu'elle correspond à tous ses besoins et à tous ses désirs, qu'elle est la règle de ses actions comme la base de ses espérances. Nous avons vu, après l'explosion de Février, reparaître une de ces singulières mascarades; et nul n'a encore oublié de quel immense éclat de rire la France sérieuse accueillit cette équipée carnavalesque, et cette religion des bœufs aux cornes dorées (1).

Ce fut quelque chose de ce genre, plus la nouveauté et un enthousiasme fébrile, qui se passa à Paris, le

---

(1) Fête de mai 1848.

10 août 1793. La Convention avait dépouillé, la veille même, les votes des municipalités ; et quelle merveille que de petits despotes locaux eussent accepté ce qu'avaient décrété les grands despotes de Paris? Mais cette nouvelle était nécessaire pour monter l'enthousiasme au ton voulu, et on la fit circuler avec soin dans la populace. Nous n'étions pas de service ce jour-là, et nous pûmes, Roussel et moi, suivre pas à pas cette scène, qui n'eût été que ridicule, si elle n'eût été le souvenir de crimes odieux et le prélude de nouvelles horreurs. Nous vîmes cette foule immense se réunir sur la place de la Bastille : la Convention est là en première ligne, et un curieux eut la complaisance de nous faire connaître les principaux membres de cette cruelle assemblée, ces tigres à face humaine, que des éloges ou des phrases étudiées ne laveront jamais des taches que leur imprima au front tant de sang injustement versé. Nous y vîmes Robespierre, Danton, Saint-Just, Barrère, et une foule d'autres tristement célèbres. C'était l'heure du triomphe de la Montagne, qui venait d'immoler les chefs du parti girondin. Quatre-vingt mille hommes en armes, qu'on était convenu d'appeler les sections armées, entouraient la place. On vit alors s'avancer quatre-vingt-six vieillards, choisis parmi les délégués des assemblées primaires, et qui étaient censés représenter les quatre-vingt-six départements ; ils étaient armés de piques et se rangèrent autour de la fontaine de la *Régénération*. Le président de la Convention, imitant les libations païennes, verse sur le sol de l'eau de cette fontaine, puis en boit et en fait boire aux délégués. On se serait cru en plein

paganisme. Puis on se met en marche au chant de la *Marseillaise*. Les sociétés populaires sont en tête des rangs; ensuite, viennent les conventionnels, tenant à la main un épi de blé; huit d'entre eux portent sur une arche la nouvelle constitution et les droits de l'homme. Autour de la Convention, les doyens d'âge forment une chaîne nouée par un cordon tricolore. Ils tiennent en main un rameau d'olivier. Le peuple suit, entourant une charrue, sur laquelle sont assis un vieillard et sa femme, traînés par leurs fils. Puis vient un char guerrier, portant une urne qui est censée contenir les cendres des soldats morts pour la patrie. Enfin, un tombereau traîne des sceptres, des couronnes, des armoiries, des tapis fleurdelysés et autres emblèmes de la monarchie.

On ne saurait peindre ce qu'avait de grotesquement ridicule, pour l'œil du croyant, ce cortége à demi païen, à demi guerrier, à demi rural, au sein et au nom de la nation la plus croyante de l'univers. Oh! que je trouvais pitoyables ces emblèmes mythologiques, ces cérémonies renouvelées des Grecs ou des Romains, et surtout ces prétendus symboles d'abondance, de paix, d'union et de liberté, au milieu de la détresse universelle, d'une guerre extérieure et civile, parmi les déchirements sanglants des partis, et sous le joug du despotisme le plus effréné qui ait jamais opprimé un peuple!

Le convoi prit sa route vers la place de la Révolution. En passant au boulevart Poissonnière, le président de la Convention remet une branche d'olivier à quelques hideuses femmes, assises sur des pièces de canon. C'étaient les *héroïnes* des 5 et 6 octobre. Arrivé sur la place de la Révolution, le même président mit le feu aux insignes de la royauté. Le peuple applaudit par un immense hourrah à la destruction des symboles de cette vieille puissance qui, pendant quatorze siècles, a fait son bonheur et sa gloire. Puis on déchire le voile qui couvre la statue de la Liberté, et, à ce moment, des milliers d'oiseaux, portant de légères banderolles, se dégagent et prennent leur vol, aux applaudissements de ce peuple, qui y voit l'image de son affranchissement. Des salves d'artillerie annoncèrent cet heureux événement. Et ce bon peuple de Paris sembla réellement croire qu'il était libre, parce que des pigeons et des moineaux venaient de s'envoler, bien que la guillotine fût en permanence dans son sein, et que personne ne pût compter sur un jour de vie. On va ensuite au Champ-de-Mars, en passant devant l'hôtel des Invalides. Nul peut-être, excepté moi, ne remarqua, en voyant ce magnifique monument, qu'il était l'œuvre, une des mille œuvres bienfaisantes de cette même monarchie, dont on cherchait à abolir jusqu'au souvenir, et qui avait couvert la France de ses merveilles, tandis que la Révolution n'y avait encore versé que du sang et entassé que des ruines. Au Champ-de-Mars, l'immense cohue défile devant une statue gigantesque, représentant le peuple français terrassant le fédéralisme dans la fange. Un autel est dressé, sous le nom d'autel de la patrie : misérable parodie du culte catholique. Seulement, les victimes ne manquent pas à cet autel, non plus que les sacrificateurs. La Convention, les délégués et une foule compacte en occupent le sommet, les degrés, le pourtour ; et les groupes du peuple viennent tour à tour y déposer des produits des divers métiers : des étoffes, des fruits, des gerbes, des objets d'art. Une décharge générale d'artillerie se fait entendre en ce moment, et des applaudissements frénétiques y répondent. On jure de vivre et de mourir pour la constitution. Là-dessus, les quatre-vingt-six vieillards remettent leurs piques au président, qui en forme un faisceau, et le confie, avec l'acte de la constitution, aux députés des assemblées primaires, en leur recommandant de réunir leurs forces autour de l'arche de la nouvelle alliance. On se sépare enfin, et le reste de la journée est employé à assister à une grande représentation, figurant le bombardement de Lille et l'héroïque résistance de ses habitants.

Tout cela, nous le répétons, se fit avec un sérieux imperturbable, et au moment où la France courait le danger imminent d'une invasion. Roussel n'était certainement pas dévot : par contre, il était républicain sincère. Le soir, au moment où nous rentrions, accablés de chaleur et de fatigue, je lui demandai ce qu'il pensait de la cérémonie du jour. — Je pense, me répondit-il, que le plus court moyen d'abêtir un peuple, c'est de le révolutionner.

XIII.

La Vendée.

Nous partîmes, quelques jours après, pour la Vendée. La Convention venait de prendre de grandes mesures pour le dedans et pour le dehors. Un décret ordonnait une levée extraordinaire de dix-huit à vingt-cinq ans. Un appel était fait à tout le peuple. Les dangers extrêmes que courait la Convention elle-même, menacée par presque tous les départements, inspirèrent à cette terrible assemblée une énergie sauvage, qui la sauva, et sauva la France avec elle. Des commissaires pris dans son sein furent envoyés par elle dans les provinces, pour y réprimer l'insurrection naissante, et donner l'impulsion pour l'exécution des mesures proposées. Le décret portait : « Dès ce moment jusqu'à celui où les ennemis auront été chassés du territoire de la République, tous les Français seront en réquisition permanente pour le service des armées. Les jeunes gens iront au combat ; les hommes mariés forgeront des armes et transporteront les subsistances ; les femmes feront des tentes, des habits, et serviront dans les hôpitaux ; les enfants mettront le vieux linge en charpie ; les vieillards se feront porter sur les places publiques pour exciter le courage des guerriers, prêcher la haine des rois et l'amour de la république (1). »

Mais de tous les dangers qui menaçaient alors le tribunal de sang, le plus grand peut-être était l'insurrection de la Vendée. La nouvelle de la mort de Louis XVI avait exaspéré au plus haut point cette fidèle province, qui s'était habituée à unir à l'amour de son Dieu l'amour de ses rois. Depuis six mois, elle agissait, non pas en corps réguliers, non pas sur des champs de bataille savamment organisés, mais par des escarmouches, par une guerre de hasard et de buissons, d'autant plus redoutable qu'elle n'offrait en quelque sorte aucune prise à l'ennemi. En effet, au premier signal, ces énergiques paysans se levaient, se portaient, armés de fusils, de faux, de piques, sur les points désignés par leurs chefs, et, par une force irrésistible, battaient un corps d'armée ou surprenaient une ville, et, l'opération terminée, sur un nouveau signal de leurs chefs, rentraient dans leurs foyers, sans qu'il fût possible de distinguer parmi eux lequel avait été soldat ou lequel était resté laboureur. Ils avaient, en avril et en mai, pris Thouars, Loudun, Doué, Saumur, les Sables, Nantes même. Canclaux leur enleva cette dernière ville, et Boulard les Sables ; d'autres généraux leur avaient fait subir de nouvelles pertes. Enfin, après une suite de succès et de revers, que ce n'est point ici le lieu de décrire, cette armée de

(1) Décret du 23 août 1793.

paysans venait de faire subir un rude échec, près de Châtillon, au général Westermann, le féroce commandant qui mit le premier en usage ce système de représailles, si funeste aux deux partis. D'autre part, le général Labarolière, attaqué près de Vihiers, avait vu son armée fuir honteusement devant ces sublimes paysans, et avait été heureux de trouver un abri dans Saumur. Il est vrai qu'il n'avait guère sous ses ordres que ces fameux bataillons d'Orléans, aussi remarquables par leur indiscipline que par leur lâcheté et leur férocité après la victoire. Ainsi, à la fin de juillet, les Vendéens dominaient dans toute l'étendue de leur territoire.

Ce fut pour renforcer l'armée dite des *Côtes de la Rochelle* que notre bataillon partit. D'étranges sensations, je l'avoue, remuaient mon cœur, lorsque je posai pour la première fois le pied sur ce sol fidèle, déjà arrosé de tant de sang. Si la guerre est triste contre l'étranger, combien n'est-elle pas plus pénible quand elle se fait entre des citoyens du même pays ! Combien surtout ne m'en devait-il pas coûter d'agir dans de telles circonstances, quand mes convictions religieuses et politiques étaient du côté de l'ennemi ! Si j'eusse été libre, c'est dans les rangs vendéens que j'aurais pris place, et non à la suite de ces bandes républicaines dont l'unique but était de détruire les deux choses que j'aimais le plus au monde : la religion et la royauté.

Oh ! d'amères pensées emplissaient mon âme, quand, mêlé à ces hordes indisciplinées, je dus marcher au combat. La terreur avait été si grande, que les fuyards n'avaient mis que quelques heures pour arriver de

Vihiers à Saumur. Santerre, qui s'était jeté dans la mêlée, faillit être pris; le représentant Bourbotte courut le même danger; en sorte que quand il fallut rallier ces fameux bataillons, on eut peine à vaincre la frayeur qui les dominait encore. Les Vendéens, d'après tous ces faits et les récits des soldats, nous apparaissaient comme des hommes gigantesques; et cette haute idée de leur mâle et indomptable courage, en doublant mon estime pour eux, augmentait dans la même proportion ma tristesse et mes regrets. Position cruelle, bien rare heureusement pour le soldat : se battre contre ce qu'il estime, et vaincre pour ce qu'il déteste.

Roussel, qui marchait côte à côte avec moi, devinait seul ce que mon cœur avait à souffrir; mais son admirable discrétion n'en laissait rien échapper. Pour lui, les Vendéens étaient au moins des ennemis politiques; et s'il n'hésitait pas à dire qu'il eût mieux aimé verser le sang d'un Prussien que celui d'un Français, il confessait en même temps qu'il frapperait sans répugnance sur des adversaires de la République. Il donnait son assentiment au décret que la Convention venait de lancer contre ce malheureux pays. Or, ce décret frappait d'extermination les habitants de la Vendée. Le ministre de la guerre avait ordre d'envoyer dans les départements révoltés des matières combustibles pour incendier les bois, les taillis et les genêts. « Les forêts, y était-il dit, seront abattues, les repaires des rebelles seront détruits, les récoltes seront coupées par des compagnies d'ouvriers, les bestiaux seront saisis, et le tout transporté hors du pays. Les vieillards, les femmes, les enfants, seront conduits hors de la contrée, et il sera pourvu à leur subsistance avec tous les égards dus à l'humanité (1). » Eh bien ! pendant que le cœur de Roussel tressaillait d'aise chaque matin quand on nous lisait ce décret pour l'ordre du jour, le mien saignait de douleur à la pensée que j'étais appelé à concourir pour ma part à l'exécution de ces sauvages mesures.

La Convention avait dû proportionner les moyens au but : il lui fallait des instruments pour appliquer son sanguinaire décret. L'armée qui avait jusqu'alors agi contre la Vendée était composée de deux éléments bien distincts : quelques troupes régulières et amies de la discipline, et les bataillons volontaires d'Orléans ou de Paris. Ceux-ci n'étaient qu'un ramassis de brigands, une cohue de ces hommes de sac et de corde que les grandes cités couvent dans leurs bas-fonds, et qu'un fanatisme violent ou le goût du pillage avait attirés aux armées. On les mélangeait avec des troupes tirées de l'armée du Nord, dont on avait détaché cinquante hommes par bataillon. L'indiscipline et la licence régnaient parmi eux. Ils s'arrogeaient la mission de tuteurs de la République, espionnaient leurs chefs mêmes, traitaient d'aristocrates ceux qui voulaient les assujétir aux plus vulgaires lois de la subordination. A l'heure du combat, on avait soin de mettre les vieilles troupes en tête; mais souvent, comme à Saumur, comme à Châtillon, comme à Vihiers, les bandes indisciplinées prenaient l'alarme au moindre danger, et entraînaient

---

(1) Décret du 1er août 1793.

tout dans leur fuite. Elles s'en consolaient en accusant leurs généraux de trahison, et en demandant leur destitution à l'Assemblée. C'est ainsi que Biron, Berthier, Menou, Westermann lui-même, se virent dénoncés et révoqués, pour avoir voulu maintenir un peu de cette discipline, sans laquelle il n'y a pas de succès possible. Et que mit-on à leur place? Un chef de bataillon, ci-devant orfévre, nommé Rossignol, qui, d'abord incarcéré pour avoir dit que les soldats ne devaient pas être esclaves de leurs officiers, venait d'être relâché par l'ordre des terroristes triomphants. Ce fut cet homme que l'on créa général en chef de l'armée des côtes de la Rochelle. Et, au fait, il était digne de ce poste, et surtout de servir la pensée à laquelle il devait son élévation.

Les opérations militaires prirent donc la tournure de vrais brigandages. Je ne puis, je n'ose dire tout ce dont je fus témoin. J'ai vu fouler aux pieds les lois les plus sacrées de la pudeur et de l'humanité. Il n'est sorte de désordres auxquels nos soldats ne se livrassent, avec toute la licence qu'assure l'impunité. Et comment en eût-il été autrement, quand la loi même y invitait, quand les chefs donnaient l'exemple ? On avait adjoint à Rossignol un soldat de fortune nommé Ronsin, terroriste exalté, qui en quatre jours passa du grade de capitaine à celui de général de brigade. Il avait pour système que ce n'était point une guerre régulière, mais une guerre d'extermination qu'on devait pratiquer contre les rebelles ; il criait haut que pour cela des généraux savants et habiles n'étaient point nécessaires, mais des généraux franchement républicains, c'est-à-dire des hommes sans pitié. Et tel était-il lui-même. On ne saurait dire tout ce que ces deux tigres à face humaine exercèrent ou laissèrent commettre de cruautés.

Habitué dès le jeune âge à me rendre compte devant Dieu de toutes mes démarches, je délibérai sérieusement avec moi-même sur le parti que j'avais à prendre. Mes instincts et mes convictions me poussaient à passer du côté des Vendéens ; mon serment et mon devoir me retenaient dans les rangs des *bleus*. Dans cette cruelle incertitude, j'adressais à Dieu les plus ferventes prières pour obtenir d'être éclairé. A la fin, je me décidai à rester à mon poste, et je dois dire pourquoi. D'abord je me souvins d'avoir lu dans la *Vie des Saints* une parole de l'illustre chef de la légion thébaine, saint Maurice, qui convenait assez aux circonstances où je me trouvais. Deux fois décimée pour avoir refusé de massacrer les chrétiens, la légion que commandait ce grand Saint avait été condamnée à périr tout entière. Son chef écrivit alors à l'empereur Maximien ces paroles remarquables : « Nous sommes des soldats et non pas des bourreaux. Nous avons reçu des armes pour défendre l'empire contre ses ennemis, et non pour égorger des citoyens sans défense, des enfants et des femmes. Si les chrétiens étaient des rebelles et prenaient les armes contre vous, nous marcherions contre eux, parce que nous sommes vos soldats, ô César! et que nous devons vous défendre et mourir pour vous. Mais ils n'ont commis d'autre crime que celui d'être chrétiens ; et si c'en est un, nous sommes tous aussi criminels qu'eux. »

Avais-je tort ou raison? Mais il me sembla que si saint Maurice se serait cru en droit de marcher même contre des chrétiens, s'ils eussent été rebelles à un tyran comme Maximien, je pouvais aussi, sans blesser ma conscience, marcher même contre des frères quand ils résistaient au pouvoir tyrannique qui dominait la France. De plus, je sentais que, malgré ses excès, la Convention était après tout l'unique point d'appui au sein des divisions qui déchiraient la patrie. Tout en reconnaissant ses abus et ses forfaits passés, il fallait cependant convenir qu'elle était pour le moment nécessaire; et que sans elle, sans son unité d'action, la France deviendrait bientôt la proie de l'étranger. Cette pensée fit aussi une profonde impression sur moi.

De plus, dans le fameux décret, que nous savions par cœur, tant on nous le répétait, il était dit : « Les vieillards, les femmes, les enfants seront conduits hors de la contrée, et il sera pourvu à leur subsistance avec tous les égards dus à l'humanité. » Eh bien! me dis-je, il y a encore un bon côté dans cette question de destruction et de mort; la pitié n'en est pas entièrement exclue; je laisserai donc aux autres le soin de brûler les maisons et les forêts, de tuer et d'exterminer; moi, je me chargerai de la question d'humanité.

Telles furent les raisons sur lesquelles je m'appuyai pour me justifier à mes propres yeux. Soldats, sous les yeux de qui pourraient tomber ces lignes, gardez-vous de croire que je donnais dans le sot système de ceux qui prétendent que le militaire doit raisonner son obéissance. Non : je trouve ridicules et dangereuses les *baïonnettes intelligentes.* A part quelques cas exceptionnels et très rares, comme celui où se trouvaient saint Maurice et ses compagnons, où je me trouvais peut-être moi-même, le soldat doit obéir à ses chefs. A moins que l'injustice de l'action commandée ne soit absolument évidente — ce qui est, je le répète, très rare — il ne peut, il ne doit point raisonner, mais seulement agir, en laissant à d'autres la responsabilité des faits exigés. Autrement, la discipline serait à jamais brisée ; dans des temps comme les nôtres surtout, où les opinions politiques divisent si profondément les hommes, l'armée, au lieu d'être le rempart de l'ordre et le point d'appui de la société, deviendrait la source du désordre et le plus grand de tous les dangers.

Les accidents de la guerre furent variés, et de gros volumes suffiraient à peine pour les décrire. Je vis là la nature humaine sous toutes ses faces : grande, généreuse, dévouée, héroïque, comme aussi basse, ignoble, vicieuse et cruelle. Quoi que l'on ait dit, quoi que l'on ait écrit sur ce peuple de *géants*, on est resté au-dessous de la vérité. J'ai su depuis qu'un certain parti, dit libéral, héritier de la plupart des doctrines de la Révolution, s'est particulièrement attaché, au temps de la Restauration, à dénigrer l'insurrection vendéenne, et à justifier les moyens atroces employés pour la dompter. Je ne saurais entrer dans un tel système. Moi qui fus témoin de cette lutte, je dis qu'elle était légitime dans son principe, et qu'elle resta pure dans son cours, au moins de la part du peuple. Si, plus tard, l'ambition et la division des chefs souillèrent cette héroïque cause, et en annulèrent les résultats, la faute n'en fut point à ces sublimes paysans, si énergiques dans l'action, si modestes dans le succès. Et si, par ci par là, quelques actes de cruauté inutile furent commis par eux, qu'on se souvienne des circonstances, qu'on songe surtout que ce n'étaient que de faibles représailles provoquées par les infamies des républicains.

On s'est habitué à dire et à croire que la guerre de la Vendée eut une cause purement politique : on se trompe : ce fut avant tout une guerre religieuse. Il se peut que les chefs songeassent primitivement à rétablir la royauté ; mais je reste convaincu que ce but n'eût pas suffi à passionner aussi vivement et aussi longtemps les masses qu'ils mirent en mouvement. La mort de Louis XVI fut sans doute le point de départ apparent de la lutte active : mais elle en fut le prétexte et l'occasion plutôt que la cause. Déjà depuis longtemps le levain fermentait. La proscription de leurs prêtres, l'abolition de leur culte, avaient irrité ces populations éminemment religieuses; et, quelque attachement qu'elles eussent en général pour la forme monarchique, je doute qu'elles se fussent levées avec autant d'énergie et d'ensemble, si elles n'avaient vu auparavant tomber la croix et fermer leurs temples.

La différence des points de vue où nous étions placés, Roussel et moi, entraînait une grande diversité d'appréciation. Bien qu'il restât mon ami et conservât envers moi une discrétion parfaite, il commença dès lors à subir un changement très marqué. Soit ambition, soit instinct, son républicanisme prit une teinte plus foncée et plus sauvage : il partageait la haine ardente du terrorisme pour les insurgés. L'âme de Rossignol semblait passer en lui. Quand donc, conformément aux ordres reçus, on incendiait des villages entiers, des moissons, des forêts, je voyais ses traits s'animer d'une joie barbare; il suivait d'un œil souriant les progrès de la flamme s'étendant, comme une mer onduleuse, sur ces genêts ou sur ces chaumières. Hélas! et moi je gémissais en secret, et m'apitoyais sur les infortunées victimes de ces dévastations inutiles. Lui seul devinait mes souffrances, et n'en paraissait point affecté. Je le vis plus d'une fois attiser lui-même la flamme, ou lancer la torche le premier. Ce n'était pas qu'il eût précisément en vue de me faire de la peine; mais il croyait ou feignait de croire que c'était là le devoir d'un vrai soldat de la République. Peut-être y avait-il au fond un petit grain d'ambition. Je le supposai facilement quand je le vis monter en un mois du rang de simple soldat à celui de sergent-major, et sa haine contre les Vendéens croître à chaque promotion.

Par une chute parallèle, je le vis devenir ivrogne et querelleur. C'est un fait étrange, mais que mes quatre-vingts ans d'observation ont constaté : les goûts ignobles, les passions qui ravalent l'homme, comme l'ivrognerie, par exemple, sont le cortége obligé de ce genre d'opinion qu'on appelle la démocratie. J'ai vu, assurément, des vices dans tous les rangs, dans toutes les opinions, même au sein des classes qu'on appelle aristocratiques; mais ils y étaient plus rares, ce me semble, et y revêtaient des formes moins repoussantes que dans cette catégorie d'hommes qui s'intitulent démocrates. Je ne sais comment cela se fait : mais on comprend à peine un démocrate pur-sang sans quelqu'un de ces vices qui rabaissent la dignité humaine. Roussel en devint une nouvelle preuve.

Par contraste, je voyais d'admirables vertus se montrer parmi ceux que nous combattions comme des ennemis : une simplicité merveilleuse, une vigueur de caractère étonnante, la chasteté, la sobriété, le dévouement, le désintéressement, toutes les vertus sociales et domestiques. Ces paysans avaient tout puisé dans le sentiment religieux : j'entends tout ce qui se rattache aux nobles instincts de la nature. Peut-être aussi la conformité d'opinion me prédisposait-elle à les voir sous un jour plus favorable ; mais, même en faisant la part du préjugé, je crains peu de me tromper si je dis que ces franches et âpres natures se rapprochaient de celles des premiers chrétiens.

Roussel étant le seul homme qui connût mes opinions parmi mes nouveaux compagnons d'armes (car on nous avait fractionnés pour nous mélanger avec les bataillons de Paris), je crus nécessaire de m'attacher à lui, pour pouvoir plus facilement accommoder ma conscience avec ma position. Je lui ouvris, un jour, mon cœur tout entier, et lui dis : Sergent, cela m'afflige cruellement d'être obligé de me battre contre des gens que j'aime ; épargne-moi donc, et donne-moi ou obtiens-moi des commissions plus en rapport avec mes goûts. — Il se roidit d'abord contre cette pensée, et me dit brusquement : A la guerre comme à la guerre, ami Charrue ; il te faut mettre un bandeau sur les yeux, et frapper, morbleu ! comme sur des bûches. — J'insistai : il finit par me comprendre, et me promit de m'épargner, autant que possible, la peine d'aller au combat.

Mais je le voyais tomber de plus en plus dans l'ivrognerie. C'était le système des chefs d'exciter les soldats en leur faisant boire beaucoup d'eau-de-vie. J'ai souvent vu des hommes s'avancer au combat dans un état d'ivresse complète. Mais bientôt le bruit des armes et la présence du danger les *dégrisaient* assez pour leur rendre la liberté de leurs mouvements, sans leur ôter cette pointe qui donne un courage factice. Or, Roussel abusait de cette funeste liberté. Quand on avait quelques jours de repos, il les employait à boire et à faire boire les soldats. Ses goûts, naturellement honnêtes, se dépravaient tous les jours ; car je ne connais rien d'abrutissant comme cette funeste passion. Le soldat qui en est dominé me paraît incapable de suivre sa carrière, et indigne de servir son pays. Tôt ou tard, il commettra de graves infractions à la discipline; peut-être se trouvera-t-il entraîné à de dangereux excès. Tous ceux qui ont porté les armes en conviendront avec moi : la plus triste école qu'il y ait pour le soldat, c'est le cabaret. C'est là qu'il apprend l'insubordination, le blasphème, l'impudicité; c'est là qu'il s'exerce à haïr la discipline, à se plaindre de ses chefs; il en sort toujours pire qu'il n'y est entré. Qu'on examine bien : tous les désagréments qui surviennent au militaire ont à peu près pris naissance au cabaret. Que l'on compte tous ceux que l'on a vu condamner à la prison, dégrader et peut-être fusiller : c'est là que le malheur a commencé pour eux.

Un jour, Roussel se trouvant à table avec quelques chefs, et étant déjà ivre, me salua du nom de *chouan*. Ce mot pouvait me perdre, si tous les convives n'eussent été incapables d'attention. Le lendemain, je lui en fis un reproche, et il me demanda pardon. Je savais bien qu'il était incapable d'une pareille indiscrétion, si le vin ne l'y eût porté. Mais cela prouve encore que l'ivrognerie met à nu tous les vices de l'homme, et lui ôte toutes ses qualités. Cependant, Roussel parut vivement repentant de sa faute, et se mit en devoir de l'effacer. Peu de jours après, il vint à moi, et me dit : Je t'ai blessé l'autre jour, je t'en demande excuse ; et pour te dédommager, je t'apprends que tu es retiré du service actif et attaché à l'hôpital ; je t'ai fait nommer infirmier.

XIV.

L'ambulance.

Aucune nouvelle ne pouvait me procurer plus de joie. Je sentis comme un poids lourd tomber de dessus mon cœur. Je ne serais donc plus réduit à donner la mort! Je serais, au contraire, dans le cas de sauver la vie! Et, certes, mon zèle ne pouvait manquer d'occasions de s'exercer; car le nombre des blessés était considérable; chaque jour cette guerre de buissons éclaircissait nos rangs.

Je me mis à l'œuvre avec beaucoup d'ardeur. Le zèle que j'y déployais, et qui, je dois le dire, provenait d'un fonds sincère de charité, me gagna bientôt l'affection des malades. Leur reconnaissance me signala à l'attention des chirurgiens, qui, à leur tour, firent mon éloge devant les chefs. Ronsin daigna un jour me donner des paroles d'encouragement. Il fut aussitôt résolu qu'on me rendrait mon grade de caporal, afin d'avoir occasion de m'élever plus haut. Je prévis que cette voie nouvelle me ramènerait aux champs de bataille, et je refusai. — Général, dis-je à Rossignol, je désire rester attaché au poste où je suis, pour servir la République dans ses membres souffrants. Si tu me reconnais quelques droits au grade de caporal, permets-moi de les transférer sur la tête d'un de mes amis : nomme le citoyen Oudinet. C'est un brave et loyal garçon. — Ce trait de désintéressement charma le général, et Oudinet fut nommé à ma place.

Dans les pénibles mais utiles fonctions que je remplissais, ce qui me plaisait surtout, c'était d'avoir çà et là l'occasion de rappeler quelques infortunés à la pensée religieuse. Bien des fois, mes avances furent inutiles ; et je voyais ces hommes dépravés (surtout parmi les volontaires d'Orléans) recueillir leurs forces expirantes pour repousser mes exhortations par d'horribles blasphèmes ou d'injurieuses épithètes. L'un d'eux eut le lâche courage d'essayer de me dénoncer comme chouan et partisan du *ci-devant Jésus*, à un chirurgien de service. Fort heureusement, celui-ci avait l'oreille dure, en sorte qu'il n'entendit point les paroles de l'agonisant, qui expira avant d'avoir pu se venger de son bienfaiteur. Mais, plus d'une fois aussi j'eus la consolation de voir que mes paroles ne tombaient point à vide. Il y avait souvent bien peu à faire pour réveiller la foi chez les anciens, chez les vrais soldats. Tous avaient puisé l'enseignement chrétien dans l'éducation de la famille ; et sous la couche épaisse d'une incrédulité plus factice que réelle, d'un libertinage d'imitation plutôt que de goût, se retrouvait toujours cette vieille foi de l'enfance, dont l'homme ne peut guère se dépouiller entièrement. J'en vis plus d'un verser des larmes aux souvenirs que je réveillais en lui, et mourir le cœur contrit et les yeux vers le ciel.

Soyez béni, ô Dieu de l'éternité, qui avez daigné vous servir d'un si pauvre instrument pour sauver peut-être quelques âmes! Oui, acquérir de la gloire, ceindre son front de lauriers, se faire un nom parmi les hommes, c'est doux à la nature et séduisant pour l'orgueil. Mais, tirer de la fange du vice un frère, un homme racheté au prix du sang de Jésus-Christ, mais sauver une âme, oh! que cette gloire est plus grande, que cette conquête est plus douce! Au moment de descendre dans la tombe, à quoi me serviraient le bâton de maréchal, tous les titres, toutes les décorations possibles? A orner le couvercle de mon cercueil. Mais la faible part que j'ai prise au salut de quelques âmes, c'est un bien propre, intime, qui me suivra au tribunal de mon Juge, et plaidera pour moi devant lui: j'espère retrouver là-haut quelques-uns de mes frères d'armes, et jouir avec eux de la gloire qui ne finit jamais.

Mon office me mit à même de voir de près ce peuple vendéen, si maltraité alors, et encore si calomnié aujourd'hui. Les besoins de la guerre entraînaient les hommes sur les champs de bataille; les femmes, les enfants, les vieillards restaient seuls, mais pour être ordinairement témoins de l'incendie de leurs habitations. La plupart, cependant, pour échapper à la fureur républicaine, s'attachaient à la suite des armées. Les femmes suivaient leurs maris, les enfants leurs parents; on emportait les vieillards; tous préféraient courir les chances de la guerre à attendre de pied ferme les horribles traitements que leur réservaient les *bleus*. Par surprise cependant, on enveloppait quelquefois des villages entiers, et nul ne pouvait échapper. C'étaient alors des scènes horribles, plus dignes d'une race d'Iroquois que d'un peuple civilisé. Le sabre immolait d'abord tous les hommes qui s'y rencontraient; on enfermait les femmes et les enfants dans quelques maisons isolées, et on incendiait le reste. La flamme épargnait quelquefois une chaumière ou deux ; d'autres fois, un départ précipité ne laissait pas le temps de mettre le feu, et bientôt les maisons ainsi épargnées étaient remplies de fuyards, qui sortaient des forêts, des landes et des bruyères, espérant que les *bleus* ne reviendraient plus sur leurs pas. Nous autres infirmiers, qui ne suivions que de loin, nous étions aussi obligés de retirer dans ces habitations les malades et les blessés qu'on n'avait pas eu le temps d'évacuer sur les villes, et par conséquent nous nous trouvions en pleine Vendée.

A la rigueur, le patriotisme, comme on l'entendait alors, eût exigé de nous une implacable sévérité envers ces malheureux ; le devoir, dans le sens de la Convention, nous obligeait à massacrer les uns et à faire prisonniers les autres. Je l'avoue, on en eut rarement le courage; les chirurgiens, les aides, les quelques soldats attachés, comme moi, au service des malades, étaient disposés à la pitié. Il leur semblait que c'était assez du spectacle des douleurs qu'ils avaient sous les yeux, sans en créer de nouvelles. Nous vivions donc en bons voisins, les Vendéens et nous ; à peine quelques chaumières nous séparaient; nous étions assez forts pour n'avoir rien à craindre d'eux, et eux à leur tour s'efforçaient de gagner nos bonnes grâces, en nous envoyant, ou plutôt en plaçant à notre portée de la charpie, du linge, des objets dont nous pouvions avoir besoin. Pauvres gens ! peut-être obéissaient-ils encore à cette loi de la charité qui nous oblige à faire du bien à ceux qui nous persécutent.

Souvent, je le confesse, ma pensée et mes regards se portaient vers ces humbles chaumières, où la paix du ciel habitait, au milieu des plus grandes sollicitudes qui puissent agiter l'âme humaine. Quand j'entendais parfois une voix de jeune fille chanter un cantique à la dérobée, ou quand je voyais de petits enfants s'amuser dans les rues, ou encore une pauvre mère cultiver la terre ou recueillir du bois pour le foyer, je me sentais le cœur attendri. Je m'attristais surtout en remarquant la terreur que nous inspirions. La vue de notre uniforme bleu faisait fuir tout le monde. L'enfant qui pouvait à peine bégayer, savait déjà dire : *Voici les bleus!* et se sauvait à toutes jambes. Cependant, quand notre séjour se prolongeait quelque temps, on finissait par ne plus tant s'effrayer. Je pus même parler plusieurs fois à des femmes vendéennes, et en obtenir des réponses. Ce fut ainsi que j'eus l'occasion d'admirer les vertus de ce peuple, et de sonder toute l'influence que la religion exerçait sur lui. J'ai vu des mères ayant déjà plusieurs fils et leurs époux sous les armes, ne se plaindre que d'une chose : à savoir que leurs autres fils ne fussent pas encore assez grands pour aller rejoindre l'armée catholique et royale. J'ai vu des jeunes filles, à qui on annonçait la mort de leurs fiancés, verser à peine une larme, et dire : Ils sont plus heureux de mourir ainsi que de vivre avec nous! J'ai vu des vieillards maudire la vieillesse pour la première fois, parce qu'elle les empêchait d'aller se battre pour Dieu et le Roi. Et ces sentiments n'étaient point l'effet d'une excitation fanatique, comme on s'est tant plu à le dire ; mais le fruit d'une conviction profonde et d'une foi religieuse aussi ferme que sincère. Ces pauvres créatures s'exprimaient avec une ingénuité qui ne pouvait laisser de doute sur leur bonne foi. En donnant son époux, son fils, son frère, son amant, ses biens, sa chaumière, on ne pensait pas même faire un sacrifice, mais seulement rendre à Dieu ce qui lui appartenait.

Un autre caractère aussi qui distinguait ces populations fidèles, c'était leur attachement à leurs chefs. Tandis que nos généraux étaient ordinairement haïs de leurs soldats, les nobles qui guidaient ces paysans au martyre devenaient leurs idoles. Autant les *bleus* maudissaient les Westermann, les Menou, les Rossignol : autant les Vendéens exaltaient les Larochejaquelein, les d'Elbée, les de l'Escure. Et pourtant que ne souffraient-ils pas à leur suite? Preuve de plus que le véritable dévouement se puise dans la religion, et que la discipline est d'autant plus forte que l'inférieur voit mieux dans ses chefs l'image de Dieu même.

J'aurais bien des faits à citer entre ceux dont je fus le témoin ou l'acteur, et qui feraient peut-être ressortir le caractère de cette race de héros. Mais ce n'est point une histoire que j'écris : je me borne au trait suivant.

XV.

Une nuit vendéenne.

Nous étions près d'un hameau composé de trente ou quarante habitations peut-être, et situé à l'entrée d'une épaisse forêt. C'était à la fin du mois d'août, par une belle soirée d'automne. Nos troupes avaient passé par là l'avant-veille, comme on s'en apercevait aux traces de l'incendie : une vingtaine de ces chaumières n'avaient plus que les murs, et la lisière du bois présentait une grande quantité de troncs d'arbres brûlés. Sans doute, l'armée, pressée dans sa marche, n'avait pas eu le temps d'achever son œuvre. Des raisons particulières nous avaient obligés, nous autres chargés des malades, à dresser nos tentes en silence, dans le fond d'une vallée, dont un des côtés nous masquait le hameau. On nous avait annoncé que les Vendéens devaient revenir sur ce point : un éclaireur avait vu dans la nuit précédente un groupe de paysans armés rentrer dans le village : en sorte que nous pouvions y être facilement surpris. Nous prîmes donc toutes les précautions possibles pour n'être point découverts, évitant d'allumer du feu, et comprimant, pour ainsi dire, les plaintes de nos malades, de peur d'être trahis. On plaça ensuite quelques sentinelles, et on décida que deux ou trois éclaireurs iraient sonder les bois et les campagnes, pour s'assurer si l'ennemi ne venait point. Comme j'étais de ces derniers, je m'éloignai du côté du bois, non sans m'être recommandé à Dieu, comme dans un péril imminent.

En passant près de la dernière maison du hameau, j'entendis un bruit de voix humaines. Le feu avait consumé le toit de cette chaumière, et une porte de bruyère en masquait l'entrée. Je m'approchai en silence, je prêtai l'oreille, et j'écoutai :

— Je mourrais plus content, disait une voix affaiblie, si je les savais vainqueurs. Les précautions ne semblent pas bien prises... Je l'ai dit à de l'Escure, je l'ai dit à Larochejaquelein... Mais une folle ardeur les emporte... Ah! que je souffre!... J'ai le feu dans le corps...

— C'est l'effet de la fièvre, répondait une voix de femme. On ne fait pas en l'état où vous êtes vingt lieues, porté à bras, sans en souffrir. Mais nous serons bientôt en sûreté... et alors des secours appliqués à propos pourront... peut-être...

— Ils seront battus! reprenait la première voix ; j'ai un pressentiment sinistre. Je voudrais être là encore pour leur dire : Prenez les *bleus* en détail, et ne risquez point d'action générale... Oh! Léonie, mon âme semble se briser dans mon corps...

— Mon frère, reprenait la femme, il est inutile d'occuper de ces inutiles soucis vos derniers moments peut-être. Songez à vous : recueillez vos esprits devant Dieu, et préparez-vous à paraître, s'il le faut, au tribunal suprême...

— Si jeune ! murmura-t-il : avant d'avoir vu l'ennemi terrassé et la croix triomphante ! Dieu voudra-t-il que je meure ailleurs que sur le champ de bataille ?

— Vous y mourez, mon frère, puisque vous avez reçu cette blessure d'une main ennemie. Oh! prenez donc garde... votre sang coule...

— Laisse-le, laisse-le couler, dit le jeune homme ; il ne peut être versé pour une meilleure cause.

Je vis alors, par une fente de la porte, la jeune personne s'efforcer d'étancher le sang qui sortait de la blessure. Bientôt le malade pâlit, et retomba évanoui sur sa couche de genêts. Une lampe de terre éclairait faiblement cette scène.

— Mon Dieu ! mon Dieu ! s'écria la jeune fille, en joignant ses mains, permettrez-vous qu'il meure... avant d'avoir reçu les derniers sacrements ? Faut-il que j'aille moi-même chercher un prêtre ? Où en trouverai-je un ? Il peut mourir sans secours, sans témoin... Seigneur ! Seigneur ! ayez pitié de moi, ayez pitié de lui !... N'enverrez-vous personne à notre secours ?

Mon cœur était ému de ces plaintes déchirantes. Je levai les yeux au ciel pour demander conseil. Une voix intérieure me répondit : Il est bon de risquer tout, même sa vie, pour sauver une âme. Aussitôt je poussai la porte, qui céda sans effort, et j'apparus.

— O mon Dieu ! les *bleus !* cria la jeune fille, nous sommes perdus !

— Rassurez-vous, lui dis-je ; tous les *bleus* ne sont pas des tigres. Je suis chrétien. Vous avez besoin d'un homme : je me mets à votre disposition.

— Arrêtez ! me dit-elle en reprenant son énergie ; et ne venez point, sous le masque de l'hypocrisie, abuser d'une victoire trop facile. Respectez un mourant, respectez une femme. Au nom du Dieu qui sera notre juge et le vôtre...

— C'est en son nom que je m'offre à vous. Je sers la République, il est vrai ; mais je sers Dieu avant tout. Voyez plutôt ceci.

Je lui montrai mon scapulaire et ma médaille. Pendant ce temps-là le malade était revenu à lui. C'était un magnifique jeune homme aux cheveux noirs, aux grands yeux bleus, et dont les traits offraient un singulier mélange de virilité et de délicatesse féminine. La vue de mon uniforme se mêlant aux lueurs indécises de son intelligence affaiblie, il se crut sur le champ de bataille, fit un mouvement rapide, en portant la main à son côté, et en criant : En avant ! mes braves, voilà les *bleus !* Puis sa blessure se rouvrit, et il retomba sans forces. Je m'approchai aussitôt, et, tirant de l'amadou et de la charpie, objets dont j'étais toujours muni, j'étanchai le sang et je tamponnai la plaie.

— Il n'a plus que peu de temps à vivre, dis-je à la jeune fille, et les remèdes seraient tardifs. Le seul secours dont il ait besoin, c'est celui d'un prêtre.

— Je le sais, je le sens, répondit-elle, en comprimant ses larmes. Mais je... suis seule avec lui... et je ne puis le quitter.

— Voulez-vous accepter mes services? Voulez-vous me dire où je trouverai un prêtre?

— Qui? vous? Je n'ose, je ne puis croire... un *bleu!*...

— Un *bleu* malgré lui, un *bleu* qui admire la cause qu'il combat, et déteste celle qu'il sert...

— Etes-vous seul?

— Seul pour le moment. J'ai quelques heures à vous donner; les voulez-vous?

— Ah! Monsieur, dit-elle en tremblant, ce serait exposer votre vie.

— J'y tiens peu. D'autres cherchent les grades ou la gloire; moi je cherche des... services à rendre.

Elle hésitait toujours. Sans doute, elle craignait, en me découvrant la retraite de ses compatriotes, de les exposer aux fureurs républicaines. Le feu lui était monté à la figure : elle se couvrit de ses deux mains, et parut prier un moment. Cependant le jeune homme revint encore à lui, et prononça tout bas ce mot: Un prêtre! Toutes les hésitations de la jeune fille cessèrent aussitôt.

— *Fais ce que dois, advienne que pourra!* dit-elle avec une certaine force de voix. Louis, vous aurez un prêtre.

Détachant alors l'habit de son frère, qui était suspendu à la muraille :

— Revêtez-le, me dit-elle, de peur d'être reconnu ou par nos gens ou par les vôtres. Vous entrerez dans le bois : après trois ou quatre cents pas, vous trouverez une clairière, et là une sentinelle. Vous répondrez au *qui vive* par ces mots : *Dieu et mon droit*; ne l'oubliez pas : c'est le mot d'ordre. La sentinelle vous dira ensuite où vous trouverez un prêtre.

J'obéis. Pendant qu'elle me passait l'habit vendéen, un éclair rapide me faisait voir le danger auquel je m'exposais. Je pouvais être surpris par les nôtres, et c'en était fait de moi : on me fusillait comme transfuge. Je pouvais, malgré mon déguisement, être trahi par mon langage ou de toute autre manière, et reconnu par les Vendéens. De part et d'autre, la mort était le prix de mon audace. Mais ces rapides réflexions cédèrent devant cette simple pensée : Qu'importe, si je puis sauver une âme?

— Mademoiselle, lui dis-je, ou je n'y pourrai rien, ou votre frère ne mourra pas sans secours. Priez un peu pour moi.

Je m'enfonçai dans la forêt. A l'entrée de la clairière, je trouvai pour sentinelle un homme qui portait le bras en écharpe. Il me cria en breton : *Qui va là?* Je répondis en français : *Dieu et mon droit*, et m'approchai.

— Ami, lui dis-je, un de nos frères, blessé sur le champ de bataille, meurt dans une des chaumières de ce hameau, à trois cents pas des *bleus*. Une jeune femme veille près de lui, et m'envoie chercher un prêtre. Où en trouverai-je un? C'est à vous qu'elle m'adresse.

Le paysan parut douter. Mon accent, mon langage, indiquaient un étranger : il m'adressa quelques mots en breton, sans doute pour me mettre à l'épreuve. Je lui répondis en français. Il délibéra de nouveau, et fit même un mouvement pour armer son fusil.

— Vendéen, lui dis-je, je sers Dieu comme toi. Je vais pour rendre service à l'un de tes frères, à l'un de tes chefs même : laisse-moi d'abord accomplir mon œuvre de charité; et après cela, nous nous mesurerons.

J'avais tiré mon sabre : lui remit son fusil en place. Le langage que je parlais lui sembla, sans doute, peu fait pour un *bleu;* car il parut se rendre. Il m'adressa néanmoins quelques questions, auxquelles je me contentai de répondre :

— Ce n'est point ici le lieu d'entrer en explication; une âme va bientôt s'envoler vers l'éternité. On m'envoie chercher un prêtre vendéen; tu répondras devant Dieu du retard que tu mets à ma commission. Un homme que tu chéris sera ton accusateur au dernier jugement.
— Louis de K..., dit-il tout bas. Que Dieu ait pitié de son âme, ainsi que Notre-Dame d'Auray! — Va jusqu'au bout de cette clairière, et prends le fourré à gauche. Si on t'arrête, tu répondras : *Genêt vert.*

Je me hâtai de traverser la clairière, et rencontrai un vieillard qui me cria : *Qui va?* Je répondis *Genêt vert,* et passai outre, du côté qu'il m'indiqua. Après une marche d'un quart d'heure, j'arrivai dans une magnifique futaie, et là je vis un spectacle aussi beau qu'inattendu. Une foule de femmes, de vieillards et d'enfants étaient agenouillés en silence. Huit ou dix lanternes, suspendues à des chênes, semaient sur toutes ces têtes, sur ces voûtes de verdure, une teinte indéfinissable. Dans un certain éloignement, on voyait un homme, un prêtre en vêtements sacerdotaux, debout devant un autel de verdure, que quelques flambeaux éclairaient.

Une sonnette argentine se fit aussitôt entendre, et toutes les têtes s'inclinèrent. C'était le moment de l'élévation. Je m'agenouillai moi-même, saisi d'une inexprimable émotion. Je retrouvais là le Dieu de ma jeunesse, au milieu d'un peuple fidèle, sous la voûte du ciel, dans le silence de la nuit. Non, je ne crois pas avoir éprouvé jamais une impression plus solennelle. Je m'unis de cœur à cette foule respectueuse, et je puis dire sans hésiter que je n'ai vu nulle part une piété aussi naïve, aussi touchante. Les enfants eux-mêmes semblaient être sous l'influence du moment; car pas un d'eux ne fit entendre sa voix : en sorte qu'aucune espèce de bruit ne troublait ce silence imposant. A la communion, je vis un grand nombre de ces braves gens s'approcher pour recevoir leur Dieu ; tous allaient retremper à la source leur courage, ébranlé peut-être, ou raviver leur foi, ou épancher leur tristesse, ou enfin solliciter la divine miséricorde pour des êtres chéris, exposés aux tristes hasards de la guerre. J'aurais vivement désiré participer à leur bonheur. Ce spectacle était digne des premiers siècles de l'Eglise. Ma pensée se reporta involontairement sur le peuple révolutionnaire, soit celui qui, sous la vile carmagnole, hurlait alors, à Paris, autour de la Convention, et demandait la tête de Mme Veto (1) et des Girondins ; soit celui qui, à quelques lieues de là, se livrait peut-être, sous l'habit de soldat, à l'orgie, au blasphème, à l'ivrognerie, dans le camp du général Tunck, et je me dis : On juge deux peuples à une telle différence.

Je songeai aussi à mes parents, à mes amis, à mon village, à ces cérémonies du culte : doux souvenirs, vieux amis de l'enfance, auxquels toutes les pensées et tous les sentiments semblent liés d'un nœud indissoluble. Les larmes me vinrent aux yeux. L'étrangeté de ma situation ajoutait encore à la vivacité de mes émotions ; je priai avec ferveur pour moi et les miens, et demandai comme une grâce de tenir ferme jusqu'au bout dans la foi qui produisait sous mes yeux de si hautes merveilles.

Après la messe, je traversai cette foule sans être reconnu, et m'approchai du prêtre.

— Monsieur le Recteur (2), lui dis-je, on vous demande, on vous attend à un lit de mort. Un jeune chef, Louis de K..., m'a-t-on dit, meurt d'une grave blessure, et sollicite les secours de la religion.

A mon accent, le prêtre reconnut un homme étranger à son peuple.

(1) C'était le nom que les révolutionnaires se plaisaient à donner à l'infortunée Marie-Antoinette.
(2) Les Bretons appellent ainsi leurs curés.

— Qui êtes-vous? me demanda-t-il.

— Un serviteur de Dieu.

— Et de la République! ajouta-t-il. Ces surprises ne nous sont pas un piége. Quelquefois c'est un ami, quelquefois c'est un ennemi qui nous attire à ces démarches. Le Seigneur est bon. Je suis assez vieux pour passer en l'autre monde. Jeune homme, je vous suis.

Rien de cela ne s'était dit assez bas pour n'être pas entendu des gens qui étaient le plus près, et notamment des deux enfants qui avaient servi la messe. En un clin d'œil, le mot de *bleu* passe de bouche en bouche, et le simple doute du prêtre devient une certitude. Un long murmure s'élève : on croit à un piége, à un espion ; on s'agite, on m'entoure. Le prêtre, occupé à déposer et à replier ses vêtements sacerdotaux, ne s'aperçoit pas immédiatement de ce mouvement. Le peu d'hommes qui se trouvaient dans l'assemblée me serrent de près ; il est évident qu'on m'a pris pour un émissaire des *bleus*, et que des pensées de mort naissent dans tous les esprits.

Les cierges qui ornaient l'autel sont éteints. Je me sens aussitôt saisi et désarmé. Un cri sinistre s'élève : *Mort aux bleus!* Les femmes croient qu'une troupe de républicains approche : un coup de fusil parti je ne sais d'où confirme cette opinion, et un hourrah lugubre demande ma tête.

Le Recteur s'approche aussitôt, et d'un mot fait céder tout le monde. On me lâche, et il m'appelle à part. Je lui explique qui je suis, de quoi il s'agit ; je lui donne les deux mots d'ordre ; je lui montre mon scapulaire, ma médaille, mon vêtement d'emprunt, qu'il doit reconnaître. Je lui expose que j'ai sacrifié ma vie à un acte de charité; mais que, si je dois mourir, il veuille bien auparavant entendre ma confession.

Mon ton sincère parut le convaincre. La foule m'entourait de nouveau, et parlait confusément en bas-breton : je crus distinguer qu'on priait le Recteur de ne pas donner dans le piége, et de permettre qu'on me pendît à un des arbres de la forêt. Il monta alors sur l'estrade qui avait servi d'autel, et fit une allocution dans le langage du pays. Je vis aussitôt tomber toutes les colères : chacun s'éloigna de moi. Bientôt même la foule se dispersa à travers le bois, et il ne resta plus que le vieux prêtre et moi.

Nous nous éloignâmes à grands pas. Malgré son âge, il était vert et vigoureux. Nous liâmes une conversation à demi-voix : et je crois que tous ses doutes étaient dissipés avant que nous ne fussions arrivés à la chaumière.

Quand nous entrâmes, la jeune fille était à genoux dans un coin, et un homme était debout en face du malade, lui tenant les mains dans les siennes. Celui-ci paraissait endormi. Un calme profond régnait sur sa figure ; mais ce calme que produit l'affaiblissement, et qui précède le dernier sommeil.

Le silence qu'on gardait ajoutait à l'imposant de la scène. Le Recteur s'approcha, s'inclina avec un respect particulier devant le nouveau venu, qui lui tendit la main; le vieux prêtre la baisa. Le malade venait de rouvrir les yeux, et une légère animation passa dans ses traits. Il fit effort pour tendre au prêtre sa main pâle et glacée, que celui-ci baisa encore avec un respect particulier. Je me tenais humblement près de la porte, comme pour veiller à ce que rien ne troublât la majesté de la mort. Bientôt nous sortîmes tous les trois, et le Recteur resta seul pour entendre la confession du mourant. Pendant ce temps-là, l'étranger, à qui la jeune fille avait dit un mot tout bas, s'approcha de moi et m'exprima sa reconnaissance.

— C'est un étrange hasard, jeune homme, ajouta-t-il, que celui qui nous rapproche. Nous sommes sans doute plus ennemis de la main que du cœur. Les mêmes sentiments peuvent se loger sous l'habit républicain et sous le manteau vendéen. Dites-moi quel est votre pays, quelle est votre condition?

— Je suis fils d'un honnête laboureur, répondis-je; et, à l'heure où je parle, mon père est en prison pour la cause que vous défendez.

— Et que vous êtes condamné à combattre. Mais un jour.... Dieu vous récompensera. Votre nom?

— Mathieu Charrue.

— Bien! peut-être un jour serons-nous dans le cas de nous le rappeler. Les hasards de la guerre sont nombreux et variés. Si Dieu daigne bénir nos projets et rendre la paix à la France.... alors, Mathieu, vous n'oublierez point que vous avez dans la Vendée des cœurs dévoués et reconnaissants : une place honorable....

— Merci, Monsieur! Toute mon ambition est de sortir le plus tôt possible de l'état où je suis engagé malgré moi, et de retourner dans ma patrie, pour y aider mes vieux parents. Je suis paysan, et je m'en fais gloire. Nul titre n'équivaut à celui-là pour moi.

— Je vous en félicite. Mais peut-être vos goûts changeront-ils. Vous êtes jeune encore, et la gloire militaire pourra vous séduire.

— Qu'à Dieu ne plaise, Monsieur! Un tel changement surprendrait fort ma mère, qui compte les heures en m'attendant, et à qui j'ai juré de revenir tel que je suis parti....

— J'approuve votre manière de voir. Mais, encore une fois, si nos plans réussissent, et que nous soyons un jour maîtres de Paris....

Il s'arrêta. Je le vis hésiter, sans doute parce qu'il se souvint qu'il parlait à un *bleu*. Mais il avait laissé percer l'espoir, qui animait alors les chefs de la Vendée, de se rendre maîtres de Paris, à la faveur des progrès des coalisés dans le Nord.

— Puissé-je me tromper, Monsieur, repris-je après un moment de silence ; mais je ne saurais partager vos espérances. Cette révolution est un torrent difficile à contenir ; il brise tout sur son passage, et emporte jusqu'aux obstacles qu'on essaie de lui opposer.

— Pas tant de fierté, soldat, me dit-il en me prenant vivement par le bras. En voilà déjà d'assez rudes sur le dos de la République, et je lui jure que ce n'est pas fini. La Vendée aussi est un torrent difficile à contenir, et Dieu seul sait le point précis où elle s'arrêtera. Nous n'avons, il est vrai, que des masses confuses, peu de canons, peu de discipline, souvent pas de munitions ni d'armes. Mais il y a dans la poitrine de ces paysans quelque chose d'indomptable : la foi. Avec la foi, jeune homme, on peut transporter les montagnes. Attendez seulement. Ceux-là seuls peuvent vaincre, qui savent mourir. Vos bandes lâches et indisciplinées ne sauraient que nuire à la cause qu'elles servent. Nous avons pour nous Dieu et la vertu, contre nous l'enfer et le vice : nous verrons qui l'emportera. Attendez, vous dis-je...

Il y avait une sorte d'enthousiasme religieux dans le ton de cet homme, et je sentais sa main me serrer plus fort à mesure que les paroles coulaient de sa bouche. Il s'arrêta un instant, fit quelques pas de côté, revint et me dit :

— Je vous offre une place, un rang parmi nous. Votre ton me convainc, et votre charité me touche. Soldat chrétien, venez à nous. Fuyez des ennemis, et venez parmi des frères. Vous y trouverez ou le martyre, qui mène vite à la gloire, ou le succès, qui mène au triomphe. Il me semble que vous êtes déplacé là où vous êtes. La cause que vous servez est indigne de vous.

Ces paroles étaient dites avec une chaleur, je dirais volontiers avec une onction qui me pénétrait le cœur. J'avoue qu'elles me donnèrent un petit mouvement d'orgueil. Je repris cependant :

— Non, Monsieur, je ne déserterai point mon drapeau. J'ai fait serment de le suivre et de le défendre :

je tiendrai mon serment. Je maudis la cause que je sers, surtout en ce moment; je voudrais que chacune de mes balles guérît une blessure, au lieu d'en faire; mais je ne puis juger les résultats. Dieu seul sait ce que tout ceci doit devenir. En attendant, il connaît la pureté de mes vues, et j'espère qu'il ne m'imputera point les désastres que la République peut produire. J'aurais servi le roi avec joie; je sers la République avec tristesse, mais avec fidélité.

— Je vous admire, jeune homme, me dit le Vendéen en me tendant la main pour recevoir la mienne, qu'il serra cordialement. Vous doublez le regret que j'éprouve de ne pouvoir vous attacher à notre cause. Je vous faisais à l'instant même mon aide-de-camp, et Dieu sait quel brillant avenir pouvait s'ouvrir pour vous. Je.... mais il est inutile de se créer des regrets. Je m'estime heureux du moins de m'être convaincu que la France républicaine n'a pas encore gâté tous ses enfants.

En ce moment, la porte de genêts s'ouvrait, et le Recteur nous priait d'entrer. Je le vis aussitôt extraire de sa poche une pyxide double qui renfermait le Saint Sacrement et les saintes huiles, la poser dans un petit trou pratiqué dans le mur, et adorer un moment en silence. Nous nous agenouillâmes et priâmes avec lui. Puis il revêtit un surplis, récita les prières des agonisants, auxquelles nous répondîmes, et administra l'extrême-onction au malade. Je lui servis de ministre, comme j'en avais servi plus d'une fois à notre vieux curé. Il donna ensuite le viatique au blessé, non sans lui avoir adressé une courte allocution, dont ma mémoire n'a jamais perdu le souvenir. Le pauvre agonisant semblait avoir retrouvé un peu de vie ; sa bouche haletante paraissait aspirer avidement les paroles du prêtre. Au moment de recevoir son Dieu, il voulut se relever sur sa couche de genêts ; sa figure me semblait vraiment transformée en quelque chose de surhumain. Pendant ce temps-là, le Vendéen à genoux, les mains jointes, priait avec une ferveur visible ; et la jeune fille, aussi à genoux, tenait fixés vers le ciel ses yeux mouillés de larmes. Un coup de fusil s'étant fait entendre en ce moment, je les vis tous tressaillir. Le vieux prêtre et moi restâmes seuls immobiles. J'étais décidé et prêt à tout. Rien de nouveau ne survenant, le malade se recoucha tranquillement, et resta uni à son Dieu. Bientôt, comme si ce dernier acte de ferveur eût brisé le mince fil de sa vie, il tendit sa main glacée à chacun de nous, jeta sur moi un regard de reconnaissance, poussa un hoquet ou deux, et s'endormit du dernier sommeil. Sa sœur lui ferma les yeux, le couvrit de ses baisers, en disant : Adieu, Louis ! A bientôt ! Prie pour nous, prie pour la Vendée, prie pour la France !

Mon œuvre étant achevée, je dépouillai mon manteau de Vendéen et repris mon habit de soldat. Quelques paysans arrivèrent bientôt pour emporter le corps du jeune héros. Comme je m'éloignais, le chef vendéen m'arrêta de nouveau pour m'exprimer sa reconnaissance, et m'offrit quelques pièces d'or pour ma récompense. Je les repoussai fièrement.

— Vous avez raison, jeune homme, dit-il ; une action comme celle que vous venez de faire ne peut être récompensée que dans le ciel. Adieu ! Souvenez-vous que vous avez un ami de plus sur la terre.

— Votre nom, Monsieur ?

— D'Elbée.

— D'Elbée ! oh ! permettez que je baise votre main. Ce sera ma douce récompense.

Il me donna sa main, que je serrai contre mes lèvres, et nous nous séparâmes.

XVI.

Le duel.

La confiance que l'illustre chef angevin plaçait dans sa cause était d'autant moins explicable que l'armée vendéenne avait subi, quinze jours auparavant (1), un grave échec près de Luçon. Tunck, général républicain, avait battu avec une faible troupe de six mille hommes les corps réunis de messieurs d'Elbée, de l'Escure et de Larochejaquelein. Il n'y avait en cela rien d'étonnant. Il était servi d'une excellente artillerie contre des paysans qui n'en avaient presque point, et qui perdirent encore en cette circonstance le peu qu'ils en possédaient. Cette défaite fut extrêmement funeste aux Vendéens; mais elle n'abattit point leur courage.

Nous nous rencontrâmes peu de jours après, Roussel et moi : il avait encore grandi d'un grade, et était sergent-major. Il paraît qu'il avait eu la gloire de surprendre un petit poste de Vendéens, et de les égorger tous, sans excepter même une femme : ce qui lui avait valu son avancement, et la promesse de l'épaulette de sous-lieutenant, au premier poste vacant.

(1) 14 août 1793.

— Charrue, me dit-il à demi-voix et en souriant, tu arrives à propos : j'ai un service à te demander.

— Parle : tout ce que j'ai est à ton service.

— Je me bats demain en duel ; il faut que tu me serves de témoin.

— Jamais! répondis-je avec fermeté. Demande-moi toute autre chose, tu l'auras; mais cela, jamais !

— Pourquoi donc ?

— Parce que le duel est une chose injuste, criminelle et absurde aux yeux de la raison et de la foi.

— Ecoute-moi, Mathieu! Hier, en buvant une bouteille d'eau-de-vie avec l'ami Trevaux, que tu connais, je vois s'attabler à côté de nous le sergent Bellon. Il parle d'abord de choses et d'autres, puis en vient à son objet. Il était blessé, je le savais, de ma promotion au grade de sergent-major, à laquelle, en qualité de plus ancien, il prétendait avoir droit. Son dépit se fit d'abord jour par des allusions, par des mots couverts : j'avais l'air de n'y point faire attention. De plus en plus irrité, il en vient alors aux gros mots, et se répand en injures contre moi, me traitant d'aristocrate, de girondin, de fédéraliste, de chouan même, oui, de chouan, moi qui jusqu'à présent n'ai pas si mal fait mes preuves, et qui ai précisément mérité le galon de sergent-major pour avoir brossé dernièrement les chouans d'assez jolie façon. Tu sens que je ne pouvais pas rester indifférent cette fois. La moutarde me monte au nez : je lui applique un soufflet, il me le rend, et nous convenons du jour pour nous rencontrer. Parle : y a-t-il moyen de reculer ?

— Toujours il y a moyen, et même obligation, de reculer devant un crime.

— Comment? un crime! Est-ce qu'il y a crime à venger son honneur?

— Ecoute-moi, Roussel, et laisse la passion céder un moment à la raison.

» Il te reste encore un brin de foi. Malgré tes bravades et tes forfanteries d'impiété, je sais que tu n'as pas dépouillé tout à fait les croyances de ton berceau. Elles vivent au fond de ton cœur, bien qu'étouffées. Or, quand tu étais petit et que tu allais au catéchisme, à cet âge où la foi entrait dans ton âme avec si grande facilité, parce qu'aucun obstacle ne l'arrêtait, que te disait-on? On te disait, entre autres choses, que nous ne sommes point les maîtres de notre vie; que Dieu nous a mis sur cette terre pour un temps dont il a lui-même fixé les bornes; qu'il est notre chef, et que nous sommes ses soldats; qu'à chacun de nous un poste a été assigné, et que nous ne devons quitter ce poste que quand il nous en aura donné l'ordre. On nous disait : *Tu ne tueras pas!* Ce qui s'interprétait de cette façon, que, à part quelques cas, comme la guerre, l'exécution d'un criminel, où le bien public exige que le sang soit versé, à part, dis-je, ces cas déterminés par Dieu même, il n'est jamais permis de disposer de la vie d'un autre, à plus forte raison de la sienne. Autrement, nous disait-on, le monde ne serait qu'une vaste boucherie, où sous le plus mince prétexte l'on s'entretuerait, où l'on s'ôterait la vie pour la moindre contrariété.

» Or, en te battant demain avec Bellon, tu risques

tout à la fois sa vie et la tienne. Tu pèches donc doublement contre ce principe sacré : Tu ne tueras pas !

— Si le duel était un si grand crime que tu le dis, les lois le puniraient.

— Elles l'ont puni tant que la société a été chrétienne. Je ne suis pas savant, mais j'ai un peu lu et surtout retenu. Le vieux prêtre qui a fait mon éducation nous racontait, à propos du cinquième commandement, l'origine du duel. Elle remonte à l'époque de barbarie où les Francs, nos aïeux, encore païens, encore sauvages, ne reconnaissaient d'autres lois que la force. Tout alors se décidait par l'épée. A défaut de tribunaux réguliers, le combat singulier était devenu chez eux le moyen légal de terminer les différends. Ayant conquis la Gaule, ils y implantèrent cette barbare coutume, qui résista même à l'action du christianisme (1). La féodalité la maintint, comme la sauvegarde d'un sentiment qu'elle poussa souvent jusqu'à l'exagération, l'honneur. Mais plusieurs de nos bons rois combattirent vivement cet abus : on nous citait entre autres saint Louis, qui édicta contre ce monstrueux abus les peines les plus sévères, renouvelées par plus d'un de ses successeurs. Aujourd'hui, je le sais, l'affaiblissement de la foi a laissé tomber ces lois en désuétude ; mais cela ne prouve rien pour la légitimité du duel. Les jugements de Dieu ne se mesurent point sur ceux des hommes.

(1) Selon le savant D. MABILLON *(Annal. Benedict.,* lib. VIII, n° 38), ce fut Gontram, roi de Bourgogne, qui établit le duel en France. *(Note de l'Editeur.)*

Toutes les forces réunies de l'opinion ne détruiront pas cet invariable précepte : Tu ne tueras pas !

— Je ne tuerai jamais sans raison ; mais, Mathieu, l'honneur est, à mes yeux, ce qu'il y a de plus précieux dans ce monde. Et certes ! je ne le sacrifierai pas pour si peu.

— Que l'honneur soit un bien précieux, ce n'est pas moi qui le contesterai. Je porte le cœur aussi haut qu'un autre. Mais que l'honneur soit ce qu'il y a de plus précieux pour l'homme, je le nie. Ce qu'il y a de plus précieux pour l'homme, c'est le salut de son âme. A côté de cela, le reste est peu de chose. *Que sert*, a dit la Sagesse Eternelle, *que sert à l'homme de gagner le monde entier, s'il vient à perdre son âme ?* Réveille en toi, Roussel, cette étincelle de foi qui y vit encore, et avoue que tu n'aimerais pas à paraître devant ton Juge, après avoir expiré sous le fer de ton adversaire. Hélas ! que te servirait de pouvoir dire : j'ai sauvé mon honneur, pendant qu'un irrévocable arrêt te condamnerait à des flammes éternelles ! Confesse même que si ton adresse ou le hasard te donne la victoire, tu éprouveras intérieurement quelques remords d'avoir précipité dans les abîmes de l'éternité un homme qui fut jadis ton ami, et qui n'a que le tort d'avoir exprimé un peu vivement le dépit qu'il éprouve, non précisément de l'avantage qui t'est fait, mais d'une injustice dont il se croit la victime. L'image de ce brave soldat viendra encore plus d'une fois troubler ton sommeil.

— Il m'a outragé, Mathieu, reprit vivement Roussel ; il faut que cette injure soit lavée dans le sang...

— Dans lequel? Dans le tien ou le sien? Je t'admire vraiment dans ce beau raisonnement. Examinons donc sérieusement l'affaire, et réponds-moi :

» Tu peux le tuer ou être tué : vous pouvez même, et ce cas n'est pas rare, être tués tous les deux ; vous pouvez enfin en échapper tous les deux. Or, 1° si tu le tues, qu'est-ce que cela prouve contre lui? Il avait tort avant d'être tué, et il n'a pas plus tort après. Ce n'est point la peine que tu lui fais subir qui change l'opinion à son égard. Je dis bien plus : s'il avait eu raison, la mort ne lui donnerait pas tort ; et s'il a eu tort, tous les triomphes du monde ne lui donneraient pas raison. En le tuant, tu te venges misérablement, et c'est tout. Tu infliges à une faute de vivacité ou de faiblesse une punition énorme, irrévocable. Pour une étourderie, dont il se repent peut-être, bien qu'il n'ose te le dire, dont il se repentira certainement plus tard, pour une insulte passagère, qui ne l'empêche pas de t'estimer et même de t'aimer, tu lui ôtes le plus précieux des biens, la vie ; tu le prives du temps, et le rends malheureux pour l'éternité. Quelle atroce vengeance! En conviens-tu?

» 2° Si tu es tué, comment cela prouvera-t-il que tu avais raison? Vraiment, c'est chose curieuse que cela. De deux choses l'une : ou tes compagnons d'armes te regardent comme l'offensé, ou non. Dans le premier cas, il est parfaitement inutile que tu meures pour le prouver. Dans le second cas, quand tu mourrais dix fois, tu ne ferais pas dire : Roussel, qui n'était pas l'offensé, est devenu l'offensé depuis qu'il est mort. Votre position respective restera la même. On t'enterrera :

Bellon reprendra peut-être ton galon de sergent-major : les choses de ce monde continueront leur train ; et toi, tu t'en iras devant le Juge Éternel, souillé d'une tache horrible, tu t'en iras... oh! cette pensée seule devrait te faire frémir.

» 3° Si vous êtes tués tous les deux, les raisonnements que je viens de faire s'appliquent également. Votre position relative ne change pas : vous restez ce que vous étiez avant de mourir, ni plus ni moins. Seulement, insultant et insulté, vous avez ajouté un attentat aux fautes qui ont pu souiller votre vie, et vous paraissez, tachés de sang, ennemis l'un de l'autre, et la rage dans le cœur, devant le tribunal de Celui qui ne pardonne qu'à ceux qui ont pardonné de tout leur cœur.

» 4° Enfin, si vous échappez tous les deux, quel sera le résultat ? L'offense que tu prétends ne pouvoir être lavée que dans le sang ne sera point lavée ; par conséquent tu n'auras point atteint ton but. Vous aurez tous les deux sur la conscience une tentative d'homicide, et ce sera tout.

» De quelque façon donc que la chose puisse tourner, je ne vois pas ce que tu auras gagné à te battre en duel ; mais je vois parfaitement tout ce que tu y auras perdu. »

A ces raisonnements, Roussel ne répondit qu'en branlant la tête. Je voyais bien qu'il en était touché ; la foi de son enfance se réveillait sous la parole d'un ami. A la fin, il fit un mouvement et dit :

— Bah! le sort en est jeté. On me prendrait pour un lâche...

— Eh! que t'importe, répondis-je avec vivacité ; oui, que t'importe le jugement des hommes, si tu conserves pour toi le témoignage de ta conscience et de ton Dieu ? Serais-tu assez faible de caractère pour céder devant une opinion ridicule, et sacrifier ta vie à un misérable point d'honneur ? Ce serait alors que tu mériterais justement l'épithète de lâche. Que l'on s'incline devant une opinion raisonnable, fondée, je le comprends ; car tout le monde, et le soldat surtout, a besoin de sa réputation. Mais que l'on s'abaisse jusqu'à plier sous un misérable préjugé, jusqu'à n'oser affronter un vain jugement ; que, pour ne pas offenser l'opinion d'un soldat, on viole sa conscience, la loi de Dieu, qu'on s'expose à sa perte éternelle : oh ! voilà ce qui est absurde et inexplicable à mes yeux. Eh ! malheureux, lequel de ces hommes dont tu redoutes aujourd'hui la raillerie viendra te tirer des mains du Dieu vivant ? Tu passerais pour un lâche, dis-tu ! Prends-y garde : le lâche, c'est celui qui ne peut supporter une insulte ; c'est celui qu'une raillerie, qu'un mot piquant met hors de lui-même ; c'est celui qui n'a pas assez de grandeur d'âme pour pardonner à son frère ; le lâche, c'est cet homme colère et orgueilleux dont le sang bouillonne à la moindre injure ; c'est ce chrétien dégénéré qui ne peut souffrir pour l'amour de son Dieu le millième de ce que son Dieu a souffert par amour pour lui ; le lâche, enfin, c'est celui qui ne peut modérer son aveugle fureur, et se ravale au rang de ces animaux sauvages qui se vengent d'un coup de dent en tuant leurs adversaires. De quelque manière que tu t'y prennes, tu ne prouveras jamais qu'il n'y a pas plus de grandeur d'âme à pardonner qu'à se venger. L'histoire atteste, et j'en ai lu mille traits, que, même chez les païens, on estimait l'homme qui savait pardonner les injures. C'est même par là que leurs plus grands philosophes ont su se distinguer. On admire Socrate, qui, frappé indignement à la figure, se tourne vers ses amis et dit en souriant : Il est fâcheux de ne pas savoir quand il faudrait s'armer d'un casque. On admire César, dont un historien a pu dire qu'il n'oubliait rien, excepté les injures. Et ainsi de cent autres. Et un chrétien ne pourrait pas ce qu'a pu un païen ! Et des hommes, sans autre lumière que celles de la raison, seraient arrivés à comprendre et à pratiquer ce que ne sauraient ni pratiquer ni comprendre les disciples de l'Homme-Dieu ! de Celui qui, frappé à la figure par un vil satellite, répond sans se fâcher : Si j'ai tort, prouvez-le ; si j'ai raison, pourquoi me frappez-vous ? de Celui qui conseille de tendre l'autre joue à la main qui a soufflé la première ! de Celui qui n'a jamais rendu que le bien pour le mal, et est mort en priant pour ses bourreaux !

» Va, Roussel ; si tu n'as pas absolument perdu toute foi, ces raisonnements sont accablants pour toi. Et, l'eusses-tu entièrement perdue, les païens eux-mêmes se lèveraient pour te confondre. Eh bien ! si tu es assez faible, tranchons le mot, assez lâche pour vouloir laver dans le sang l'affront que tu as reçu, je te prédis que le remords t'atteindra, et que cette criminelle démarche suffira à empoisonner ta vie. »

Roussel me quitta fort ému ; je suis sûr qu'en ce moment ses idées étaient retournées sens dessus dessous. Mais, ô puissance funeste du respect humain ! bientôt ses bons sentiments s'évanouirent. Il avait retrouvé des camarades, et surtout des officiers, qui lui tinrent un tout autre langage. Le mot de lâche vint encore frapper son oreille. Dès ce moment, ce fut fini ; il évita de me rencontrer de toute la journée, se battit le lendemain et éventra son adversaire. Bellon mourut sur le coup, mais en lui demandant pardon.

Dès lors, ma prédiction s'accomplit. Après la première ivresse du triomphe, après les premières félicitations des camarades, Roussel devint triste. Une sorte de mélancolie s'empara de lui. En vain essayait-il de la noyer dans le vin ; toujours l'image lugubre de son adversaire lui tendant la main revenait traverser son esprit. Je remarquai aussi que Roussel ne pouvait plus supporter ma présence. Je le vis même, un jour, mettre la main sur son sabre avec une vivacité colérique ; je devinai que l'idée lui était passée par la tête de se débarrasser d'un homme dont l'aspect l'importunait. Ainsi, le remords lui faisait déjà cruellement expier son prétendu triomphe.

Quant à moi, je l'avoue, je n'éprouvais guère moins de répugnance à le rencontrer. Il me semblait toujours lui voir au front une tache de sang, et autour cette sentence écrite :

Lâche, qui, pour n'avoir pu supporter une injure, s'est fait le meurtrier de son frère !

XVII.

Revers.

Nos opérations militaires se compliquèrent. Nous, humbles soldats, dont le devoir était d'obéir, nous ne savions pas au juste ce qui se passait parmi nos supérieurs. C'est par la lecture de l'histoire que j'ai complété plus tard les vagues notions qui descendaient alors des hautes régions jusqu'à nous. C'est ainsi que j'ai connu la division qui éclata entre les états-majors des divers corps d'armée, à l'occasion de l'arrivée de la garnison de Mayence en Vendée. On se disputait pour l'avoir. Rossignol la voulait pour l'armée de la Rochelle, Canclaux pour celle de Brest. C'était à celui-ci que les Mayençais auraient préféré se rallier; car, vieux soldats expérimentés à la guerre, ils aimaient mieux servir parmi des troupes régulières et sous un chef habile, que se mêler à ces hordes de Jacobins indisciplinés que commandait un général sans talent. Leur vœu fut exaucé. Les généraux républicains, réunis le 2 septembre à Saumur, étaient convenus d'un plan d'opération, qui s'exécuta plus ou moins et à travers mille complications que ce n'est point ici le lieu d'expliquer ; mais les Mayençais avaient été adjugés à Canclaux.

Cependant, la victoire de Hondschoote, remportée par Houchard, le 8 septembre, venait de terminer la longue série des revers de l'armée du Nord. La nouvelle en fut reçue avec enthousiasme à Paris et dans les provinces. Elle sauvait la France d'un péril imminent. Chez nous, elle se traduisit en une recrudescence de haine contre les Vendéens. Mais, peu de jours après, la nouvelle de la déroute de Menin et de la retraite sous les murs de Lille rabattit de la joie publique et de l'orgueil des terroristes. Le contre-coup s'en fit aussi sentir à l'armée de Saumur. En même temps, le duc de Brunswick faisait subir une défaite à l'armée du Rhin, près de Pirmasens (14 septembre), et Ricardos à celle des Pyrénées. Ces événements, qui se portaient avec la rapidité de l'éclair, ranimaient l'espoir des Vendéens et doublaient leur courage. N'ayant point à écrire l'histoire, je ne puis dire tout ce qu'il y eut de marches et de contre-marches de la part des diverses colonnes de l'armée républicaine. J'appartenais à celle de Luçon, commandée par Beffroy ; elle reçut un grave échec de la part des Vendéens, ce qui fit manquer le plan concerté à Saumur. Une dépêche interceptée par les royalistes leur avait révélé nos plans. Ronsin, peu après, est battu à Coron ; ses troupes s'enfuient en désordre à Vihiers, à Doué et à Saumur. Le lendemain, 19 septembre, les Vendéens dispersent encore la division d'Angers, commandée par Duhoux. Ailleurs, et le même jour, ils mettent un moment en désordre l'avant-garde de Kléber, écrasent la colonne du général Beysser, lui enlèvent son artillerie, ses bagages, et la refoulent jusqu'à Nantes. Canclaux lui-même est obligé de rétrograder dans cette ville, et les Vendéens se trouvent maîtres de tous les champs de bataille.

Nul doute qu'à cette époque ils n'eussent pu tenter une grande opération militaire, soit en marchant sur Paris, soit en s'avançant sur l'Océan pour se joindre aux coalisés. Bonchamps, un de leurs chefs, leur avait, dit-on, donné ce dernier conseil. Réunis au nombre de cent mille au moins autour des Herbiers, encouragés par de brillantes victoires, ils étaient, ou jamais, dans le cas d'exécuter une entreprise décisive, et peut-être de changer la face des choses. Mais la division s'était mise parmi leurs chefs; et de même que le plan concerté à Saumur par les républicains venait de manquer par la faute de Rossignol, irrité de n'avoir pu obtenir les Mayençais, de même les succès des Vendéens furent paralysés par la mésintelligence qui régnait entre leurs principaux chefs. La voix publique, je m'en souviens, accusait surtout Charette. Au lieu de concerter leurs efforts, et de mettre de l'unité dans leurs opérations, ils se contentèrent de diviser le pays en quatre portions pour y dominer chacun en particulier. Charette eut la basse Vendée, Bonchamps les bords de la Loire du côté d'Angers, la Rochejaquelein le reste du haut Anjou, et de Lescure toute la partie insurgée du Poitou. D'Elbée avait conservé le titre de généralissime.

Dans les conjonctures difficiles où se trouvait l'armée républicaine, il était besoin de mettre en jeu toutes les ressources. Une bonne partie des colonnes de l'armée de la Rochelle était composée de ces recrues que le tocsin et le décret de la Convention avaient poussées dans les camps. On dut, suivant l'usage, les mélanger de vieilles troupes, et je fus tiré pour cela de l'emploi paisible que j'occupais, et rejeté dans la vie active des combats. J'y fis mon devoir, bien qu'à contre-cœur. Je vis, mieux que jamais, ce que peuvent produire l'enthousiasme et la foi dans sa propre cause. Aucune description ne saurait rendre l'effet de ces irruptions subites des masses vendéennes, de ces attaques désordonnées, de ces coups de main aveugles, qui déconcertaient toutes les règles de l'art, surmontaient tous les obstacles et opéraient vraiment des prodiges. Plus d'une fois je vis nos soldats — si tant est qu'ils méritassent ce nom — fuir lâchement au premier choc, et entraîner dans leur fuite les vieilles troupes frémissantes. Un jour, la colère me monta à la figure : une honte singulière s'était emparée de moi. Secondé de quelques anciens, je soutins le choc d'un corps considérable d'ennemis, et les forçai à se retirer.

Telle est la puissance de l'habitude et de l'esprit de corps. Mon amour-propre souffrait des échecs multipliés que le drapeau républicain avait essuyés. J'oubliais presque que l'identité de conviction me rapprochait de ces fidèles paysans. Mais le soldat s'assimile bientôt à la cause qu'il défend ; et le dévouement qui le caractérise est certainement moins chez lui l'effet de la conviction, que le résultat de cette discipline sévère, en vertu de laquelle toutes les volontés convergent autour d'un même drapeau.

J'eus occasion de revoir, dans une de ces attaques, l'intrépide et vertueux d'Elbée. Il commandait avec l'intelligence d'un chef, et se battait avec la bravoure d'un soldat. Pourquoi faut-il que tant d'héroïsme ait été perdu? Le triomphe de la cause vendéenne aurait pu arrêter le char révolutionnaire sur sa pente, et épargner à la France les horreurs qui se commirent ensuite. Mais la division régnait là comme chez nous. Déplorable effet de l'orgueil humain!

Roussel obtint, à la suite d'une de ces rencontres, son grade de sous-lieutenant. Il me fuyait, je l'ai dit, et je n'en éprouvais aucune peine. Il me semblait même que c'était là une preuve que le remords vivait dans son âme. A l'occasion de son nouveau grade, il fut obligé de changer de bataillon, ce qui lui permit de me perdre entièrement de vue. Je m'habituai donc à ne plus songer à lui, sauf pourtant que je n'oubliais point de le recommander de temps en temps à Dieu. Je me souviens même d'avoir plusieurs fois offert mon chapelet à son intention. Une brillante carrière s'ouvrait évidemment devant lui. Il avait d'autant plus de chances d'avancement qu'il entrait tout à fait dans le système terroriste, dont le triomphe devenait de plus en plus manifeste.

XVIII.

Une lettre. Un cartel.

Vers ce temps-là, je reçus une seconde lettre de ma famille. J'avais écrit bien des fois; car quand le loisir de l'ambulance ou des camps et la facilité de me procurer une plume et du papier m'avaient permis de le faire, je m'étais empressé de donner de mes nouvelles à mes parents. Mais les correspondances étaient difficiles alors. Outre l'irrégularité du service des postes, et la difficulté particulière où nous nous trouvions au milieu d'un pays insurgé, les lettres étaient encore souvent interceptées ou par les Vendéens ou par les agents républicains eux-mêmes. Un espionnage secret avait été organisé par le terrorisme. On redoutait les nouvelles que les soldats pouvaient donner du théâtre de la guerre; car les succès des Vendéens jetaient le découragement dans le reste de la France. De plus, les généraux exaltés, comme Rossignol et Ronsin, surveillaient activement le parti modéré, que représentaient les Canclaux et les Kléber. Chacun de ces partis avait son appui à l'assemblée; c'était une guerre de dénonciations publiques, de rapports secrets, de jalousie et d'espionnage. J'ai eu la certitude que le secret des lettres fut plus d'une fois violé. Un officier me reprocha un jour d'avoir écrit quelques lignes empreintes de *modérantisme* et de *superstition*. Je m'efforçais pourtant de voiler, autant que possible, mes vrais sentiments : n'employant que des mots couverts ou des allusions, dont le sens devait échapper à tout autre qu'aux membres de ma famille. J'ai su, du reste, plus tard, que plusieurs de mes lettres n'étaient point parvenues à leur adresse.

Celle-ci était de ma mère. Non que la pauvre femme sût écrire ; mais c'était elle qui l'avait dictée, et je reconnus au bas la croix qu'elle avait tracée d'une main tremblante. Oh ! que mon cœur fut touché à cette vue ! L'émotion fit jaillir mes larmes. Je crus revoir cette bonne mère, l'être qui m'était le plus cher sur la terre ; et cette image m'occupa tellement un instant que je ne pus commencer la lecture de ma lettre.

O ma mère ! ma bonne mère ! bien des années se sont écoulées entre cette époque et celle où j'écris ces lignes, et votre souvenir est encore tout entier, tout vivant dans mon cœur. Image de Dieu sur la terre, vous resterez toujours la plus douce de mes affections, et tant que j'aurai un souffle de vie, ce sera pour vous nommer et vous bénir.

Quand même la croix n'eût pas été là, j'aurais encore reconnu au seul ton de la lettre la source d'où elle émanait. Comme la première fois, il me semblait entendre ces phrases mêmes sortir de la bouche maternelle. J'y retrouvais, non-seulement ses pensées, mais ses expressions. Elle m'apprenait que mon père avait été relâché, faute de preuves ; mais qu'on le menaçait de l'enfermer de nouveau, comme *modérantiste* et *fédéraliste* : c'étaient les noms sous lesquels les terroristes désignaient alors le parti girondin. Ainsi, le même homme qui avait été emprisonné sous le règne des Girondins, pouvait l'être encore à l'occasion de leur chute. Je tremblai alors, moi qui voyais de mes yeux à quel point d'insolence et de fureur la victoire du 31 Mai avait haussé le terrorisme. Ma mère me donnait ensuite des détails d'intérieur, qui me navrèrent l'âme. La misère de nos campagnes augmentait. Depuis les décrets d'août, une véritable tyrannie pesait sur elles. Les agents révolutionnaires enlevaient les hommes pour la conscription, et les bestiaux, les chariots, les fourrages, etc., pour les besoins des armées. D'autre part, les nouvelles mesures pour l'application de la loi du *maximum* rendaient les transactions de plus en plus difficiles. J'appris que la faim n'était pas bien loin de se faire sentir chez nous ; qu'un de mes frères venait de partir pour l'armée ; que nos bœufs étaient en route pour la frontière ; que l'on ne prévoyait pas comment et par qui on pourrait faire faire nos labours, quand et avec quoi on ensemencerait nos champs. On ajoutait qu'un de nos chevaux avait été requis pour la cavalerie ; qu'une de mes sœurs avait la fièvre, ce qui diminuait encore la main-d'œuvre ; enfin, c'était en quelques lignes un tableau fait pour me déchirer le cœur. A tout cela, ma pauvre mère mêlait des expressions de tendresse en mon endroit. « Mon cher Mathieu, me disait-elle à la fin, il me semble que j'oublierais tout le reste, si j'avais le bonheur de te revoir. Non, les maux, les pertes, la maladie même, ne nous seraient rien, si nous étions tous réunis, comme autrefois, autour de notre foyer. Ton père nous reviendra, je l'espère ; on ne sait même pas si le décret d'arrestation aura des suites ; je sais bien qu'on ne peut rien lui reprocher. Mais toi, quand reviendras-tu? Quand reverrons-nous notre Isidore ? Quand toutes ces guerres du dedans et du dehors auront-elles un terme ? Il me semble que mon cœur est en morceaux, et que chacun de ces morceaux est au loin. Mathieu, mon cher Mathieu, que je trouve le temps long loin de toi.... »

Hélas ! il n'en fallait pas tant pour réveiller en moi le regret de la patrie. Ma pensée se reporta sur tout ce que j'y avais laissé, et j'avoue que je sentis faiblir mon courage. Je voyais à une énorme distance de ma situation actuelle la vie paisible des champs; il me semblait que la plus brillante carrière militaire, les grades les plus élevés, n'étaient rien en comparaison de cette humble mais tranquille condition, dont le but est tout entier au service de l'humanité. Non, les plus belles épaulettes n'auraient pu me tenter à cette heure. Je laissai mon imagination errer dans tous les coins de notre chaumière, dans tous les détours du village, dans toutes les parties de notre territoire ; et je me dis, les larmes aux yeux : Objets chéris, le bonheur n'est qu'auprès de vous ; quand me sera-t-il donné de vous revoir !

Ce ne devait pas encore être de sitôt. Les événements se pressaient. Nous éprouvâmes une suite de revers et de succès ; mais je dois passer sur ces détails, dont la longueur fatiguerait le lecteur. Il est cependant un événement que je ne puis passer sous silence.

Je venais d'être élevé au grade de caporal-fourrier. C'était peu de chose, et je dois ajouter que j'avais reçu sans plaisir cette nouvelle distinction. Mais il m'arriva précisément la même chose qu'à Roussel : je devins un objet de jalousie pour plusieurs de mes camarades. Ils formèrent une sorte de complot contre moi ; car rien de si aisé à coaliser que des amours-propres blessés. On me dénonça comme *chouan*, comme agent de Pitt, comme vendu aux royalistes, etc.... Ma conduite, je l'avoue, prêtait à ces accusations. Fidèle aux principes de mon éducation, je m'efforçais d'éviter tout ce qui pouvait blesser ma conscience. J'avais été plus d'une fois surpris au moment où je priais ; on m'avait vu un chapelet en main ; bien plus, un soldat m'avait vu donner des soins à un Vendéen blessé, au lieu de lui passer mon sabre au travers du corps. Dans ce temps-là, c'étaient autant de crimes dignes de mort. Mes dénonciateurs agirent tant et si bien que je fus cité devant le conseil de guerre. Ronsin lui-même y présidait. On m'interrogea sur tous les griefs formulés contre moi ; je répondis haut et ferme.

— Est-il vrai que tu pries ?
— Très vrai, Général. Je prie Dieu pour le salut de la République, pour mes chefs, pour mes compagnons d'armes, pour mes parents, pour mes amis, et même pour nos ennemis ; car nous sommes tous frères et enfants du même Dieu.

—Nous n'avons d'autre Dieu que la Nature. C'est une faiblesse et un reste de superstition de ta part.

—Si tu le veux, citoyen Général. Mais ce faible ne nuit point à la République. Je fais d'ailleurs mon devoir de soldat ; je défie qu'on prouve que j'y ai jamais manqué.

— Ne connais-tu pas le décret de la Convention, qui ordonne de massacrer les chouans sans pitié? On t'a vu soigner un Vendéen.

— Je connais le décret ; mais je sais que vous l'avez vous-mêmes modifié au congrès de Saumur, en défendant d'employer les moyens d'extermination sans un ordre précis. D'ailleurs, l'humanité parlait : cet infortuné était fils unique d'une pauvre mère. J'ai moi-même une mère, qui pleure mon absence ; ce souvenir m'émut. Si c'est là un crime, je m'en reconnais coupable, et je consens volontiers à en être puni.

— On t'accuse d'être un agent de Pitt et de Cobourg. Nous savons qu'il y en a dans nos armées.

— S'il y en a, je ne les connais point. Quant à moi, j'attends qu'on donne des preuves de ce qu'on avance. Il ne suffit pas d'accuser, il faut prouver.

— On te dit d'intelligence avec les chouans.

— Je demande encore qu'on en exhibe les preuves. J'estime le bien partout où il se trouve, même parmi nos ennemis. Je déplore les malheurs de la guerre civile, et ne verse pas, je l'avoue, sans une grande répugnance, le sang d'un homme qui est né sur le même sol que moi. Mais de là à conspirer, il y a loin. Je ne connais qu'un ordre, celui de mes chefs ; qu'un seul drapeau, celui de la République.

Je répondis de la sorte à toutes les plaintes formées contre moi. Je fus renvoyé à l'unanimité.

Ce mauvais succès irrita mes adversaires. Dès le même jour, ils me cherchèrent noise d'autre façon. M'ayant entouré, au nombre de quatre ou cinq, ils m'injurièrent de la manière la plus insultante; je ne répondis rien. Outré de voir que je dédaignais leurs outrages, l'un d'eux me donna enfin un large soufflet, qui fit tomber mon chapeau à terre. Je ramassai mon chapeau, et continuai mon chemin. J'avoue que mon sang circulait plus vite qu'à l'ordinaire, et qu'une certaine émotion s'était emparée de moi. Mais je me souvins que Jésus-Christ, mon Maître, avait reçu un pareil outrage d'un vil soldat, et ne s'en était point vengé. Je levai les yeux au ciel, et demandai du courage. Après quelques instants, tout était rentré dans le calme, et, tirant mon chapelet, je le récitai pour ceux qui venaient de m'insulter si lâchement.

Le lendemain, notre capitaine me manda devant lui.

— Qui es-tu? De qui es-tu né? me dit-il d'un ton rude.

— Je suis le fils d'un laboureur, je suis paysan, mon capitaine, et je m'en fais gloire. J'ai passé ma jeunesse à cultiver la terre, et je soupire après l'époque où il me sera donné de reprendre mes premières occupations.

— Quoi qu'il en soit de ta naissance ou de ta condition, tu es un lâche.

— Comment cela, mon capitaine?

— Hier on t'a insulté, et tu n'en as pas demandé raison.

— Cela est vrai. Hier, j'ai reçu un déluge d'injures, et, qui plus est, un soufflet ; et je n'ai rendu à mes aggresseurs ni soufflet ni injures. Mais je crois en cela avoir fait preuve de courage, et non de lâcheté.

— Tu es un lâche, te dis-je. Tu devais à l'instant même envoyer un cartel.

— Je m'en garderai bien, mon capitaine. Je n'estime pas assez l'outrage que j'ai reçu, pour le taxer à un si haut prix. Je me garderai bien d'attenter à la vie d'un homme, ou d'exposer la mienne ailleurs que sur un champ de bataille. C'est mon système, à moi. Je crois en Celui qui a dit : *Tu ne tueras pas*. Je fais consister la grandeur d'âme, non à me venger d'une injure, ce qui est le plaisir des faibles, mais à la pardonner, ce qui est le plaisir des forts. Je tâche de me hisser si haut, si haut, qu'une ignoble insulte ne puisse m'atteindre. Mais ne m'appelez pas lâche pour cela : j'ai prouvé sur le champ de bataille que j'ai autant de courage qu'un autre. C'est, ce me semble, en face de l'ennemi qu'un vrai soldat doit se montrer ce qu'il est. La République m'a confié un sabre pour défendre son drapeau, et non pour éventrer un compagnon d'armes. Non, Capitaine, je n'enverrai point de cartel.

— Et si on t'en envoie un ?

— Je le déchirerai tranquillement, comme une lettre de sottises.

— Tu vas te déshonorer aux yeux de toute l'armée.

— Pas le moins du monde, Capitaine. D'abord, quand

cela serait, je n'y attacherais pas la moindre importance. J'ai placé ma conscience et mon honneur plus haut qu'une vaine opinion. Ma foi est de celles qui ne reposent pas sur des bases humaines ; et la loi gravée dans mon cœur, les jugements des hommes ne sauraient l'atteindre. Peu m'importe donc, sous ce rapport, ce qu'on pensera de moi dans la troupe. Le jour où l'on dira : Mathieu Charrue a fui honteusement devant l'ennemi ; il a mieux aimé lâcher pied que de combattre, et déserter son poste que de perdre la vie, oh ! ce jour-là, Capitaine, mon front rougira, et je vous permets aussi de rougir de moi. Mais tant que l'on se contentera de dire : Mathieu Charrue, indignement outragé, n'en a point tiré vengeance ; il a mieux aimé oublier une injure que de tuer son aggresseur ; tant qu'on n'aura que cela à dire, je me tiendrai bien tranquille, et ne me croirai point offensé. Je sais fort bien que ce n'est ni vous, ni mes frères d'armes qui me jugerez un jour, mais Dieu et ma conscience. On peut donc me traiter de lâche tant qu'on voudra, cela ne m'effleure pas même la peau.

» Je suis bien persuadé, d'ailleurs, que ceux mêmes qui m'appelleront ainsi, n'y croiront pas. Au fond, ils ne me retireront pas leur estime. Ils m'ont vu me battre, Capitaine, et je les défie de penser que Mathieu Charrue est un lâche. Non : on m'appellera plutôt chouan, vendéen, superstitieux, mangeur de Bon Dieu, c'est-à-dire chrétien ! Eh bien ! oui, je suis chrétien, je ne me gêne pas pour vous le dire, pour le dire à qui voudra l'entendre. Cette épithète, je l'accepte. Mais quoi que puissent dire mes détracteurs, ce nom est une gloire. Il en est une en tout temps, à plus forte raison quand le symbole qu'il représente est honni et persécuté. On dira donc : Mathieu Charrue est un chrétien, mais il agit en conséquence ; s'il pardonne, ce n'est pas parce qu'il a peur de mourir, mais parce que son Dieu lui en fait une loi. A cela, Capitaine, il n'y a ni lâcheté, ni déshonneur.

L'officier à qui je parlais était chrétien au fond ; il m'avait, plus d'une fois, témoigné son estime, sans me cacher qu'elle était fondée sur la régularité de mes mœurs. Il sentit la force de mes raisons, me serra la main et se retira sans rien dire.

Je reçus encore d'autres assauts de la part d'autres officiers. En pareil temps, cela ne devait pas paraître étonnant. Mais j'ai ouï dire que, aujourd'hui encore, ce fait déplorable se reproduit dans l'armée ; des chefs sont assez malheureux pour provoquer au duel des soldats placés sous leurs ordres. On m'a cité les noms de plusieurs officiers qui ont hautement témoigné que tout soldat qui ne demande pas raison d'une injure est perdu dans leur estime. Effroyable doctrine, appuyée souvent, trop souvent, par des exemples plus pernicieux encore ! N'est-ce pas à cette coupable conduite des officiers que l'on doit de voir l'affreuse coutume du duel se perpétuer dans l'armée ?

Ce que mon capitaine avait prédit arriva. Lassé de ne point voir arriver de cartel, mon aggresseur m'en envoya un. Je souris et le jetai au feu. Après quelques jours, un de ses amis m'en envoya un autre, saupoudré des plus grossières injures. J'en fis comme du premier. On parla beaucoup de cela dans le bataillon ; on me lança bien des sarcasmes, des œillades de mépris, des coups d'épaule de dédain ; je n'eus pas l'air d'y faire attention. Bientôt tout ce bruit tomba ; l'estime qu'on avait fait semblant de me refuser me revint de tous côtés, et je m'aperçus que, tout en restant fidèle à ma conscience, je n'avais rien perdu du côté des hommes. Bien plus, une occasion de rendre service à mon ennemi s'étant rencontrée, je la saisis avec un empressement qui le toucha. Il me tendit la main, me demanda pardon, et nous vécûmes, depuis lors, en très bons amis.

Soldats chrétiens, le plus court chemin pour arriver à l'estime des hommes, c'est de conserver l'estime de sa conscience et de son Dieu.

XIX.

Le sous-lieutenant Roussel.

En octobre, les opérations contre les Vendéens reprirent avec plus de vigueur et d'ensemble. Les colonnes de l'armée de Saumur se concentrèrent sur Bressuire, dans le but d'effectuer une réunion générale et d'écraser l'ennemi en masse. Le reste de la division de Luçon, à laquelle j'appartenais, eut ordre d'avancer avec plus de lenteur vers le rendez-vous. Charette, par une opération malheureuse, avait quitté la haute Vendée, et s'était jeté sur les côtes, pour y prendre l'île de Noirmoutier. Le 9 octobre, on marcha de Bressuire sur Châtillon, et on battit en passant le corps de M. de l'Escure. D'un autre côté, Westermann, rétabli dans son grade, reçut un échec dont il se vengea cruellement, en surprenant Châtillon, et y massacrant, sans pitié, tout ce qui s'y trouva. J'y passai quelques jours après, et vis encore les traces de cette horrible boucherie : vieillards, femmes, enfants, rien n'avait été épargné, et l'incendie avait achevé ce que le fer avait commencé. Les chefs vendéens, moins Charette, s'étaient enfin réunis autour de

Cholet ; tandis que toutes les divisions de l'armée républicaine, y compris les Mayençais et la division de Luçon, avaient aussi opéré leur jonction. Tout annonçait donc une action générale. Elle eut lieu en effet. Mais dans un engagement préliminaire, le malheureux de l'Escure tombe atteint d'une balle au front. De toutes parts, dans le pressentiment d'une bataille qui pouvait décider de leur sort, les Vendéens faisaient célébrer la messe pour rendre le Ciel propice. Le vent nous apportait, des hauteurs comme des vallées, le son des cloches appelant les fidèles au saint Sacrifice. Ce son mélancolique, au moment où une sorte de terreur, née de l'incertitude, pesait sur les deux armées, fit sur mon âme une impression que je ne saurais décrire. Je m'unis de cœur à ces sublimes paysans, et priai Dieu pour qu'il fît triompher, non un parti ou l'autre, mais les intérêts de sa gloire.

Kléber avait fait toutes les dispositions, sous le nom du général Léchelle, chef aussi paresseux qu'inhabile. Le 15 octobre, les Vendéens commencèrent l'attaque. Pour la première fois, ils s'étaient formés en rang et avaient pris l'aspect de troupes régulières. Leur premier choc fut terrible. L'avant-garde républicaine, commandée par Beaupuy, et formant l'aile gauche, fut forcée de plier, et le général faillit être pris. Kléber accourt et refoule les Vendéens, qui reviennent avec un grand acharnement, et sont de nouveau repoussés. Le combat alors s'engage au centre, commandé par Marceau, et à l'aile droite, commandée par Vimeux. Une division de l'armée de la Rochelle, sortie de Cholet, avait été demandée par Kléber pour soutenir le centre ; mais les Vendéens l'ont bientôt mise en déroute. Marceau les arrête avec son artillerie, et, après une opiniâtre résistance, les oblige à se retirer. Dès ce moment, leur déroute devient générale.

On vit alors mieux que jamais combien la discipline donne de force à une armée. Personnellement, les Vendéens étaient certainement beaucoup plus braves que la plupart des ennemis qu'ils combattaient ; d'un autre côté, ils étaient plus nombreux ; et, néanmoins, ils cédèrent devant le petit nombre, parce que du côté de ce petit nombre étaient la discipline et la tactique. D'Elbée, Bonchamps, Larochejaquelein et en général tous les chefs vendéens firent en cette circonstance des prodiges de valeur. Les deux premiers furent blessés à mort. Je vis d'Elbée emporté par les siens, qui versaient des larmes de tristesse. Quant à Bonchamps, que les fastes de la gloire couronnent son nom d'une gloire immortelle, car il força ses ennemis mêmes à l'admirer. Le 18 octobre, comme l'armée républicaine s'avançait vers Beaupréau, par des routes couvertes de sabots qu'y avaient laissés les malheureux Vendéens, l'avant-garde vit une foule d'individus accourir, en criant : *Vive la République! vive Bonchamps!* C'étaient quatre mille soldats prisonniers que les Vendéens voulaient fusiller, et pour qui Bonchamps expirant avait obtenu grâce. Ils rejoignaient l'armée républicaine.

Voilà comment un général vendéen se vengeait des cruautés du général républicain Westermann.

Quelques jours après, on me manda près d'un malade, qui désirait vivement me voir. Nous étions à Beaupréau. Je reconnus bientôt dans la figure de ce soldat les traits de Roussel. Nous ne nous étions pas vus depuis quelque temps. Il avait eu la cuisse fracassée d'une balle, à Cholet; l'amputation venait d'être faite, la fièvre s'était déclarée, et tout annonçait qu'il succomberait bientôt. Il me tendit la main, que je serrai cordialement; puis son cœur s'émut, et il me dit :

— Je t'ai fait de la peine; mais il m'en coûterait de partir avec ce souvenir dans l'âme. Tu me pardonnes, Mathieu?

— De tout cœur, cher ami, si tant est que tu m'aies jamais offensé; car je ne m'en souviens pas.

— Tu sais, à propos de... Bellon. Ce diable de sergent est toujours là, devant moi; le jour, la nuit, je le vois, me tendant la main, et me retournant ses yeux hagards et humides. Je n'ai pu venir à bout de me débarrasser de cette vilaine idée-là.

— Je te l'avais prédit, camarade. N'est-il pas vrai que tu te repens d'avoir cédé à ta colère?

— Dis donc à de mauvais conseils. J'étais prêt à tout oublier, si de dangereux amis n'étaient venus brouiller les cartes. Que le diable les... Mais ce n'est pas tout cela : j'ai une commission à te donner.

— Parle.

— Il faudra que tu écrives à ma mère comme quoi je suis.... trépassé. Ah! qu'elle va pleurer, la pauvre femme! Mais quoi! c'est le sort, il n'y a pas moyen de s'y opposer. Tu lui enverras... mon épaulette et ces assignats — il tira une poignée d'assignats de dessous la capote qui lui servait d'oreiller — et tu lui diras... mille tendresses pour moi. Entends-tu ?

— Parfaitement ; et tout cela sera exécuté de point en point.

— Ensuite — mais ce diable de Bellon ne veut pas me lâcher un moment — ensuite... tu lui diras que je lui laisse jusqu'à sa mort la jouissance du bien qui me vient de mon père... Hé ! hé ! quels yeux ce sergent me retourne !... quelles griffes il m'allonge !... Le scélérat veut m'emporter...

Je vis le sous-lieutenant rouler lui-même des yeux sans regard ; une sueur de mort inondait sa figure ; il paraissait suivre en l'air un objet fascinateur. Il articula encore quelques mots sans suite : le délire venait de s'emparer de lui.

Le lendemain, je revins : sa tête était calme. Il reprit la parole où il l'avait laissée la veille, et me donna divers ordres, que je notai soigneusement, en lui promettant de les exécuter. Sa mère en était le principal objet. Il me fut aisé de voir alors quelle place cet être chéri tenait dans son cœur. Quand il eut fini :

— Maintenant, dit-il, je puis partir pour l'autre monde : je crois n'avoir rien oublié.

— Tu te trompes, lui dis-je ; il est un point essentiel sur lequel tu me laisses dans l'ignorance.

— Et quoi donc ?

— Ta mère est chrétienne, et tu négliges précisément de dire ce qui doit le plus l'intéresser, à savoir, dans quels sentiments tu meurs. Que veux-je lui apprendre là-dessus? Meurs-tu en chrétien? Meurs-tu en impie?

— Je meurs en honnête homme, en brave soldat, et voilà tout.

— Non, Roussel, ce n'est pas tout. Cela ne suffira point pour rassurer ta mère, et pas même pour te rassurer. A cette heure, conviens-en, tes idées changent. N'est-il pas vrai qu'un certain jour t'éclaire, et te fait voir les choses autrement que quand tu étais en santé? Comme tu m'as tant de fois dépeint ta mère, je suis sûr que la nouvelle que tu es mort en chrétien lui causerait une joie bien grande, comme aussi la nouvelle contraire suffira à plonger dans l'amertume ses vieux jours. Ne penses-tu pas comme moi, Roussel?

Il sourit tristement en me regardant, et fit un léger signe d'assentiment.

— Et pour ton propre compte, repris-je, il n'y a pas le moindre doute que tu n'es pas tranquille, et que tu t'en irais bien plus gaiement vers l'autre monde, si tu avais réglé ton affaire avec le Dieu de ton enfance. Car c'est une triste chose, Roussel, de s'enfoncer ainsi dans ce gouffre qu'on appelle la tombe, sans savoir précisément ce qui se trouve au delà. Ou plutôt tu le sais trop bien; je n'ai jamais tenu grand compte de ces bravades d'impiété auxquelles tu te laissais aller quelquefois, beaucoup plus par respect humain que par conviction. Tu m'avais l'air de ne faire tant de bruit que pour mieux t'étourdir : pareil à ces peureux qui chantent la nuit pour se rassurer. Ai-je dit la vérité?

Il sourit de nouveau, d'une façon qui voulait dire : C'est cela même.

— Alors, recueille-toi devant Dieu, mon ami, et profite des derniers instants qui te sont donnés pour te préparer au grand voyage, dont l'on ne revient pas. Je te laisse...

— Non, Charrue, me dit-il en tendant le bras pour me retenir. Reste près de moi pour m'aider à retrouver dans ma mémoire des vérités oubliées... Tu me serviras de prêtre, puisque nous n'en avons point.

J'accédai avec joie à ses désirs : mon but était atteint. Je tirai de dessous mes vêtements un petit *Manuel du chrétien* qui ne me quittait jamais, et je repassai avec lui les principaux articles de foi, en lui demandant de faire un signe de tête, en témoignage de sa croyance : car sa faiblesse était si grande qu'il ne pouvait presque plus parler. Il y consentit : et j'eus la joie de voir qu'il acquiesçait sans hésiter à bien des vérités dont je l'avais vu rire au milieu de ses camarades. Je lui lus ensuite un examen de conscience, en lui indiquant de faire un acte de sincère contrition sur chacune des fautes dont il se reconnaîtrait coupable. Au cinquième commandement, comme je mentionnais le duel, je le vis s'agiter, et ses yeux se remplir de larmes. — Pauvre sergent, dit-il avec effort, serait-il possible que je t'aie damné pour toujours! Ah! que cette pensée m'est amère! Pardonne-moi! pardonne-moi, je t'en prie! — Je le rassurai comme je pus, et nous continuâmes. Quand ce fut fini, il me dit en me serrant la main :

Merci, Mathieu! il me semble que j'ai un gros poids de moins sur le cœur. Maintenant, tu peux écrire à ma mère que son fils est mort en chrétien.

Bien que ce retour de mon cher malade me consolât singulièrement, j'aurais cependant vivement désiré lui procurer le secours d'un prêtre. Si tout homme a droit à recevoir au lit de la mort les consolations de la religion, à plus forte raison le soldat, qui risque sa vie pour son pays. Combien donc j'ai gémi de fois de la mesure adoptée sous le gouvernement de Louis-Philippe, par laquelle, en vue d'une mesquine économie, on supprima les aumôniers de l'armée! Je me suis rappelé plus d'une fois mon pauvre Roussel, quand je lisais dans les feuilles publiques que nos soldats mouraient, en Afrique, sans avoir près d'eux un prêtre pour les bénir au moment suprême! Qui sait si cette cruelle injustice n'est pas entrée pour beaucoup dans le juste jugement qui a frappé ce prince et sa race?

Et les sentiments de Roussel étaient sincères : car, m'ayant demandé mon livre de prières, il recueillit le reste de ses forces pour le lire et s'entretenir en union avec Dieu. Un chirurgien le surprit dans cette occupation, et voulut se railler de ce qu'il appelait son retour aux idées superstitieuses. — Docteur! répondit le malade, on peut rire de tout cela quand on se porte bien : à la mort, c'est tout autre chose. Quand vous serez au point où je suis, je vous permets de vous moquer de moi, mais pas plus tôt.

De mon côté, j'adressais à Dieu de ferventes prières pour cet infortuné, et je me plaignais amoureusement de ce que nous autres, pauvres soldats, nous étions exposés à partir ainsi de la vie sans avoir un ami pour entendre l'aveu de nos fautes, et nous donner le viatique de l'éternité. Dieu sans doute entendit ma prière. Le lendemain, je fus envoyé en éclaireur du côté de Saint-Florent; dans la campagne, je vis un paysan qui ne parut pas avoir peur de moi, qui s'approcha au contraire; à une faible distance je reconnus ses traits. — *Genêt vert!* lui criai-je de toute la force de mes poumons. Il se retourna, et me reconnut aussi. C'était le vieux prêtre à la messe duquel j'avais assisté deux mois auparavant. — Que cherchez-vous? lui demandai-je. — Des âmes à sauver! me répondit-il. Grâces à vous, la besogne ne manque pas. Il faudrait pouvoir se multiplier pour y suffire. — Je vous en fournirais volontiers, repris-je; car ce n'est pas seulement de votre côté que les balles pleuvent.

Nous nous embrassâmes, comme de vieux amis; et, nous étant retirés à l'écart, je le priai d'abord d'entendre ma confession : ce qu'il fit au pied d'un chêne, à l'entrée d'une forêt. J'ai pu trouver ailleurs quelque chose d'aussi onctueux, mais rien d'aussi mâle et d'aussi énergique que la parole de ce prêtre. Elle m'infusa un courage extraordinaire; et je vis avec bonheur que ce digne vieillard approuvait en entier ma ligne de conduite. Cela me fut d'une singulière consolation. Je lui parlai ensuite de Roussel, et lui demandai s'il se sentait le courage d'aller jusqu'à lui. — Pourquoi non? pourquoi non? me répondit-il avec gaieté. L'âme d'un *bleu* vaut celle d'un Vendéen. Mais... êtes-vous encore à jeûn? — Hélas! Monsieur, il y a deux jours que je n'ai rien mangé. Nous subissons depuis quelque temps d'affreuses privations. Vos gens emportent tout avec eux, et l'incendie... — Eh bien! reprit-il vivement, j'ai, moi, du *pain* à vous donner. Retirez-vous un moment à l'écart... Nous demanderons lumière à Dieu, relativement à votre ami.

Je compris et m'enfonçai dans la forêt. Un quart d'heure après, je revins : le bon vieillard priait avec ferveur au pied du même chêne. Je m'agenouillai, et il tira, selon l'usage, de la boîte de sa grosse montre, la sainte Eucharistie, que je reçus avec une dévotion particulière. Oh! quelle sensation j'éprouvai au milieu de ces lieux désolés, dans ce silence du désert : théâtre si extraordinaire pour l'action que je venais de faire! Ces impressions-là ne s'oublient jamais.

Quand mon action de grâces fut finie, le soleil se couchait. Le prêtre me demanda quelques détails sur le lieu où était notre malade, m'indiqua quelques précautions à prendre, et me dit que vers le matin il arriverait. Je rentrai, et annonçai cette bonne nouvelle à Roussel, qui en témoigna une grande satisfaction. Il s'apprêta de son mieux à faire ce que la circonstance allait exiger de lui. De mon côté, je demandai au chirurgien et aux infirmiers de passer seul la nuit et la journée du lendemain près de Roussel : ce qui me fut accordé volontiers. Par une heureuse coïncidence, une partie de nos soldats s'était mise en route à la poursuite des Vendéens, que l'on disait réunis de nouveau sur les bords de la Loire, et se disposant à la traverser : en sorte qu'il ne restait plus à Beaupréau que le bataillon auquel j'appartenais. Vers les deux ou trois heures du matin, comme je veillais Roussel, près de tomber en agonie, un soldat de haute taille se présenta, déposa son fusil près de la porte, et vint à nous. J'avoue que j'eus quelque peine à reconnaître mon vieux prêtre sous cette chevelure noire, cet air martial et cet habit de soldat. C'était bien lui pourtant qui avait su tromper les sentinelles à la faveur de la nuit et de son accoutrement républicain. Il se mit aussitôt à l'œuvre. Au seul mot de prêtre, mon agonisant se réveilla de sa torpeur, recouvra toute l'intelligence nécessaire pour se confesser et recevoir son Dieu. La Providence permit que rien ne troublât cette cérémonie. Dès qu'elle fut achevée, le prêtre me serra la main, reprit son fusil et disparut. Je n'ai jamais pu savoir le nom de ce saint prêtre. Que Dieu le récompense dans le ciel du bien qu'il a fait sur la terre!

Pour Roussel, après avoir répandu son âme aux pieds de son Créateur, il sentit bientôt ses forces s'affaisser. Les derniers mots qu'il m'adressa furent pour sa mère. Il tomba immédiatement dans le délire; mais l'image de Bellon ne l'avait point encore quitté. Je l'entendis répéter tout bas : Pardonne-moi, sergent! pardonnez-moi, mon Dieu! — Peu d'instants après, il rendit le dernier soupir.

Ah! soldats, qu'une tache de sang est difficile à effacer!

XX.

L'hôpital.

Les opérations militaires furent reprises après quelques jours de repos. Enivrés des succès qu'ils venaient d'obtenir, les généraux républicains s'écriaient : Il n'y a plus de Vendée. Kléber seul ne pensait point ainsi. Peu à peu les Vendéens, qui avaient passé la Loire, prouvèrent qu'ils existaient encore. Le 25 octobre, Westermann est battu à Laval. Les troupes étaient dans un dénuement affreux ; je me souviens que, pour ma part, je n'avais ni capote ni souliers. Les vivres mêmes nous manquaient. Une seconde défaite attendait les *bleus* sur les bords de la Mayenne ; les célèbres bataillons d'Orléans donnèrent, comme d'usage, l'exemple de la fuite ; les Mayençais eux-mêmes se débandèrent pour la première fois. On s'enfuit jusqu'à Angers. Rossignol fut bientôt nommé général en chef, et l'armée de Brest se réunit à celle de l'Ouest. Mais c'était Kléber qui, sous un autre nom, dirigeait les opérations de l'armée, et dès lors les affaires changèrent de face.

Mon bataillon resta attaché à l'armée de l'Ouest,

malgré le départ de la division Rossignol pour Rennes. Je fus donc témoin de la conduite habile du jeune Marceau et de Kléber : dès lors je prévis la ruine des Vendéens. J'assistai aux marches et contre-marches de novembre et de décembre. Je fus surtout spectateur de cette affreuse victoire du Mans (12 décembre); et je ne sais si rien, dans ma carrière militaire, m'a inspiré un plus vif sentiment d'horreur. J'entends encore le tocsin sonner au milieu de la nuit; il me semble voir encore Westermann, le cruel, l'atroce Westermann, se précipitant au milieu de cette ville infortunée; un feu nourri plongeant sur nous de chaque maison; les Vendéens refoulés sur la grande place; les rues coupées de part et d'autre; Kléber accourant au secours de son bouillant collègue; les ennemis fuyant en désordre, moins quelques braves qui se défendent avec un héroïque courage. Hélas! que pouvaient-ils dans leur petit nombre? On les charge à la baïonnette, on les éventre sans pitié. Alors commence dans la ville une de ces tueries dont rien ne saurait décrire l'horreur.

Ah! que mon métier de soldat me faisait mal, en cette circonstance lugubre. Je ne sais vraiment ce que je fis, dans le trouble où j'étais. Au milieu de ces cris de femmes et d'enfants d'un côté, de blasphèmes et de malédictions de l'autre; à travers ce bruit sinistre des sabres, des baïonnettes, des fusils, une sorte de vertige s'était emparé de moi, et j'avais comme perdu ma liberté. Je doute que mon bras ait ôté la vie à personne; mais je sais que je la conservai à plusieurs, à une femme surtout et à ses nombreux enfants. Une seule idée me préoccupait : ce sont des concitoyens et non des ennemis. Je reconnus sur la place, parmi un tas de cadavres, le prêtre avec qui j'avais eu deux fois des rapports si touchants : il avait la gorge percée d'un coup de baïonnette, et était mort en tenant une croix à la main. C'était l'usage des prêtres bretons et vendéens de conduire et d'animer ainsi leurs fidèles au combat. Non content du massacre fait dans la ville, on se répandit dans les campagnes, pour y poursuivre les fugitifs ; les routes et les champs étaient parsemés de cadavres. Les républicains suivirent jusqu'à Savenay les débris de la colonne vendéenne.

C'était dans cette ville que s'étaient retirés les restes de ces braves. Le désir de venger leur défaite du Mans ranimait leur courage : ils se précipitèrent eux-mêmes sur nous (23 décembre). Hélas ! ils avaient affaire, non plus à des généraux bouillants et inhabiles, mais à des hommes calmes et impassibles : ils furent de nouveau défaits. La cavalerie républicaine s'élança à leur suite, et en fit grand massacre. Acculés contre la Loire et ses marais, la plupart furent éventrés ou faits prisonniers. On abandonna à Westermann le soin d'en finir ; on ne pouvait choisir un homme plus digne d'une telle mission. Il poursuivit jusqu'en leur dernier repaire ces malheureux débris, et on put dire alors avec plus de vérité : La Vendée n'existe plus.

J'avais reçu un coup de baïonnette à la jambe au combat de Savenay. Dans la chaleur de la mêlée, je n'en sentis point la gravité. Mais après l'action, la perte de mon sang m'occasionna une défaillance. Je fus apporté à l'hôpital. Quand je revins à moi, je vis un chirurgien pansant ma plaie, et secouant la tête d'un air sérieux. Il me sembla que cela voulait dire : Je ne sais trop ce que ceci deviendra. Le dénuement où l'on nous laissait était si grand, que cet officier fut obligé de couper une partie de sa chemise pour faire de la charpie, et je dus satisfaire avec de l'eau claire la soif brûlante qui me dévorait.

Bientôt la réflexion me revint, et je considérai avec sang-froid la position qui m'était faite. Il s'agissait de mourir : la vivacité de ma douleur, mon affaiblissement progressif, les craintes mêmes des hommes de l'art, tout m'annonçait que ma fin pouvait être très prochaine. Ma pensée n'hésita pas un seul instant à se relever vers Dieu, et j'acceptai avec un grand calme l'arrêt qui me semblait porté. La vie du vrai chrétien est une préparation continuelle à la mort. Mon père nous avait souvent répété que celui-là n'est pas digne de vivre qui n'est pas toujours prêt à mourir. Il nous rappelait sans cesse les passages de l'Evangile où il est dit qu'*il faut être prêt, parce qu'on ne sait pas quand la mort viendra; que le Fils de l'homme doit nous surprendre comme un voleur*, etc... Il n'était pas d'image plus familière à sa bouche que celle de la mort : en sorte que dès mon bas âge j'avais été habitué à considérer d'un œil ferme ce redoutable passage.

L'absence d'un prêtre, je dois le dire, m'était très pénible. Je priais le Seigneur de vouloir bien se souvenir que j'avais procuré à d'autres ces secours précieux, sans lesquels il est si triste de mourir. Je ne sais quelle espérance vivait au fond de mon âme que le Ciel me ménagerait cette consolation. En tout cas, je repassai dans l'amertume de mon cœur toutes les fautes dont j'avais pu me rendre coupable dans le cours de ma vie, et j'en exprimai au Seigneur le plus vif regret. Les images de mon père, de ma mère, de mes frères, de mes sœurs, passèrent successivement devant mes yeux, et j'en fus attendri. — Que font-ils? Où sont-ils? me disais-je tristement. Peut-être songent-ils à moi dans ce moment... Ah! si ma pauvre mère savait que son fils va mourir, je crois qu'elle braverait tout pour venir l'assister. — Puis, me rappelant que l'abandon absolu est l'état le plus parfait pour bien mourir, j'écartai ces pensées, qui m'affligeaient sans raison, et m'endormis tranquille sous les ailes du Seigneur.

Sans doute, ce bon Père ne me trouvait pas encore mûr pour la récompense. Après quelques jours ma plaie se ferma; mon tempérament robuste avait triomphé de la mort. Mais, soit à cause du climat, soit à cause de la saison, la fièvre survécut, et je n'étais sorti d'un danger que pour retomber dans un autre. Evacué sur Nantes, j'y traînai deux ou trois mois une fièvre de langueur, et en fus réduit à une extrême faiblesse. Nous étions si mal soignés aussi! Je vis une foule de nos pauvres blessés mourir, faute de traitement convenable. Le régime de la Terreur, qui venait de s'organiser, avait privé les armées de leurs meilleurs généraux et de leurs meilleurs chirurgiens. Sous le nom de Girondins, ou de modérés, ou de fédéralistes, il était facile à un subordonné de faire arrêter ses chefs. Ce n'était pas seulement les Custine, les Houchard, les Beysser, les Westermann même, qui allaient expier dans les prisons ou sur les échafauds leurs victoires et leur dévouement à la République; mais dans toutes les administrations, le mérite et les succès des chefs devenaient pour les subalternes un motif de dénonciations, qui n'étaient que trop souvent écoutées. Ainsi, un excellent chirurgien, attaché à notre division, accusé de fédéralisme par un sous-aide aussi ignare que méchant, s'était vu destitué et remplacé par son accusateur. Entre les mains de ce dernier, privé d'ailleurs de toutes les ressources nécessaires aux hôpitaux, je fus bientôt réduit à l'extrémité.

La grâce que j'espérais me fut enfin accordée. La charité, toujours ingénieuse, sut prendre en ces jours de deuil les formes les plus variées. Un citoyen portant au chapeau une énorme cocarde, parfois même revêtu de la *carmagnole*, venait souvent à l'hospice apporter du bouillon, de la charpie, et affectait un zèle immense pour le bien-être des braves défenseurs de la patrie, comme il nous appelait. Son dévouement éprouvé lui avait ouvert toutes les portes; il se disait venu de loin pour offrir ses secours aux malades. Il était muni d'une très belle carte de civisme. Personne ne se défiait de lui; bien loin de là, le directeur de l'hospice ne cessait de louer son patriotisme. Or, cet homme était un prêtre. Il aperçut un jour sur ma poitrine mon scapulaire, mon compagnon fidèle, le confident de mes douleurs et de ma foi. Il me demanda ce que c'était, et sur ma profession de foi, faite sans hésiter, il me découvrit qui il était. Il me voua dès lors une tendre affection. J'eus le bonheur de me confesser et de communier. Son zèle ne se borna pas aux soins de mon âme ; il déploya une charité extraordinaire pour me tirer de l'état de langueur où je gémissais. Il allait mendier en ville, je ne dirai pas seulement les choses nécessaires, mais des délicatesses, mais des douceurs, qu'il savait m'offrir avec une grâce exquise. Plusieurs femmes pieuses vinrent, sous d'habiles prétextes, me voir et me consoler : c'était lui qui les dépêchait vers moi. Je crus remarquer que je n'étais pas le seul dans l'hospice à qui cet homme charitable eût donné les secours de la religion. Un jeune soldat mourait de phthisie, non loin de moi. Je vis à certains signes que le prêtre lui administrait d'abord la Pénitence, puis l'Eucharistie, et, sous prétexte de le palper, lui donnait même le sacrement de l'Extrême-Onction. Je l'avoue, cette ingénieuse charité m'arracha des larmes. Un prêtre en carmagnole exerçant les plus sublimes fonctions de son état ! quel rapprochement !

Hélas ! la plupart de ces pauvres jeunes soldats n'avaient de républicain que l'habit et d'impie que l'écorce. Tous ou presque tous avaient apporté de leurs campagnes la foi naïve, qui était alors le privilége du peuple. Un moment, les folies révolutionnaires et la licence des camps avaient pu les étourdir ; mais le fond restait, et une circonstance suffisait pour réveiller le feu caché sous la cendre.

Et aujourd'hui encore, il n'en est pas autrement. Ne vous fiez pas à cet air *crâne*, à ce ton d'irréligion, à ces goûts de débauche qu'affecte trop souvent le soldat de nos casernes. Tout cela n'est qu'une couche, un tribut qu'il paie à l'usage. Au fond, il est croyant. Qu'il se trouve un jour dégagé de l'atmosphère qui l'entoure, vous le verrez plein de respect pour la religion, qu'il a l'air d'avoir abandonnée, pour le prêtre, auquel il semble réserver tous ses dédains.

Grâces à la charité du saint homme, ma fièvre céda bientôt. Les sombres images qui m'avaient obsédé se dissipèrent peu à peu, et je me rattachai à la vie. La terreur était alors organisée : Robespierre, débarrassé des chefs girondins, de Danton, de Camille Desmoulins, régnait en tyran sur la France. Et quel tyran ! La postérité aura peine à croire aux horreurs qui se commirent sous sa domination. Les provinces avaient vu venir à elles une foule de tyrans subalternes, plus cruels encore que leur chef. Personne n'ignore jusqu'à quel point ces trop fameux proconsuls portèrent la barbarie. Nantes, en particulier, fut témoin de scènes tellement affreuses, que la plume se refuse à les décrire. Carrier était le monstre à qui le comité de Salut Public avait confié la mission de *terroriser* cette ville infortunée. Malgré les ordres donnés de faire grâce aux Vendéens qui se soumettraient, il les faisait massacrer ou mitrailler par centaines à la fois. Il avait imprimé aux autorités municipales un tel effroi, qu'elles n'osaient plus paraître devant lui. Les prisons ne suffisaient pas à contenir les prisonniers vendéens que les déroutes du Mans et de Savenay amenaient dans la ville. Une partie des Nantais lui étant devenus suspects de fédéralisme, à raison d'un mouvement qui avait été tenté à Nantes en faveur des Girondins, il déchargea aussi sur eux sa haine idiote et atroce. Aux soldats, la fusillade ; aux citoyens, la guillotine. Une troupe d'égorgeurs était à ses ordres, lesquels scrutaient les maisons, tuaient et pillaient tout à la fois. Mais comme les cadavres, trop nombreux, ne pouvaient être enterrés, et que ceux qui restaient sans sépulture infectaient l'air au point d'engendrer des maladies, il fallut aviser à un moyen plus expéditif. La Loire était là, roulant ses eaux profondes et tranquilles. Ce fut elle que Carrier choisit pour exécutrice de ses vengeances. On essaya plusieurs méthodes ; celle qui fixa le goût du proconsul était celle-ci : on entassait les victimes au fond d'un bateau, dont on fermait de planches les entrées. Puis des charpentiers, placés dans des chaloupes, perçaient les flancs du bâtiment ; l'eau y entrait de toutes parts, et les malheureux coulaient bas avec le navire.

En me promenant, un soir, pour respirer l'air frais, je fus témoin d'une de ces horribles noyades, et ce douloureux spectacle ne s'est jamais effacé de ma mémoire. On avait lié ensemble des religieuses et des prêtres : c'était ce que Carrier, dans son infâme langage, appelait des *mariages républicains*. Je vis entasser ces malheureux ainsi accouplés ; je vis, à la lueur des lanternes, clouer des planches aux sabords et à l'entrée du pont ; puis les ouvertures se pratiquer aux flancs du bâtiment ; j'entendis les plaintes étouffées des victimes, qui s'enfonçaient graduellement dans l'eau. Il y avait des vieillards, il y avait des enfants, de ces pauvres enfants que les Vendéens prisonniers ou pourchassés laissaient aux mains de leurs persécuteurs, et que le proconsul appelait gaiement des *louveteaux*. J'entendis les cris de ces innocents se perdre dans le sourd murmure des flots ; je vis le fleuve s'ouvrir avec lenteur, et absorber comme une bouchée cette provision de chair humaine. J'étais faible encore : une défaillance me prit, et je tombai sans connaissance sur le rivage.

Révolutions! révolutions! que vos fruits sont hideux!

Quand je fus en pleine convalescence, on décida que je serais envoyé à Paris. Mais auparavant j'avais déjà repris mon service ; et ce fut à cette occasion que j'assistai à une scène qui m'émut profondément. Etant de faction sur les bords de la Loire, je dus subir de nouveau le spectacle d'une noyade. Ces tristes opérations ne se faisaient que la nuit : soit pour mieux cacher le nombre des victimes (il dépassa CINQ MILLE), soit pour ne point trop soulever l'indignation publique. Une nuit donc, j'entendis appeler *au secours! au secours! à la garde!* Mon devoir m'obligeait à me rendre sur les lieux avec le poste que je commandais. Là une lutte terrible s'était engagée entre les bourreaux et les victimes. Dix ou douze soldats vendéens, mal liés par des assassins ivres, étaient venus à bout de se dégager de leurs cordes, et résistaient énergiquement. Je vis un des charpentiers, qui était accouru armé de sa hache, rouler dans le fleuve, sous l'impulsion d'un des soldats. Ses confrères arrivèrent au secours, munis de leurs instruments. Il y eut alors une mêlée que je ne puis décrire. Les coups de hache ébranchaient, mutilaient horriblement, coupaient ici un membre, là fendaient une tête; le sang ruisselait à flots, et allait teindre la rivière. Tout à coup une voix s'éleva : je frémis en l'entendant. C'était celle du prêtre qui m'avait administré les derniers sacrements. Il était debout sur le pont, accouplé à une religieuse, et prêt à être descendu à fond de cale. Voyant, à la pâle lueur des lanternes, ce qui se passait sur le rivage, il s'écria d'une voix de tonnerre : Vendéens, est-ce ainsi que vous vous déshonorez? Résignez-vous, et pardonnez au nom du Dieu mort sur la croix. — Les soldats reconnurent ses accents, qu'ils avaient plus d'une fois entendus sur les champs de bataille; la lutte cessa à l'instant. Mais les assassins et les charpentiers, furieux, se ruèrent sur eux, et les achevèrent, qui avec son sabre, qui avec sa hache. On poussa leurs corps sanglants dans la Loire. J'entendis le prêtre prononcer sur eux les paroles de l'absolution. Bientôt il fut entraîné lui-même, non sans avoir fait un signe et laissé échapper un sourire, qui me parurent s'adresser à moi. Peu de minutes après, je vis, avec un indicible serrement de cœur, le bâtiment s'enfoncer dans l'abîme. Le lit du fleuve était encombré de cadavres; souvent les vaisseaux, en jetant l'ancre, soulevaient des bateaux remplis de noyés. Des nuées d'oiseaux de proie attendaient, sur la rive, la proie que les flots leur rejetaient; absolument comme dans les déserts de l'Amérique, quand, après les combats des sauvages, ces animaux carnassiers viennent s'asseoir au festin. Les poissons, nourris de cette pâture immonde, ne pouvaient plus être mangés sans danger, et la municipalité avait défendu de les pêcher.

Révolutions, encore une fois, que vos fruits sont hideux!

Et il est des hommes qui osent rêver, préparer de

telles horreurs! Et les doctrines qui ont enfanté ces épouvantables excès trouvent encore des fauteurs et des partisans! On dit même que, jusqu'au sein de nos armées, une funeste propagande s'exerce, dans le but de recruter des auxiliaires pour ces hideuses et sanglantes saturnales! Des hommes dignes de foi m'ont affirmé que des menées secrètes se pratiquent vis-à-vis des soldats et des sous-officiers, et qu'elles ne sont malheureusement pas sans résultat. Jeunes soldats, entre les mains de qui pourront tomber ces lignes, prenez garde à ce péril. Défiez-vous des idées révolutionnaires, et de ceux qui les propagent. Les révolutions, comme des torrents impétueux, sont toujours emportées au delà des limites qu'elles se prescrivent; elles deviennent toujours le fléau de l'humanité. Soldats, ne déshonorez pas votre habit en prêtant l'oreille à de perfides suggestions. Votre mission est de sauver la société, et non de la perdre.

Ce fut avec une grande joie que je reçus enfin mon ordre de départ. Le séjour de Nantes m'était devenu insupportable. Les opérations de l'armée du Nord prenaient chaque jour par la victoire un nouvel intérêt. Je me trouvais alors avec quelques soldats, de mes anciens compagnons, que la cessation des hostilités en Vendée avait fait renvoyer à Nantes. Le terme de notre serment vis-à-vis des coalisés était expiré; on me chargea d'en conduire un détachement à Paris, pour y être incorporés à l'armée du Nord, ou à un nouveau corps dont on méditait la formation, sous le nom d'armée de Sambre-et-Meuse.

Nous quittâmes enfin tant de scènes de carnage et de deuil, et nous arrivâmes à Paris sur la fin de janvier 1794.

XXI.

La caserne.

Le véritable danger pour le soldat est à la caserne.

L'activité de la guerre, en occupant son esprit, ne laisse pas aux passions le temps de s'emparer de lui. Il faut marcher, il faut camper, il faut se battre; la faim, la soif, la fatigue, la pluie, l'insomnie, la chaleur, le froid, abattent tour à tour; on n'a en vue que le combat et la victoire. C'est le mouvement perpétuel, pendant lequel l'âme n'a pas le temps de se corrompre, pas plus que l'épée de se rouiller.

Mais ce repos, cette inertie de la caserne, c'est assommant. Ces journées vides, ces heures monotones et inoccupées, que c'est triste! Se lever le matin, bâiller dès le réveil, bâiller à midi, bâiller tout le long du jour; se traîner sur les bancs d'une cour, le long des murs d'un rempart, dans les allées d'une promenade, dans les rues d'une ville; faire le badaud à droite ou à gauche, lire les enseignes, contempler les devantures de boutiques, grossir la foule autour des charlatans ou des marchands à plein vent, quelle existence! quelle vie! Et c'est celle de la plupart de nos soldats.

J'avoue que toutes les fois que mes affaires m'appellent à la ville, et que je vois ces pauvres jeunes gens promener ainsi leurs uniformes et leurs loisirs, je me sens pris pour eux d'une pitié profonde. Traîner ainsi sept années, les plus belles de sa vie, dans la plus désolante inaction; n'avoir en perspective, pour distraction, que quelques heures d'exercice par semaine, que le soin de frotter sa giberne, de cirer ses souliers et d'épousseter son fusil... oui, je le dis, c'est une dure et terrible pénitence, et j'ai pitié de ceux qui la subissent.

Non-seulement j'en ai pitié, mais je tremble pour eux; car cette vie est pleine de périls, de périls nombreux, incessants, presque inévitables. Et combien peu n'y succombent pas ! Le mouvement de la guerre eût fait de ces enfants des héros; le loisir de la caserne en fait des libertins.

J'observai cela d'une manière particulière pendant mon séjour de Paris. Chaque jour de nouvelles recrues nous arrivaient. En qualité de caporal-fourrier, j'étais chargé de les exercer, et j'avais des rapports particuliers avec elles. Je voyais arriver de leurs provinces des jeunes gens simples, droits, purs des vices qui dégradent l'homme. A part ceux que le vertige révolutionnaire avait déjà saisis (et ils n'étaient pas aussi nombreux qu'on pourrait le croire), ils apportaient les vertus qui se puisent, ou du moins se puisaient alors au sein des campagnes : la sobriété, la pureté des mœurs, l'amour de la vérité, l'esprit religieux surtout. J'étais témoin de leur candide étonnement, à la vue de Paris et de la physionomie qu'il avait alors. Je les voyais rougir aux premiers blasphèmes, aux premières obscénités qui venaient frapper leurs oreilles. Un certain nombre, dont j'avais d'abord gagné la confiance, me demandaient naïvement où ils trouveraient des prêtres, des églises. Ils ne me cachaient point qu'ils avaient commis, par occasion, des fautes qui leur pesaient sur le cœur, et dont ils seraient heureux de se décharger par la confession. Je voyais, en un mot, très réels, très vivaces chez eux les principes qui vivaient chez moi ; et j'éprouvais une sorte de joie à me dire : Il paraît que c'est partout que la classe agricole est meilleure que les autres.

Mais, ô Dieu! que ces heureuses dispositions changeaient vite! A la caserne, il se trouve toujours de vieux soldats à l'esprit pervers, au cœur corrompu, à la bouche gâtée, qui semblent s'arroger la mission de perdre tous les arrivants, en les faisant semblables à eux-mêmes. Ce sont eux qui accueillent ces pauvres jeunes campagnards, et les sondent d'abord par toutes sortes d'épreuves. L'ascendant que leur ancienneté et la connaissance du métier leur assurent, a bientôt subjugué l'innocent nouveau venu. Leur joie est d'abuser de sa simplicité. Sous prétexte d'amitié sincère et d'intérêt sympathique, ils lui tracent une règle de vie, qui est tout un cours de corruption. Ils lui font surtout entendre qu'il doit dépouiller au plus vite cette sotte timidité du village, qui donne une tournure gauche et niaise, pour revêtir l'air *crâne* qui va si bien au soldat. On rit de la pudeur, de ce respect pour soi et pour les autres, qui est la sauvegarde des vertus. On débute dès l'abord par des propositions infâmes. Si le novice hésite, on rit de lui et on combat ses scrupules. Aux paroles s'ajoute l'exemple, et on traite de lâche celui qui recule au seuil de cette voie. Peu à peu les assauts redoublent : paroles, railleries, exemples, encouragements, bravades, froideur, conseils, amitié hypocrite, rien n'est négligé pour entraîner l'infortuné à sa perte. Hélas ! combien peu savent résister !

Je voyais donc ces pauvres novices s'abattre, tomber par douzaines dans ce nouveau champ de carnage. J'avoue que j'aurais mieux aimé les voir tomber sous les balles de l'ennemi. Peu de jours suffisaient à cette métamorphose. Tel à qui j'avais d'abord servi de protecteur au début, me fuyait bientôt ; un autre qui m'avait confié ses peines, affectait à mon égard un air dédaigneux. J'entendais des infamies sortir de bouches jusque-là timides ; je voyais courir dans les lieux de débauche ceux qui ignoraient naguère jusqu'au nom du vice. L'ivrognerie gagnait les plus sobres, l'indiscipline les plus soumis. Un esprit de dévergondage soufflait sur cette malheureuse jeunesse ; et moi, qui avais semblé d'abord le père d'une nombreuse famille, je me voyais bientôt seul : seul avec ma foi et mon Dieu.

Oh ! je le répète, ce triste spectacle m'arracha plus d'une fois des larmes. La caserne me paraissait alors comme un de ces antres pestilentiels où l'on ne saurait pénétrer sans y prendre le germe de mort.

J'ai vu, et mon cœur en saigne encore, des jeunes gens, modèles de vertu, devenir en peu de mois le hideux exemplaire de tous les vices.

J'ai vu des jeunes gens d'une sobriété admirable devenir en peu de mois des ivrognes fieffés.

J'ai vu des jeunes gens d'une douceur charmante devenir en peu de mois des bataillards effrontés.

J'ai vu des jeunes gens d'une chasteté merveilleuse devenir en peu de mois des monstres d'impudicité et de débauche.

J'ai vu, enfin, des jeunes gens doués de cette magnifique santé qui ne se puise plus guère que dans l'air des champs, tomber en peu de mois sur le lit d'agonie, et mourir, à la fleur de l'âge, des suites de leurs honteux désordres.

Naturellement, j'aurais dû attribuer ces spectacles désolants à l'époque même au sein de laquelle nous vivions. Et quels moyens de rester religieux, au milieu d'un peuple sans culte ; moral, au milieu d'une licence effrénée ; pur, au milieu d'une atmosphère corrompue ? Mais j'ai depuis consulté des officiers et des soldats dignes de foi ; ils m'ont assuré qu'il en est encore ainsi aujourd'hui. J'ai vu moi-même des enfants de nos villages, appelés par le sort, partir bons et vertueux, et revenir libertins et impies. Plus d'une fois, j'ai entendu des prêtres affirmer qu'un des êtres les plus dangereux au sein de leur troupeau est un soldat qui a fait son temps, parce que, ordinairement, il rapporte du service des goûts de débauche qu'il a bientôt propagés parmi la jeunesse de son pays. J'ai parlé ailleurs d'un homme de ce genre [1]. De tels exemples sont toujours fort dange-

---

(1) *Mémoires d'un vieux Paysan.*

reux, et malheureusement ils ne sont pas rares. Et où ces enfants de nos campagnes ont-ils ainsi perdu leurs croyances et leurs mœurs? Ce n'est pas sur les champs de bataille ; car beaucoup d'entre eux n'ont pas même vu l'ennemi. C'est à la caserne, c'est dans les garnisons de nos villes, où une vie oisive ne leur laisse d'autres distractions que le cabaret et les mauvais lieux.

J'ai donc raison de dire que la caserne est le plus grand danger du soldat. C'est là qu'est l'écueil de sa foi et de ses mœurs. Oh! qu'il faudrait de courage pour résister! Il en faut plus que pour braver le canon. Tel soldat se battra généreusement, affrontera la mort sous toutes ses faces, qui n'osera pas supporter une raillerie, tenir ferme contre un défi, s'affranchir d'un mauvais exemple. Encore une fois, cette sorte de courage est beaucoup plus difficile et beaucoup plus rare : c'est celui du vrai chrétien, et le vrai chrétien est moins commun que le bon soldat.

Il me revient que depuis quelques années une association pieuse, bien connue par ses œuvres, la société de Saint-Vincent-de-Paul, a entrepris d'obvier, autant que possible, au danger que je signale, en offrant un point d'appui au soldat qui a envie de conserver sa foi et ses mœurs. Pour cela, elle ouvre, dans les villes de garnison, des cours gratuits où sont admis tous les militaires de bonne volonté. Là, on enseigne la lecture, l'écriture, le calcul, la géographie ; et à ces leçons s'en ajoutent d'autres plus précieuses encore : celles de la religion. Voilà une idée excellente, telle que la charité chrétienne sait en inventer. Outre que l'on procure des connaissances utiles à des jeunes gens dont l'instruction a souvent été négligée au village, on entretient encore en eux l'esprit de foi, on les affermit contre l'entraînement des mauvais exemples. Quand un certain nombre de militaires fréquentent ces écoles de bonnes mœurs, cela forme un noyau autour duquel se rallient volontiers les hommes de bonne volonté. Ils trouvent là un point d'appui qui les rend plus forts. Ils ne rougissent plus de pratiquer la religion, parce qu'ils ne sont plus seuls à le faire. Si une telle œuvre prenait toute l'extension dont elle est susceptible, et que le gouvernement et surtout les chefs voulussent bien la seconder, elle pourrait renouveler l'esprit de l'armée au point de vue religieux.

Je fus fort édifié, un jour, en entrant dans une des églises de notre petite capitale, d'y voir quelques centaines de soldats recueillis autour d'un prédicateur. Ils écoutaient avec une attention marquée. Après le sermon, il y eut bénédiction du Saint Sacrement, précédée et suivie de cantiques chantés à deux ou trois voix par ces militaires eux-mêmes. J'avoue que je fus ému en entendant les mâles accents partis de la poitrine de ces braves. Je n'avais point été habitué à de si beaux spectacles. Je vis leurs fronts s'incliner respectueusement devant le Dieu des armées, voilé sous les espèces eucharistiques. Cette dévotion me parut franche, pleine, naturelle, comme tout ce qui se fait chez le soldat. Je m'informai de ce que c'était que cette cérémonie, et on me répondit : C'est la réunion mensuelle de l'*OEuvre militaire* de Saint-Vincent-de-Paul.

Que Dieu bénisse la société de Saint-Vincent-de-Paul, et surtout l'*OEuvre militaire*, qu'elle a si généreusement entreprise !

J'ai été, du reste, témoin de l'agréable surprise d'une pauvre femme de mon village, qui m'apporta un jour une lettre de son fils, en garnison à Lyon. Elle n'en pouvait croire à ses yeux : une lettre de son fils ! de son fils, qui était parti, quelques mois auparavant, ne sachant ni *a* ni *b* ! Et une lettre bien moulée, bien nette, bien correcte, et même passablement orthographiée ! C'était pourtant bien vrai : son fils lui écrivait. Et ce qui charmait surtout la pauvre femme, c'est que son fils, qui avait fait sa croix, que l'on connaissait pour un ivrogne, un tapageur, un débauché, se disait entièrement changé, et exprimait à sa mère les plus vifs sentiments de repentir. Nous avons su depuis qu'il ne disait que la vérité.

Encore une fois, honneur à la pieuse société qui opère de tels prodiges !

XXII.

Le 9 thermidor.

Le séjour de Nantes m'avait fatigué : celui de Paris ne me fut guère plus agréable. Le terrorisme régnait là en souverain. Chaque jour la guillotine, son premier ministre, avalait sa bouchée, qui se composait régulièrement d'une soixantaine de victimes. On prenait indistinctement et, pour ainsi dire, au hasard. Le noble et le roturier, le vieillard et le jeune homme, le riche propriétaire et l'ouvrier, le soldat et la femme, prenaient côte à côte place sur la fatale charrette. La foule, ivre ou furieuse, qui dansait autour de l'échafaud, avait pour tous des injures prêtes. Je fus, vingt fois peut-être, témoin forcé de ces lugubres convois. Nous étions obligés de monter la garde, et je confesse qu'aucune mission ne pouvait m'être plus désagréable. Je remplirais un volume des particularités qui me frappèrent, à travers ces scènes de deuil et de sang. Je vis Malesherbes et les quinze ou vingt membres de sa famille prendre cette route teinte du sang le plus pur ; je vis la vertueuse sœur de Louis XVI gravir cet échafaud, qui devait lui servir de piédestal pour monter au ciel. L'horrible loi du 22 prairial livrait, sans discussion, sans forme de procès, toutes les classes de la société au bon plaisir de trois triumvirs : Robespierre, Couthon et Saint-Just. Un pêle-mêle affreux dans le choix des victimes se joignait à une absence complète des formes juridiques. Et tout cela faisait sur moi une impression d'autant plus triste, que j'avais appris, par un soldat de mon village, la nouvelle arrestation de mon père. Pour cette fois, il semblait impossible d'espérer : la *justice* était si subite, si expéditive, qu'il n'y avait littéralement qu'un pas de la prison à l'échafaud. Je ne saurais dire combien je passai de jours sans repos et de nuits sans sommeil, dans la pensée, dans l'horrible pensée que la tête de mon père pouvait tomber sous le couteau, comme celles que j'y voyais rouler tous les jours. Mes angoisses étaient d'autant plus vives, que j'avais écrit plus d'une fois et n'avais point reçu de réponse. Il paraît que mes lettres avaient été saisies à la poste ; heureusement, elles n'étaient signées que de mes initiales.

Car, si le terrorisme avait son côté sanglant, manifeste aux yeux de tous, il avait aussi son rôle ténébreux par l'espionnage secret qu'il exerçait sur tout. La surveillance — c'était le nom qu'on donnait à ces menées souterraines — était organisée sur une immense échelle. Un certain scélérat, nommé Héron, s'était fait le centre de ce terrorisme mystérieux. Une multitude d'agents allaient, sous ses ordres, scruter l'intérieur des familles, épier les démarches des *suspects*, surprendre leurs sentiments, ou, à défaut de preuves quelconques, arrêtaient arbitrairement et livraient au tribunal révolutionnaire tous ceux que des motifs particuliers, ou même de simples caprices, leur désignaient comme ennemis du gouvernement. C'étaient les limiers chargés de traquer le gibier pour la Révolution. Rien n'échappait à leurs odieux instincts. Ils avaient soin de se faire délivrer des mandats d'arrêt en blanc, et y inscrivaient le nom du premier venu. Quelques-uns d'entre eux se répandaient dans les provinces. Il n'y avait plus un seul instant de sécurité pour qui que ce fût : tous les lieux publics, toutes les promenades, toutes les rues fourmillaient de ces misérables, dont l'œil et l'oreille étaient sans cesse au guet. On ne savait plus à qui parler, à qui se fier ; les gestes les plus simples, les démarches les plus innocentes, pouvaient immédiatement être traduits en acte d'accusation et en arrêt de mort.

L'état de contrainte morale où je vivais, sous le poids de ces spectacles et de mes soucis, me ramena la fièvre. Je ne me ranimai qu'aux accents de la joie universelle qui éclata à la chute de Robespierre. J'y pris une part d'autant plus grande, que j'espérai aussitôt que mon père serait du nombre des trop heureux prisonniers à qui cet événement rendrait la vie et la liberté. Non, je ne crois pas avoir vu nulle part une joie plus sincère que celle qu'éprouvèrent les honnêtes gens, en voyant tomber sous le poids de la vindicte publique le monstre depuis si longtemps maître de leurs destinées. Chacun semblait allégé d'un fardeau ; on respirait seulement à l'aise.

J'assistais, en qualité de témoin, à la célèbre séance du 9 thermidor (27 juillet), où Robespierre, au moment même où il méditait de nouvelles arrestations parmi ses collègues, fut lui-même décrété d'arrestation avec ses principaux complices. Le tumulte de cette scène ne saurait se décrire. L'Assemblée, d'abord sombre et muette, était évidemment sous l'impression d'un grave événement. Mais de quel côté devait tourner la chance? Lequel des deux partis devait l'emporter? Il eût été difficile de le prévoir. L'un et l'autre craignaient beaucoup plus qu'ils n'espéraient; mais pour tous les deux il s'agissait de vaincre ou de mourir. Je vois encore les chefs de parti se succéder à la tribune : Saint-Just, Tallien, Billaud-Varennes; je crois encore assister à ce moment critique, qui dura moins d'une heure peut-être, où la fortune se décida enfin pour les ennemis de Robespierre; je vois la foule des députés s'écrier, en agitant leurs chapeaux : « Non, non, la Convention ne sera pas faible et ne périra pas ! » Je vois Tallien, à la tribune, exhiber un poignard et déclarer qu'il l'a apporté dans le dessein d'en frapper Robespierre, si l'Assemblée ne le décrète d'arrestation. Robespierre, livide de colère, veut parler à son tour; mais les cris : *A bas le tyran ! à bas le tyran !* font trembler les voûtes de la salle. J'entends encore Garnier (de l'Aube) lui crier, à un moment où l'émotion le faisait hésiter : « Arrête, scélérat! c'est le sang de Danton qui te monte à la gorge et qui t'étouffe ! » Je vois le tyran pâlir, et enfin Lanchet s'écrier : « Il faut en finir : l'accusation contre Robespierre ! » L'Assemblée presque entière se lève et vote l'arrestation.

Seul, peut-être, parmi les nombreux témoins de cet

événement, je reportais ma pensée plus haut que le tourbillon où s'agitaient les passions humaines. Un vif sentiment de foi me saisit à ce moment, et l'enthousiasme tout humain que cette victoire sur le tyran excitait dans l'Assemblée et dans la population de Paris, se traduisit pour moi en une émotion religieuse d'une puissance indéfinissable. Je sentis alors, comme jamais peut-être, l'action de la Providence sur les hommes, et j'adorai, dans le secret de mon cœur, la Suprême Justice, qui sait ainsi punir les passions par leurs résultats, et le crime par ses excès. En voyant tomber en un instant cette sanguinaire idole, renversée par ses anciens complices, trahie par ses propres amis, je répétai, en levant les yeux au ciel : *Vous êtes juste, Seigneur, et votre jugement est rempli d'équité* (1).

L'histoire a décrit la confusion qui suivit cette orageuse séance ; comment la Commune vint à bout de délivrer les condamnés ; comment la population armée des sections, flottante, incertaine, hésitait entre le pouvoir qui triomphait et celui qui succombait : moment d'étonnante indécision, qui remit encore une fois tout en question, et qui eût suffi à Robespierre pour se relever plus fort que jamais, si ce monstre eût eu une autre audace que celle du rhéteur. On peut dire que Paris était une mer sous le coup de l'orage, avec ses moments de calme trompeur, puis le choc furieux de ses vagues tour à tour refoulant et refoulées. Je vis, dans une

---

(1) *Justus es, Domine, et rectum judicium tuum.* (Ps. 118.)
(*Note de l'Éditeur.*)

heure, vingt avis divers arriver dans notre caserne : tout était perdu, tout était sauvé !

Horrible chaos de l'émeute ! La dernière charretée de victimes n'en alla pas moins à l'échafaud. Le bruit de la chute du tyran s'étant répandu, la foule, lassée de voir couler le sang, voulait délivrer ces victimes. Henriot, furieux, à demi ivre, ordonne qu'on continue la marche, et la guillotine fonctionna comme à l'ordinaire. Une demi-heure plus tard, ces malheureux étaient sauvés.

Mais jamais peut-être un intervalle plus court ne sépara les bourreaux des victimes. Le lendemain, les deux Robespierre, Couthon, Lebas, Saint-Just, et d'autres encore, montaient à l'échafaud ; il n'y manquait pas même ces juges si tristement fameux, Dumas, Coffinhal, dont les cruels arrêts avaient fait tomber tant de têtes. Ordonnateurs et exécuteurs, ils succédaient, à moins de vingt-quatre heures de distance, à leurs dernières victimes.

Je vis passer ce convoi. Las d'une représentation qui se donnait tous les jours, le peuple avait fini par ne plus assister aux exécutions. La guillotine travaillait dans la solitude. Mais ce jour-là, la foule fut immense : les rues, les fenêtres, la place de la Révolution, étaient jonchées de monde. Dieu seul sait combien de cris de malédiction furent lancés à la tête des condamnés. On était surtout avide de voir Robespierre : aussi les bourreaux le montrèrent-ils à la foule sur l'échafaud. Un cri d'horreur s'éleva lorsqu'on lui arracha le bandeau qui lui liait la mâchoire, qu'il s'était traversée d'un coup de pistolet. A chaque descente du couperet qui abattait ces têtes exécrées, un immense applaudissement se faisait entendre. Hélas! et un grand nombre de ces mêmes spectateurs avaient applaudi à la chute des victimes avant d'applaudir à celle des bourreaux!

Quinze jours après, je reçus enfin une lettre de ma sœur Elisabeth, qui m'annonçait le retour de mon père au sein de sa famille. La joie que j'en ressentis est une des plus douces que j'aie jamais goûtées.

Le Seigneur avait donc exaucé nos prières, et le bonheur pouvait luire encore pour nous.

XXIII.

Victoires.

Suffisamment rétabli, je reçus au milieu du mois d'août l'ordre de rejoindre le corps du général Schérer, à la tête de quelques recrues et d'un petit nombre de soldats, revenus, comme moi, de la Vendée. Partout nos armées avaient repris l'offensive, et presque partout la victoire avait couronné leurs efforts. Schérer assiégeait alors Valenciennes, qui se rendit le 29 août; un hasard singulier me permit ainsi de voir, à un an de distance, la même ville enlevée et rendue aux Français. Peu de jours après, Condé et le Quesnoy se rendirent également. L'ennemi était ainsi dépossédé de tous les Pays-Bas : la France était maîtresse de la Belgique jusqu'à la Meuse et Anvers. Le général Schérer envoya alors une de ses brigades à Pichegru, et rejoignit Jourdan avec le reste de sa division; ce qui porta à près de cent vingt mille hommes l'armée de Sambre-et-Meuse.

Le contre-coup des événements de Paris s'était fait sentir aux armées, et y avait rallumé l'enthousiasme. Le parti montagnard, qui jusqu'alors y exerçait la domination, étant tombé tout à coup, on n'y vit plus ces tiraillements occasionnés par les dissensions entre les généraux et les représentants ; il y eut plus d'entente dans le commandement, plus d'unité dans l'action ; et bientôt la victoire vint se ranger sous nos drapeaux. En revanche, la division et le découragement s'étaient mis parmi les alliés. Ainsi, tout favorisait ce magnifique élan militaire, auquel on dut une série de succès qui restera à jamais un des points les plus brillants de notre histoire. A la différence du temps où j'avais débuté dans la carrière, je trouvai dans nos soldats un courage calme et réfléchi. Au lieu de cet emportement fébrile qui se tournait aussitôt en frayeur si la victoire ne couronnait pas son premier effort, je voyais une bravoure ferme, sage et disciplinée. Il est vrai qu'au lieu des anciens *volontaires* et des bataillons d'Orléans ou de Paris, c'étaient de vieilles troupes rompues aux lois de la subordination et aux fatigues de la guerre. Il est vrai encore qu'en place des généraux timides ou inexpérimentés des premiers jours de la République, en place surtout de chefs improvisés, comme Rossignol ou Ronsin, nous avions des hommes d'une expérience et d'un talent consommés, comme Moreau, Jourdan, Pichegru, etc. Ainsi, la discipline, d'une part, et la confiance dans les chefs, de l'autre, avaient opéré un changement merveilleux dans le moral des troupes : présage assuré de la victoire.

Et ce qui rendait plus méritoire encore le dévouement de nos soldats, c'était l'abandon où on les laissait, au point de vue matériel. Jamais peut-être on ne vit des troupes plus braves et plus pauvres. La France, épuisée par l'armement subit de près de quinze cent mille hommes, ne pouvait plus fournir à leur entretien. C'était quelque chose de touchant que de voir ces armées victorieuses dénuées des choses les plus nécessaires à la vie. La plupart des soldats n'avaient pas de capotes, ni même de chaussures ; le reste de leurs vêtements usés n'étaient plus que des haillons. Faute de tentes pour camper, on se faisait des abris avec des branches d'arbres, contre la pluie ou le soleil. Souvent le pain manquait, et il n'était pas rare qu'après une marche forcée, le soldat fût privé de nourriture, ou n'eût qu'un quart de ration pour apaiser la faim qui le dévorait. Mais tout cela se supportait avec un admirable héroïsme. L'exemple des officiers encourageait le soldat. Nous aurions eu mauvaise grâce à nous plaindre, quand nous voyions nos capitaines, nos chefs de bataillon, aussi dénués que nous, marcher comme nous dans des boues affreuses, nu-pieds, sans vivres, sans argent, et privés même d'une tente pour s'abriter pendant la nuit. Et puis, la victoire était là pour soutenir le courage : la victoire, l'idole du soldat, le but de ses désirs, la récompense de ses peines, la consolation même de ses derniers instants. Que de fois j'ai vu des compagnons d'armes, frappés du coup mortel, recueillir leurs dernières forces pour s'informer du succès de la bataille, et s'endormir joyeux dans la pensée qu'une victoire de plus s'ajoutait à la couronne de la France ! Pauvres jeunes gens, qu'un enthousiasme sincère berçait dans leurs rêves ; mais qui oubliaient trop souvent, à l'heure suprême, que de stériles lauriers ne dispensent point de régler ses comptes avec Celui devant qui toute grandeur humaine est comme si elle n'était pas.

J'assistai au combat de Sprimont (18 septembre 1794); coup hardi, aussi habilement conçu que courageusement exécuté. Nous traversâmes un ruisseau serré entre deux bords escarpés, l'Ayvaille, ayant de l'eau jusqu'au cou. Nos généraux eux-mêmes nous donnèrent l'exemple. Je vis l'intrépide Marceau se jeter un des premiers à l'eau. Une artillerie formidable tonnait sur nous; et pourtant nous arrivâmes heureusement à bord, et, fondant avec impétuosité sur le général Latour, nous l'obligeâmes à quitter sa position, après lui avoir pris trente-six pièces de canon, et tué ou blessé quinze cents hommes. Ce fut la bataille de l'Ourthe. Douze jours après (1er octobre), réunis à Jourdan, et guidés par l'intrépide Schérer, nous passions la Roër, malgré ses bords escarpés; le lendemain, nous nous trouvions rassemblés au nombre de plus de cent mille hommes, la plus puissante armée que la République eût encore vue sur ses champs de bataille. Et quel enthousiasme que celui qui l'animait! C'était merveille que de voir ces jeunes soldats, infanterie et cavalerie, se jeter dans l'eau, et chasser l'ennemi, qui les attendait sur les bords. Mais ils avaient à leur tête des hommes comme Championnet, Lefèvre, Kléber, Marceau, Schérer. Et Jourdan animait tous ces braves de son courage et de son expérience. L'ennemi, placé sur les hauteurs autour de Dueren, faisait pleuvoir sur nous la mitraille et les boulets, par soixante bouches à feu; mais rien ne pouvait modérer l'ardeur de nos soldats : ce feu roulant semblait, au contraire, exciter leur courage. Pendant que les généraux Marceau, Lorges et Mayer font face au centre de l'ennemi, Kléber veut attaquer la droite et jeter un pont sur la Roër; mais le pont s'étant trouvé trop court, les soldats se précipitent dans la rivière; et, protégés par l'artillerie, balaient l'ennemi sur l'autre rive. Clerfayt, battu de toutes parts, se retire, laissant trois mille tués ou blessés et huit cents prisonniers. Le lendemain, nous entrions à Juliers; le 6 octobre, nous entrions à Cologne, le 29 à Bonn, et une partie de nos troupes allait assiéger Maëstricht.

Pendant ce temps-là, sur un autre point, Pichegru prenait Bois-le-Duc, le 10 octobre, faisait passer la Meuse, le 18 et le 19, à deux de ses divisions, lançait ses soldats dans des prairies submergées, où ils avaient de l'eau jusqu'aux épaules; et, malgré la fusillade et le feu de l'artillerie, ces braves s'emparaient de tous les ouvrages qui se trouvaient entre la Meuse et le Wahal, et s'avançaient jusque sous les murs de Nimègue. Moreau, à son tour, refoulait l'ennemi au delà du Wahal, et s'emparait de Wenloo; en sorte que le Rhin devenait notre limite. Aux Alpes, aux Pyrénées, nous nous relevions de nos échecs et reprenions partout l'offensive. Toutes ces victoires, tous ces succès, communiqués d'un corps d'armée à l'autre, doublaient partout l'enthousiasme : nos soldats commençaient par se croire invincibles.

Je dois le dire; cet élan guerrier m'avait aussi gagné. Je pris ma part de ces triomphes, et un peu de cette gloire militaire refluait sur mon âme, jusque-là insensible à l'éclat des lauriers. Un moment l'appât trompeur de l'ambition s'offrit à moi. Ce n'était plus à des Français, à des frères que j'avais à faire ; aussi ne m'épargnais-je pas, et je puis dire sans orgueil que je me montrai digne de mes généraux et de mes compagnons, dans ces jours de gloire et de péril. J'avais été fait sergent après le combat de la Roër. Oui, le petit grain d'ambition me montait à la tête ; je rêvai, ces jours-là, d'avancement, d'épaulettes, d'honneurs militaires ; l'imagination, cette fée puissante, m'ouvrait la carrière au large ; et mon âme goûta un moment cette joie du brave, que le succès anime et que la victoire appelle. Je me souviens que, prenant la plume pour écrire à mes parents, je me livrai sans résistance à l'élan du bonheur que le triomphe procure ; mes phrases respiraient une espèce d'ivresse, et laissaient percer la pensée que peut-être je ferais de l'art militaire ma carrière. Le fait n'échappa point à mon père, qui dit en souriant, comme on me l'a rapporté plus tard : Voilà notre Mathieu qui met son bonnet sur l'oreille : j'ai toujours remarqué qu'on perd la cervelle à mesure qu'on devient plus *crâne*. Ma mère pleura, dans la prévision qu'elle ne me reverrait plus, et dit tristement : Ah ! un champ d'orge ou de blé est encore plus beau qu'un champ de bataille.

Ils avaient raison tous les deux, les chers parents. Mais la réflexion ne tarda pas à me revenir ; quelques jours de repos me permirent de reporter ma pensée sur la patrie, et bientôt la vie des champs m'apparut ce qu'elle était, moins brillante, sans doute, que celle que je menais, mais cent fois plus douce et surtout plus utile. L'hiver approchait, et j'aimais à me transporter par la pensée dans notre chaumière, près du foyer, au milieu de ma famille, dans ces aimables soirées d'hiver qui formaient alors un des plus grands charmes de la vie du laboureur. Je voyais tout, j'entendais tout : c'était d'abord la lecture pieuse, puis les douces causeries, puis les légendes et les contes, puis surtout ces délicieuses rêveries où ma jeune âme aimait à se livrer, quand le vent mugissait au dehors, ou que l'écho lointain nous renvoyait les hurlements des loups. Que de fois, dans ces nuits humides et froides de Belgique ou de Hollande, j'enviai la douce chaleur de l'âtre paternel! Que de fois, pressé par la faim ou privé de vêtements, je convoitai le modeste repas de famille, ou les chauds habits filés et tissus par les mains de mes sœurs! Oh! alors, la gloire ne me séduisait plus, et je disais, comme ma mère, et à la même heure peut-être : Oui, un champ rempli de beaux épis est plus agréable à voir que ces champs mouillés de sang et jonchés de cadavres. Et puis la trompette sonnait, le tambour battait, on levait le camp, et nous allions, de bivouac en bivouac, de poste en poste, tenter de nouveaux hasards et remporter de nouveaux triomphes.

C'était, au fait, un étrange spectacle que celui que nous offrions aux villes conquises. A voir entrer dans Juliers, dans Wenloo, dans Bonn, dans Bois-le-Duc, dans Cologne, ces bandes déguenillées et rongées par la faim, les habitants de ces cités durent quelquefois croire à une vision. Je me rappelle qu'en entrant à Cologne, plus de la moitié de mon bataillon avait les pieds nus ; je n'avais pour ma part qu'un soulier. On s'entortillait alors les pieds d'un peu de paille ou d'un lambeau d'étoffe, et c'était en cet accoutrement qu'on entrait. Le reste était à l'avenant. Bien habile qui aurait pu reconnaître un capitaine, un colonel même sous une capote en joncs, ou sous une peau de brebis non tannée. On se demandait comment ces va-nu-pieds — c'était bien le cas de le dire — avaient pu triompher de ces belles et nombreuses armées d'Autrichiens, de Prussiens, d'Anglais, qu'on avait vues passer, un an auparavant, munies de toutes les ressources de la guerre et de toutes les aises de la vie ; comment ces généraux sans manteau et ces soldats sans capote avaient battu les Cobourg, les Yorck, les Latour, les Clerfayt, les premiers généraux de l'époque ; et la réponse était difficile pour qui n'avait pas lu dans le cœur de ces républicains tout ce que peut l'amour de la gloire et de la liberté.

XXIV.

Respect humain.

Une de mes jouissances alors était moins encore le plaisir de passer en vainqueur chez des vaincus, que d'y retrouver les exercices de mon culte. L'aspect de ces clochers, de ces belles églises, de ces grands monastères, réveillait en moi le sentiment religieux ; j'étais heureux de retrouver sur la terre étrangère le Dieu banni de ma patrie. Au moins l'on pouvait sans péril s'avouer chrétien ; nos généraux, quelque impies qu'ils fussent au fond, avaient ordinairement le bon esprit de ne pas inquiéter ceux d'entre nous qui donnaient des démonstrations religieuses. Ils fermaient les yeux, et c'était tout. Il n'en était pas de même des soldats et des officiers inférieurs, qui avaient l'œil ouvert sur nous, et poursuivaient par des sarcasmes et d'amères railleries les actes de religion qu'ils pouvaient surprendre. Cet obstacle ne m'arrêta jamais. Chaque fois que l'occasion s'en présenta, j'entrai à l'église, j'assistai au saint office, je reçus même les sacrements. Le Bon Dieu daigna même m'honorer d'une piété plus sensible dans beaucoup de ces circonstances. J'aimais à prier sous les voûtes de ces magnifiques églises de villes, ou de ces humbles temples de monastères ; l'éloignement de la patrie, le souvenir de ceux qui m'étaient chers, donnaient souvent à ma prière une onction pénétrante. Je versais des larmes, mais pleines de douceur.

J'eus la consolation de voir quelquefois autour de moi des compagnons d'armes donner aussi essor à leur foi, trop longtemps contrainte. Plus d'un surent braver avec moi les préjugés de l'époque ; mais c'était en secret, quand ils étaient sûrs de n'avoir pas de témoins. Je me souviens que nous étions un jour de dimanche à Cologne, que le général Clerfayt nous avait abandonné. Je n'eus rien de plus pressé que de chercher une église pour y entendre la messe. Les habitants de cette ville, une des plus religieuses du monde, n'avaient point suspendu les cérémonies du culte, malgré l'occupation des Français. Je suivis la foule avec quelques-uns de mes amis, et nous nous trouvâmes bientôt sous ce magnifique dôme, le plus beau chef-d'œuvre que la main de l'homme ait élevé à la gloire de Dieu. Je ne crois pas avoir éprouvé en ce genre une sensation plus vive que celle-là. Ce fut un moment d'enthousiasme, de délire qui nous saisit tous à la vue de ce temple, qui surpassait de si haut tout ce que nous avions vu dans ce genre. Ce n'était qu'un chœur pourtant, le sanctuaire d'un temple inachevé (1). Mais quel ravissant coup d'œil !

---

(1) J'ai appris depuis, par les journaux, que ce temple s'achève par souscription, et que l'Allemagne entière, le roi de

Quel aspect saisissant ! Mes compagnons et moi ne pûmes retenir un cri de surprise. Un prêtre montait à l'autel ; l'orgue résonnait sous la voûte, et tout ce peuple recueilli semblait oublier qu'il était au pouvoir de l'ennemi, pour se rappeler qu'il était en présence de son Dieu. Nous joignîmes nos prières aux siennes ; et je crus remarquer sur plus d'une figure une sorte d'étonnement : on ne reconnaissait plus dans ces soldats agenouillés les républicains impies dont la renommée avait dit tant de mal.

Mais ce fut là que je vis aussi la puissance du respect humain. Comme on était à l'élévation, le tambour se fit entendre sur la place. Un certain bruit de voix humaines résonna aussitôt sous la voûte de l'église, des rires même et, qui plus est, des cris et des blasphèmes. C'étaient quelques-uns de nos soldats que la curiosité avait attirés, et qui tenaient à honneur de montrer leur impiété. Ils parlaient haut, riaient aux éclats, juraient comme sur une place publique, et ils avaient tous gardé leurs chapeaux sur leurs têtes. Ils se mirent à parcourir l'église, poussant et insultant sans raison les personnes qui se trouvaient sur leur passage. L'office n'en continua pas moins ; et la voix du prêtre chantant le *Pater* se mêla aux clameurs de ces soldats impies. Je vis alors tous ceux qui m'avaient accompagné, et qui priaient tout à l'heure avec moi, quitter leurs places et se joindre à leurs camarades. Cet acte de lâ-

---

Prusse en tête, prend part à cette entreprise. J'applaudis à cette pensée, qui aura doté l'architecture catholique de son chef-d'œuvre.

cheté m'indigna. Je restai seul solide au poste, et courbai la tête un peu plus bas pour demander amèrement pardon, autant de l'insolente impiété de ceux-là que de la honteuse faiblesse de ceux-ci. Ces malheureux avaient reculé devant la crainte de passer pour bigots et superstitieux.

J'eus occasion de voir l'un d'eux dans la journée, celui de tous qui m'eût semblé le plus fort de caractère, le moins capable de trahir ainsi sa foi. Je lui fis des reproches sanglants. — Tu m'as étonné, lui dis-je, ou plutôt humilié. Je ne te croyais pas aussi vil, aussi faible. Tu as la foi : tu sais que Dieu, qui lit au fond des cœurs, reniera un jour à la face du Ciel celui qui l'aura renié à la face des hommes. Et pourtant, lâche serviteur, tu as rougi de ton Maître : quel jugement, quel sort as-tu droit d'attendre? Ton compte sera certainement plus sévère que celui même de ces stupides blasphémateurs, dont l'exemple t'a entraîné; car, dans leur ignoble impiété, dans leur crasse ignorance, ils ne savent ce qu'ils font... Et toi.... tu le savais trop bien. Et puis, il y a dans l'abandon d'un ami quelque chose de plus dur, de plus amer que dans les insultes mêmes d'un ennemi. Oui, Jésus-Christ souffrit plus de la trahison de Judas que des outrages de ses bourreaux. Quoi! si un chef exige un service, tu t'y prêtes sans répugnance : et tu refuses d'obéir, de rester, quand c'est un Dieu qui parle! Tu passerais pour un lâche si tu t'écartais seulement d'une semelle du poste qui te serait assigné; et tu crois pouvoir sans honte déserter l'autel, le temple où un Dieu t'appelle et meurt pour toi!

Je ne sais quelles excuses mon camarade balbutia. — Je te comprends, repris-je, tu as sacrifié au respect humain, à cette idole des lâches; tu as eu peur d'une raillerie. Au lieu de regarder en haut, tu as regardé en bas, autour de toi. Au-dessus de toi était un Dieu, autour de toi des hommes; tu as respecté ceux-ci, et méprisé celui-là : et quels hommes que ceux qui t'ont imposé! Des ivrognes, des athées, de vils libertins. Dans la conduite ordinaire de la vie, tu rougirais de leur ressembler. Mais pour ce qui regarde le service de Dieu, c'est-à-dire pour ce qu'il y a de plus noble, de plus sacré sur la terre, tu te mets à leur suite. Ils n'auraient pas obtenu de toi une démarche contraire à l'honneur, à l'éducation même; sans s'en donner la peine, ils te font renier ta conscience et ton Dieu; ils n'auraient pu faire de toi un malhonnête homme, ils en font un renégat. Va! c'est une tache éternelle sur ton front. — A cette verte apostrophe, le camarade ne dit mot.

C'est, en effet, ce qui m'a toujours frappé dans le respect humain : la bassesse de son origine, la honte de sa source. Si on se mettait toujours à la suite de gens honorables, de consciences élevées, je comprendrais qu'on se laissât séduire par l'entraînement de l'exemple. Mais les hommes dont on redoute l'opinion sont souvent ceux qu'au fond on méprise le plus. Pour tout ce qui tient aux choses de ce monde, on rougirait de les prendre pour conseils ou pour modèles; et dans ce qui regarde le service de Dieu, on tremble de leur déplaire, on craindrait de ne pas faire comme eux ! On se croit, partout ailleurs, leur égal ou au-dessus d'eux;

mais on leur sacrifie son Dieu ! Oh ! il y a là-dedans une petitesse, une lâcheté qu'aucun mot dans la langue ne saurait caractériser.

Dieu soit loué ! il avait mis dans mon âme je ne sais quelle force qui ne me permettait point de plier ainsi. Enfant du christianisme, je n'ai jamais rougi de ses pratiques. En arrivant au régiment, j'eus bien vite apprécié les hommes qui étaient au-dessus ou autour de moi. Des soldats sans éducation, me dis-je à moi-même, des officiers sans mœurs ; non, il n'y a pas là de quoi me faire baisser la tête. Des libertins, des ivrognes, des orgueilleux, des ignorants ne sont pas gens à me faire la loi. J'ai le front plus haut que tout cela. Ce n'est pas à des hommes d'un tel acabit que je sacrifierai ma foi, mon Dieu, ma paix intérieure, mon éternité. Je ne suis que le fils d'un laboureur ; mais ce laboureur a constamment servi le Seigneur ; je le servirai comme lui. La Révolution, dans toute sa puissance, n'a pu faire plier la conscience de ce vieillard ; il n'a pas même reculé devant la hache du bourreau : je ne reculerai pas plus que lui.

Telles sont les pensées qui m'ont soutenu tout le long de ma carrière militaire. Si, par hasard, ces lignes passaient sous les yeux d'un soldat, nous le prions de les lire attentivement et de les bien peser. A vous surtout, enfants des campagnes, qui formez presque toute l'armée, à vous l'honneur de relever le drapeau de la foi, trop longtemps méprisé du soldat. Vous avez tous puisé au foyer paternel l'instruction chrétienne ; vos parents ont eu à cœur de vous transmettre la foi qu'ils avaient reçue eux-mêmes de leurs aïeux : ne dégénérez pas. Songez qu'au-dessus de vos devoirs de soldat sont vos devoirs de chrétien, lesquels, du reste, ne se contredisent jamais; songez qu'au-dessus du jugement des hommes est le jugement de Dieu. N'ayez donc point honte de pratiquer au dehors ce que vous croyez au fond; regardez comme une lâcheté méprisable de n'oser, par respect humain, obéir à la voix de sa conscience.

Il est deux mots que Dieu avait unis et que l'homme ne devrait jamais séparer : Catholique et Français !

XXV.

La Hollande.

Les grands fleuves commencent par de petits ruisseaux : souvent les grands hommes ont d'obscurs commencements.

Ce mouvement terrible qu'on appelait la Révolution avait produit, sans s'en douter, la main qui devait la dompter et l'enrayer dans sa marche. Le propre des extrêmes est de produire les extrêmes opposés ; une licence sans bornes devait provoquer un despotisme sans limites.

En août 1793, Toulon s'était livré aux Anglais. Sur les ordres de la Convention, les représentants Ricord et Robespierre le jeune détachent une brigade de l'armée d'Italie pour reprendre cette place. Le peintre Cartaux la commandait ; un jeune Corse, capitaine au 4e d'artillerie à pied, nommé chef de bataillon, avait été envoyé de Paris pour servir sous ses ordres et commander l'artillerie, en remplacement du général Dammartin, malade. C'est le comité de Salut Public qui a fait ce choix. Le siége n'était point sans difficulté ; car des forts entourent la ville, et quinze mille hommes de garnison, la plupart Espagnols et Anglais, la défendaient. Cartaux, d'abord désigné pour cette opération, est bientôt remplacé par le médecin Doppet, et Doppet lui-même par le brave Dugommier. On avait envoyé de Paris un plan d'attaque rédigé par le comité des fortifications : ce plan fut discuté dans le conseil de guerre. Le jeune officier dont nous parlons osa proposer une modification. Son idée consistait à s'emparer des forts Balaguier et l'Eguillette, et à y établir deux batteries pour foudroyer la grande et la petite rades, qu'occupaient les flottes ennemies. Il avait prévu qu'une fois maître de ces points, on empêcherait l'armée de mer de communiquer avec l'armée de terre. La précision de ses vues, la force de ses raisons, la netteté de son langage, convainquirent le conseil. Il fut chargé lui-même de conduire l'opération ; à force de vigilance et de courage, il la fit réussir. Les Anglais évacuèrent le fort appelé le *Petit-Gibraltar*, à la suite d'un engagement où leur général O'Hara fut blessé et pris. Ce succès décida de la prise de la ville, que les étrangers abandonnèrent lâchement, après avoir incendié l'arsenal, les chantiers et même une partie de la flotte. Le 19 décembre, l'armée républicaine entrait dans Toulon.

Or, ce jeune officier était Buonaparte. Son brevet de capitaine fut, dit-on, le dernier que signa Louis XVI. Après avoir hésité un moment, il s'était attaché à la cause de la Révolution, et se battit pour elle en Corse contre Paoli et les Anglais. Doué d'une intelligence rapide, d'une grande activité, il avait la passion de la guerre ; on raconte de lui qu'il couchait à côté de ses canons. De la Corse, il se rendit à l'armée d'Italie, et trouva ainsi, dans le siége de Toulon, l'occasion de révéler son talent. Mais nul ne pouvait pressentir encore, sous ces modestes épaulettes, le futur dominateur de l'Europe.

En juillet de l'année suivante, on aurait pu revoir le même officier déjà assez puissant pour combiner et faire agréer un vaste plan d'occupation de l'Italie. Il s'agissait de réunir les deux corps d'armée qui portaient le nom des Alpes et de l'Italie, et d'envahir le Piémont. On voit déjà percer l'idée d'agir par masses et de prendre l'offensive, qui fut la base de tout le système militaire de Buonaparte. Robespierre le jeune comprit la valeur de ce plan, et l'agréa. Il était alors en mission à l'armée d'Italie. Non-seulement il l'agréa, mais il le fit accepter au comité de Salut Public. On allait donc se mettre en devoir de l'exécuter, lorsque la révolution du 9 Thermidor suspendit toutes les opérations.

Ainsi avait débuté l'homme qui devait un jour tuer la République, asservir la France et faire trembler l'Europe.

En attendant, une expédition se préparait contre la Hollande, par l'ordre du comité de Salut Public. Déjà les échecs subis par les coalisés leur avaient ouvert les yeux. La Prusse, l'Espagne, la Hollande surtout, lassées d'une guerre chaque jour plus désastreuse pour elles, avaient fait faire des propositions de paix. Pour la dernière de ces contrées, le comité les rejeta. On croyait savoir que l'autorité du Stathouder était odieuse, et que le peuple, fâché qu'on eût étouffé la révolution de 1787, verrait avec plaisir arriver les Français. Sur ces données, Carnot opina pour que l'on fît une tentative de ce côté, et Pichegru reçut l'ordre d'envahir la Hollande.

Une partie du corps d'armée de Jourdan fut détachée pour renforcer celui de Pichegru, et je me trouvai ainsi transporté sur ce nouveau théâtre d'action. Il serait difficile de trouver dans l'histoire une conquête plus rapide et plus merveilleuse. L'ennemi, il est vrai, n'usa point de toutes ses ressources, de celle surtout qui pouvait, dans cette rude saison, arrêter nos armées, ou les détruire si elles avaient eu la témérité d'avancer. Je veux parler de la submersion des terres. Chacun sait que le sol de la Hollande, inférieur au niveau de la mer et des fleuves et rivières qui la parcourent, n'est garanti de l'inondation qu'à l'aide de digues puissantes, lesquelles, une fois rompues, transformeraient toute la contrée en un lac immense. Ce moyen extrême, on l'eût sans doute employé, si le peuple l'eût permis. Mais les Hollandais ne voulurent point consentir à se détruire eux-mêmes, pour empêcher un envahissement qu'ils voyaient sans peine.

Maëstricht, Nimègue (8 novembre), étaient tombés en notre pouvoir. Après un court repos, l'armée bloque Bréda et Grave, et s'empare de l'île de Bommel. Pénétrer plus avant, dans cette rude saison, eût paru une imprudence; aussi songeait-on à prendre ses quartiers d'hiver, quand un heureux hasard vint aplanir la difficulté. Un froid vif et subit se déclara; bientôt le Wahal ne forma plus qu'une croûte solide de glace. Pichegru profite de cette circonstance pour faire passer son armée. Le général Walmoden se replie sur l'Issel. Sa retraite découvre la province d'Utrecht et la Gueldre, qui sont aussitôt envahies par les Français. Grave, presque réduit en cendres, se rend. Le 17 janvier, on entre à Utrecht et à Arnheim. La municipalité d'Amsterdam envoie alors des députés pour faire sa soumission : nous y sommes reçus aux cris de *Vivent les Français ! Vive la République!* Je me trouvais dans le premier corps qui y fit son entrée, et je fus témoin de ces acclamations de joie ; mais je crus remarquer que là, comme ailleurs, c'était le bas-fond de la population qui applaudissait. Sans doute, le Stathouder était peu aimé ; l'Angleterre et la Prusse étaient odieuses peut-être, mais la partie saine de la population sentait pourtant que quelques inconvénients inséparables de tout gouvernement étaient encore bien préférables au joug de l'étranger. L'élément révolutionnaire qui couvait dans ces riches et industrieuses provinces, et qui y avait été jusque-là dans une infime minorité, avait pris tout à coup, aux approches des Français, un immense développement. Les sociétés secrètes lancèrent leurs adeptes dans les rues ; les comités révolutionnaires, organisés d'avance, se mirent à l'œuvre, et quand nous entrâmes, il arriva ce qui arrive toujours : les criards firent du bruit, et passèrent pour la population entière.

La capitale une fois au pouvoir de l'armée française, le reste du royaume n'offrit aucune résistance. Gertruydemberg, la Haye, Dordrecht, Rotterdam, ouvrirent leurs portes. Alors se passa un fait unique dans l'histoire. Une partie de la flotte hollandaise restait prise dans les glaces du Zuyderzée. Pichegru envoie de l'artillerie et de la cavalerie pour la prendre ; et l'on vit des hussards, se précipitant au galop sur cette mer de cristal, faire le siége de ces navires, et les prendre comme des citadelles.

Nous trouvâmes enfin dans les villes les subsistances et les vêtements qui nous étaient depuis si longtemps nécessaires. Le dénuement où nous étions alors ne saurait s'exprimer. On peut deviner quelle souffrance c'était pour nous de marcher nu-pieds dans ces boues ou sur ces glaces, de subir sans capotes, sans habits, un hiver assez rigoureux pour geler la mer et les fleuves. On n'entendait cependant aucune plainte parmi les soldats. Une résignation incroyable aidait à supporter ces misères ; et la victoire surtout, la victoire avec son prestige, semblait compenser surabondamment toutes les privations. Le reste de l'hiver se passa dans une abondance relative : nous avions des maisons pour nous loger, des vêtements pour nous couvrir. Ici encore on dut admirer le soldat français. Il semblait qu'après tant de misères, si généreusement supportées, son premier besoin dût être de se précipiter à la curée. Il n'en fut rien. Les généraux ayant défendu le pillage et la violence, chacun attendit paisiblement qu'on vînt fournir à ses besoins. Je me souviens qu'après notre entrée à Amsterdam, nous restâmes plus de six heures sur les places publiques, gelés jusqu'aux os, nos armes en faisceaux, avant d'obtenir une ration et des billets de logement. Du reste, les municipalités mirent tout l'empressement possible à fournir les réquisitions qui leur étaient demandées.

On s'occupa ensuite d'organiser révolutionnairement la Hollande, devenue province française. Je ne puis entrer dans le détail des modifications que l'on fit subir à la constitution de ce pays. Notre titre de vainqueurs nous mettait en position de nous immiscer plus ou moins dans l'administration, et ce fut une occasion pour quelques-uns de nos soldats, mis hors de service par la fatigue ou leurs blessures, d'occuper des postes sédentaires et lucratifs. Un certain nombre d'entre eux se fixèrent là, et y firent fortune. Cette tentation s'offrit aussi à moi. Un commissaire des guerres, qui me voulait du bien, me proposa de m'attacher à son administration. Il avait été, me disait-il, frappé des rapports qu'on lui avait faits sur ma fidélité aux principes religieux ; et comme il honorait et pratiquait lui-même la religion, il se faisait un devoir d'appeler autour de lui des hommes dont la foi garantît la probité. J'hésitai un moment ; la fortune s'offrait à mes yeux. Car, sans recourir aux moyens peu honorables qu'employèrent quelques-uns des nôtres, je pouvais, à raison de mes connaissances en denrées agricoles, et me posant comme fournisseur, faire d'assez jolis bénéfices. Je n'acceptai point pourtant. Je craignais de rencontrer là une raison de m'attacher à cette terre étrangère ; et l'image de la patrie se présentait à moi sous un aspect de plus en plus séduisant. De ces contrées humides et glacées, je me reportais souvent au climat plus doux de mon pays ; ce ciel gris et sombre me faisait soupirer après le ciel de ma patrie, assombri aussi, il est vrai, par la rude saison, mais consolé du moins par l'apparition de quelques rayons de soleil. La victoire même perdait pour moi ses charmes, puisqu'elle m'éloignait de ma terre natale ; et le spectacle de ces frères d'armes noyant dans les fumées de la bière et de l'eau-de-vie, ou dans d'autres voluptés plus honteuses, le souvenir de leurs fatigues, me faisait plus vivement désirer la paisible et innocente compagnie de mes parents et de mes amis d'enfance.

Vers ce temps, je reçus une lettre de celui de mes frères qui était soldat. Il appartenait à l'armée des Pyrénées, et là, comme chez nous, la victoire suivait nos drapeaux. Sous la conduite des Dagobert, des Dugommier, des Moncey, des Pérignon, ces braves soldats, non moins pauvres, mais non moins vaillants que nous, avaient enfin vaincu mille difficultés, et prenaient l'offensive. La lettre de mon frère était datée de Figuières, une des plus fortes places d'Europe, qui venait de se rendre aux Français. Ce qui me charma, ce fut moins le récit de ces victoires que l'expression des pieux sentiments de ce bon frère. Grâces au Ciel ! lui aussi était resté fidèle au Dieu de son berceau ; lui aussi, en vertu de cette puissante éducation de famille, avait tenu bon contre les dangers de sa situation. J'en versai devant Dieu des larmes de reconnaissance. Mais, comme moi aussi, le pauvre soldat soupirait après la patrie ; la gloire n'avait point le pouvoir de le fasciner, et il m'avouait ingénuement que tous les grades et tous les honneurs du monde lui semblaient bien au-dessous de la modeste existence dont nos parents nous avaient inspiré le goût.

Le commissaire des guerres ne m'avait point encore perdu de vue. Il obtint, à mon insu, que je fusse détaché de l'armée active, et attaché à l'administration des fourrages. Comme on parlait alors de paix, et que nous semblions n'avoir plus en perspective que l'assommant loisir de la caserne, cela diminua mes regrets. Tout en conservant mon grade de sergent, j'eus donc commission d'acheter des fourrages. Dans le désordre d'une administration naissante, à la faveur de la conquête, il était facile de réaliser de grands bénéfices. Mes collègues ne s'en firent faute. J'avais déjà ouï dire que d'étranges malversations se commettaient dans cette branche du service public; ma propre expérience me mit à même de m'en assurer. J'ai vu des trafics coupables, tranchons le mot, des vols manifestes s'exercer aux dépens du trésor. Des officiers s'entendaient avec les vendeurs, fraudaient sur le prix des marchandises, et amassaient en peu de temps de scandaleuses fortunes. Et ce qu'il y avait de plus triste, c'est que ces faits étaient connus, avérés, quelquefois même convenus d'inférieur à supérieur, et l'autorité affectait de fermer les yeux. — Nous sommes obligés de nous taire, et même de paraître n'y pas voir, me disait l'honorable commissaire. Va, mon ami, là où il n'y a pas de religion, la conscience n'est qu'un mot.

Je passai un an dans cette position, accablé de besogne, abreuvé de nombreux dégoûts de la part de mes collègues, qui voyaient dans ma conduite une condamnation de la leur. Je fus dénoncé plusieurs fois, à Paris, au comité des subsistances, notamment par deux employés de l'administration, dont les concussions trop évidentes avaient amené la destitution. Je me consolais de tous ces contre-temps par le témoignage de ma conscience et la prière. Toujours résigné à la volonté de Dieu, j'étais prêt à tout : à rester comme à sortir, à être humilié comme à être récompensé. L'honnête commissaire me soutenait aussi de son appui et de ses conseils. Son admirable intégrité encourageait la mienne. Mais le dégoût n'en subsistait pas moins au fond de mon âme, et je soupirais après le moment où je serais rendu à ma famille, ou tout au moins au service actif, plus conforme à mes goûts.

XXVI.

L'armée d'Italie.

Pendant ce temps-là (1795), de nouveaux événements se passaient à Paris. Cette cité populeuse et toujours inquiète avait gardé dans son sein toutes sortes d'éléments opposés, dont le mutuel contact ne pouvait manquer de faire éclore de nouvelles commotions. Une constitution nouvelle venait d'être votée : la Convention allait faire place à deux assemblées nouvelles, les *Cinq-Cents* et les *Anciens*. Un article par lequel la Convention décidait que les deux tiers du Corps Législatif seraient composés de ses membres devint l'occasion d'une violente opposition. L'opinion publique se soulevait contre la pensée de voir encore siéger dans les nouveaux conseils une si grande partie de cette sanguinaire Assemblée, qui avait couvert la France de deuil. Un parti nombreux se forma dans les Sections de Paris : il se composait de tous ceux que la Convention avait atteints de ses décrets, dans leur personne ou dans leur opinion : et, certes ! le nombre en était grand. L'opposition devint assez violente pour que l'on méditât une insurrection. La Convention, instruite de ce qui se passait, fit venir quelques troupes pour sa défense, et en confia le commandement à Barras. Celui-ci choisit pour son lieutenant l'officier dont nous parlions au commencement de notre précédent chapitre. Chargé d'un travail pour l'armement des côtes de la Méditerranée, et nommé général à cette occasion (février 1794), Buonaparte avait été destitué par le député Aubry, chargé du personnel de l'armée, et vivait à Paris dans un état voisin de l'indigence. L'entremise d'une femme qui jouait à cette époque un grand rôle, Mme Tallien, lui obtint une place à la direction des opérations militaires. Barras, qui avait apprécié son talent, fit approuver son choix par la Convention, et lui fournit ainsi une de ces rares occasions où le hasard procure la célébrité à quiconque est destiné à paraître sur la scène du monde.

Le nouveau général justifia le choix qu'on faisait de lui. Chacun connaît les détails de cette célèbre journée du 13 Vendémiaire, dans laquelle l'officier corse foudroya les Sections avec son artillerie, et balaya, en une heure et demie, les rues de Paris, encombrées de plus de trente mille insurgés. On eût pu, avec quelque attention, démêler, dans cette circonstance, le génie du futur maître de la France : son coup d'œil rapide, ses mesures décisives, son énergie d'action ; mais aussi cette inflexible rigueur qui ne voit que le but, et ne tient aucun compte des moyens. Les Français furent, ce jour-là, traités comme des Autrichiens ; on n'eût pas mieux pointé sur les plus grands ennemis de la France. En cela, sans doute, Buonaparte consultait son propre intérêt : son âme ardente étouffait dans la sphère obscure où on la condamnait à végéter ; la soif de la gloire et du bruit la tourmentait ; eh bien! la circonstance dont nous parlons entourait son nom de quelque éclat ; on commença dès lors à parler de lui.

L'ambition de Buonaparte avait été constamment tournée du côté de l'Italie. C'était la conquête de ce pays qu'il rêvait. Peut-être les succès de Jourdan et de Pichegru, sur le Rhin et dans la Hollande, avaient-ils excité son émulation. Depuis qu'il avait créé le plan d'invasion suspendu par le 9 thermidor, ce plan n'avait cessé de rouler dans sa tête. Il en parlait en toute occasion, au salon de Mme Tallien, comme dans les bureaux de la direction militaire, comme chez Barras. L'Italie, l'invasion de l'Italie, était le thème favori de ses discours. Il finit par fixer l'attention sur ce point, jusque-là que, quand les lignes des Apennins furent perdues sous Kellermann, on l'appela au Comité pour donner son avis.

Aux brillantes campagnes de l'année précédente avaient succédé des revers. Le désordre des finances, causé en partie par la chute des assignats, les divisions de l'Assemblée, le dénuement absolu dans lequel languissaient les troupes, avaient jeté le découragement parmi les soldats. On désertait à l'intérieur ; on se lassait de servir une patrie, ou plutôt un gouvernement qui ne savait ou ne pouvait pas même nourrir ses défenseurs. Le matériel et les munitions manquaient. L'impunité des premières désertions en provoqua de nouvelles : au point que les armées avaient diminué d'un quart. Au nord et à l'est, Pichegru, Jourdan, Moreau, ne pouvaient rien, faute de ressources matérielles. Le premier commandait l'armée du Rhin, le second celle de Sambre-et-Meuse, le troisième celle du Nord ; mais tous les trois languissaient dans une désespérante inaction. Les deux seules opérations importantes tentées alors, les siéges de Luxembourg et de Mayence, traînaient en longueur, faute de moyens pour les poursuivre; le découragement était partout.

Nous manquions aussi d'argent à Amsterdam. Chaque jour les rations diminuaient ; la cherté des grains, toujours croissante, laissait prévoir de grands embarras. Il est hors de doute que, si les alliés eussent su profiter des circonstances, ils auraient facilement réparé leurs pertes et chassé de la Hollande et de la Belgique des garnisons affamées et démoralisées. Mais la mésintelligence régnait parmi eux ; et puis, leurs ressources avaient été épuisées par les campagnes précédentes, et la terreur de nos armes les contenait, en même temps que nos doctrines pénétraient peu à peu dans les populations.

J'avais été envoyé à Paris par le commissaire des guerres, dans le but de solliciter l'attention du comité des subsistances sur l'état misérable de nos garnisons de Hollande. J'étais porteur d'un rapport détaillé sur ce point. J'arrivai peu après les événements du 13 vendémiaire. Le désordre et l'agitation étaient partout. Chaque jour, des nouvelles désastreuses arrivaient des armées ; la désertion des troupes et le défaut de ressources exposaient nos conquêtes. Les comités étaient assiégés de réclamations, en sorte que j'eus peine à parvenir jusqu'à eux. Dans les loisirs que me faisait cette inaction forcée, je me promenais dans Paris, j'étudiais les mouvements de cette mer onduleuse, agitée; j'assistais aux séances de la Convention. J'étais là quand on fit le rapport sur la journée du 13 vendémiaire, alors que l'Assemblée félicita Barras sur l'heureux succès de ses mesures, et que celui-ci eut la franchise de convenir qu'une portion de sa gloire devait être reportée sur son lieutenant. « C'est le général Buonaparte, dit-il, dont les dispositions » promptes et savantes ont sauvé cette enceinte. » Cet aveu honorable fut couvert d'applaudissements. Le commandement de l'armée de l'intérieur, déjà retiré à Menou avant la journée du 13, fut confirmé à Barras; et le commandement en second fut décerné à Buonaparte. L'étoile de l'officier corse commençait à luire.

Cette fois, la Convention se contenta de la victoire, et négligea la vengeance. Sans doute, elle était lasse de verser du sang; et, sur le point d'expirer, elle ne voulait point réveiller les haines qui l'avaient poursuivie. Il n'y eut donc de victimes parmi les insurgés que ceux que le canon avait abattus, hormis un jeune homme nommé Lafond, qui avait été un des chefs de l'insurrection. Il déjoua les efforts que l'on faisait pour le sauver, se déclara émigré, avoua sa rébellion, et porta sa tête sur l'échafaud. Mais les derniers jours de cette terrible Assemblée ne furent point sans tumulte; née d'un orage, elle devait périr dans l'orage. La Montagne, fortifiée par la journée du 13 vendémiaire, essaya de relever sa puissance; et, comme s'il était impossible d'effacer le cachet de sa naissance, jusqu'à la veille de se dissoudre, jusque dans les mesures de clémence qu'elle affectait, la régicide Assemblée montra encore ses dents de tigre. Elle décida, en effet, avant de se séparer :

L'exclusion de toutes fonctions civiles, municipales, législatives, judiciaires et militaires des émigrés et parents d'émigrés, jusqu'à la paix générale ;

La destitution de tous les officiers qui n'avaient pas servi pendant le régime révolutionnaire.

Elle vécut encore ainsi quelque temps, et fit enfin place, le 5 brumaire (27 octobre 1795), aux deux chambres qui devaient lui succéder, et à qui elle léguait les deux tiers de ses membres, et à peu près toutes ses passions.

Le mouvement que cette succession de pouvoirs causa dans toutes les administrations n'était pas propre à hâter l'issue de ma mission. Aussi fis-je encore d'inutiles efforts pour obtenir une réponse définitive, ou plutôt des secours réels. La détresse financière était extrême. On voyait seulement dans toute son étendue le déplorable résultat du papier-monnaie ; cette mesure, qui avait été, disait-on, le salut de la République, menaçait d'en devenir la ruine. Tous les jours la dépréciation des assignats augmentait ; et, tandis que le gouvernement, par une échelle de proportion, avait essayé de fixer leur taux au cinquième de leur valeur primitive, dans les relations usuelles de la vie ils n'en avaient pas le cent cinquantième. Cette énorme disproportion jetait une perturbation affreuse dans tous les genres de commerce. Il avait été décrété que l'Etat percevrait la moitié des impôts en numéraire, et l'autre moitié en nature. Or, ce numéraire c'étaient des assignats, que l'Etat était obligé de recevoir pour la valeur qu'il avait lui-même fixée, et qui était fort au-dessous de l'estimation commune ; en sorte que ce qu'il recevait pour cent cinquante francs en valait cinq. D'un autre côté, les denrées qu'il percevait, ne pouvant être dirigées sur les armées, faute de moyens de transport, restaient dans les magasins et pourrissaient. Ajoutez à cela les successions d'agents, les malversations des uns, l'inexpérience des autres, la mauvaise volonté de ceux-ci, le zèle outré de ceux-là, et vous aurez quelque idée du désordre qui régnait en ce moment. Les choses allèrent au point que tous les services étaient menacés d'interruption, et que les maîtres de poste, en particulier, déclarèrent qu'ils se retireraient, si on continuait à les payer en assignats.

Pour comble d'ennui, j'appris que le commissaire des guerres qui me protégeait venait d'être destitué. On le trouvait sans doute trop mitigé. On avait, d'ailleurs, pris à tâche de détruire tout l'ouvrage d'Aubry. Cet événement acheva de me dégoûter de ma position, et je demandai à rentrer dans le service actif. Quinze jours après, je recevais l'ordre de partir pour l'armée d'Italie.

Là, comme ailleurs, on souffrait du désordre des affaires. L'armée des Pyrénées-Orientales, devenue inutile à cause de la paix faite avec l'Espagne, avait dû rejoindre celle des Alpes; mais le défaut de vivres et de souliers retarda singulièrement sa marche. Kellermann l'attendait pour tenter un coup décisif et reprendre le terrain qu'il avait perdu, quand il apprit qu'il était remplacé par Schérer. Par un singulier hasard, je me retrouvais ainsi sous le chef qui m'avait commandé en Hollande.

Le brave Schérer répondit à la confiance du gouvernement. Ayant donné sa droite à Augereau, son centre à Masséna, et sa gauche à Serrurier, il sut si bien combiner ses mouvements, qu'avec trente-six mille hommes il en battit quarante-cinq, les força partout à fuir en désordre, laissant plusieurs milliers de morts, cinq mille prisonniers, quarante pièces de canon et des magasins immenses. J'appartenais à la division d'Augereau. Nos soldats se battirent avec une ardeur et un ensemble merveilleux. Le général Roccavina nous retint longtemps autour d'un mamelon situé dans le bassin de Loano, et ne s'échappa qu'en faisant une trouée à travers une de nos brigades. Ces glorieuses opérations rétablirent les affaires, rendirent aux soldats leur confiance, et répandirent la joie à l'intérieur. Mais l'avantage le plus sensible pour l'armée, ce fut de lui procurer enfin l'espoir d'obtenir dans cette terre si riche ce dont elle avait le plus besoin : des vêtements, des souliers et des vivres. Il n'en fut rien pourtant; sauf quelques rares accidents, la misère continua. Les habitants riches s'enfuyaient dans les villes, emportant avec eux leurs trésors. Ceux qui étaient obligés de rester à la campagne cachaient ce qu'ils avaient de plus précieux, et enfouissaient même leurs provisions, pour les soustraire à nos mains. Le hasard seul ou la surprise pouvaient nous procurer quelques ressources.

Là, je vis encore se reproduire le désordre dont j'avais déjà été plus d'une fois témoin : nos soldats noyaient dans la débauche leurs trop longues privations, dès que l'occasion s'en présentait. J'en vis plus d'un périr victimes de ces transitions subites. Après avoir longtemps manqué de pain, on se gorgeait de vin et de viande ; et, dès le lendemain, quelquefois dès le jour même, la maladie ou la mort expiait ces imprudences. Je me souvenais alors de cette parole de saint Paul, que notre vieux curé aimait tant à citer : *La piété est bonne à tout* (1) : non-seulement elle pourvoit aux intérêts de l'éternité, les seuls solides, les seuls véritables ; mais, en maintenant dans de justes limites les appétits et les instincts, elle veille encore à la conservation de la santé. Je dus à ma foi le bonheur de me conserver sain de corps et d'esprit.

Je ne puis m'empêcher de mentionner ici un trait particulier, où j'ai toujours reconnu l'intervention de la Providence. Notre bataillon avait pris ses cantonnements à Loano et à Melagno. J'étais avec quelques camarades dans une ferme dont les habitants avaient fui devant nous. On se mit à piller la maison et à faire bombance. Je me souviens que ce jour-là était jour de jeûne. Certes, je pouvais me croire dispensé de cette loi de l'Eglise ; mais, la veille de Noël, il me sembla que c'était le moins d'offrir quelques mortifications au Dieu qui daigna naître pour nous dans une étable. Je refusai donc de manger et de boire, et la raison n'en échappa

---

(1) II Tim., IV, 8.

peut-être point à mes camarades, qui m'accablèrent à l'envi de leurs railleries. Je tins bon. Le contraste de leur conduite avec le bienfait que nous procura cette nuit immortelle me saisissait vivement. Peu d'heures après, ils furent tous pris d'horribles tranchées. Cinq d'entre eux expirèrent; trois gardèrent l'hôpital pendant un mois. On supposa que le vin avait été empoisonné; et ce n'est pas invraisemblable, d'après le caractère connu des Italiens. Mais une bonne pensée m'avait préservé d'un affreux malheur. Oui, oui, la piété est bonne à tout, même chez le soldat.

XXVII.

Défense des faibles.

Au printemps suivant, le Directoire destitua Schérer, à qui il reprochait de n'avoir point su profiter de la victoire de Loano, et le remplaça par le général Buonaparte. Celui-ci n'avait cessé de rebattre son thème sur l'occupation de la Lombardie, prétendant que le meilleur moyen de réduire l'Autriche était de lui enlever le plus beau fleuron de sa couronne. Il avait ainsi convaincu le Directoire, qui le fit passer du commandement de l'armée de l'intérieur à celui de l'armée d'Italie. L'ambitieux général était enfin parvenu à son but. Il annonça en partant que dans un mois il serait à Milan ou à Paris.

Ce fut le 26 mars 1796 qu'il arriva à Nice, et commença cette immortelle campagne qui éleva si haut sa gloire. L'armée d'Italie pouvait se monter à vingt-cinq ou trente mille hommes, tous anciens soldats, tous aguerris, mais obsédés par la misère. Après quelques jours d'abondance, nous étions retombés dans le dénuement. Les vivres nous manquaient, nos habits étaient usés, et je me souviens que les souliers que j'avais apportés de Paris n'avaient plus qu'un reste d'empeigne. Pour se procurer de quoi vivre, on était réduit à marauder; chacun allait à tour piller et rançonner les villages et les fermes. Mais les précautions prises par les habitants rendaient souvent ces courses infructueuses. Alors la colère, excitée par la faim, portait quelquefois nos soldats à des actions coupables. Des attentats odieux sur les femmes, des assassinats sans but souillaient trop souvent ces malheureuses expéditions. Mon grade de sergent me plaçait naturellement à la tête de ces équipées, et j'eus le bonheur d'arrêter souvent des déprédations inutiles et d'empêcher des actions criminelles.

Oh! je voudrais avoir une voix de tonnerre pour maudire ce funeste côté de la guerre! La victoire, si elle répond à quelques nobles instincts de l'homme, éveille en même temps ses plus honteuses passions. J'ai vu d'abominables excès; et quel soldat n'en a vu comme moi! Je l'avoue ingénuement : la fougue qui emporte le soldat sur le champ de bataille se comprend et s'excuse. Là, une sorte de vertige s'empare de lui; il a affaire à des hommes, et ne risque rien moins que sa vie. Et puis, l'odeur de la poudre, le bruit du canon, l'entraînement général, la difficulté même du succès, tout contribue à l'exciter, à le jeter hors de lui. Rien d'étonnant alors qu'il outrepasse quelquefois la mesure. Il n'est plus en état de calculer ses coups. Mais, après la victoire, à sang-froid et de propos délibéré, s'attaquer à des êtres sans défense, à des femmes, et blesser à leur égard les lois les plus sacrées de l'honneur et de la pudeur : oh ! voilà qui me semble indigne d'un soldat chrétien. Et que de fois pourtant ces attentats se commirent ! Que de fois encore ils se commettront ! Cela semblait tout simple, tout naturel, à l'époque dont je parle ; et j'ai vu plus d'une fois des soldats ébahis ouvrir de grands yeux quand je déclarais que je leur défendais de tels crimes sous des peines sévères.

C'est un des plus doux souvenirs de ma vie d'avoir épargné à mes subordonnés plus d'un de ces misérables forfaits. Puisse le Seigneur se rappeler un jour que si jamais j'ai eu l'ambition d'un grade élevé, c'était uniquement pour pouvoir mieux m'opposer à d'infâmes violences ! Puisse-t-il se souvenir que le pauvre sergent de l'armée d'Italie, qui supportait sans se plaindre la faim, le dénuement, la soif, les railleries, la calomnie, les passe-droits les plus visibles, ne se fâcha que pour sauver à quelques femmes leur honneur, ou protéger l'enfance et la vieillesse ! Oh ! alors, mais alors seulement, la colère me montait à la figure ; et l'homme que la plus grande misère avait trouvé insensible et résigné, retrouvait la fureur et la force du lion pour couvrir de sa protection des êtres faibles et exposés à de honteuses brutalités ! Puissent quelques-unes de ces victimes sauvées avoir répandu pour moi quelques prières devant le Seigneur !

Une autre espèce d'êtres auxquels je ne refusai jamais mon appui, c'étaient les moines. L'Italie comptait alors de nombreux monastères. Chacun sait que nos soldats n'étaient pas dévots. Leurs chefs, pour la plupart voltairiens ou athées, affichaient le mépris, voire même la haine pour cette classe d'hommes, dont le plus grand tort était de représenter, dans sa plus pure expression, une religion qu'ils avaient abjurée, eux les serviteurs d'une république athée. Naturellement, les soldats pensaient comme les chefs. Aussi était-ce une bonne fortune, quand le hasard jetait sur notre chemin quelques-uns de ces asiles sacrés de la prière et de la vertu : chacun sollicitait l'avantage d'aller rendre visite aux *têtes pelées*, comme on les appelait ; sûr de n'y point rencontrer de résistance, et d'y trouver quelques provisions. Moi-même aussi j'étais jaloux de ces sortes d'expéditions, mais dans un autre sens ; et plus d'une fois encore je regrettai de n'avoir point un plus haut grade, pour m'en attribuer à moi-même la direction.

Que le Ciel pardonne à la France les horreurs que ses fils d'alors y commirent ! J'ai vu des prêtres injuriés, mutilés, égorgés, sans aucun prétexte, sans autre raison que celle-là : ils étaient moines ! J'ai vu les sanctuaires profanés. J'ai vu des chevaux manger sur l'autel. J'ai vu... ma plume se refuse à retracer cet affreux souvenir... j'ai vu le plus saint de nos sacrements, l'adorable Eucharistie, livrée à la profanation, puis jetée aux animaux... Tirons un voile sur ces horreurs !

Ah ! que mon cœur saigna de fois, dans ces jours néfastes ! Si, souvent, ma foi fit ma consolation, je puis dire qu'elle fit aussi mon tourment. Le jour, la nuit, ces cruels souvenirs m'obsédaient, et je demandais à Dieu pourquoi son tonnerre n'écrasait pas ces infâmes profanateurs. Du reste, pour être moins éclatante, la punition n'en fut pas moins exacte à venir. J'ai suivi de l'œil les auteurs de ces sacriléges, et je n'en ai pas vu un seul réussir. La plupart périrent misérablement. En dehors même des maux de la guerre, Dieu sut leur faire un lot à part. Sa juste colère les poursuivit en détail et dans l'ombre; et si j'avais le temps de raconter simplement l'histoire de plus d'un d'entre eux, le lecteur le plus incrédule serait forcé d'y reconnaître le doigt de Dieu.

Un jour j'étais *de maraude*; c'était le mot convenu. Notre bataillon avait fait un mouvement vers Gênes, et ce pays, déjà dévasté quelques mois auparavant par les troupes du général Kellermann, se trouvait dépouillé et hors d'état de suffire à nos besoins. On fut obligé de se diviser par groupes, et d'aller chercher sa vie. A la tête de vingt hommes, je m'enfonçai dans une vallée abrupte, où il n'y avait d'autres habitations que quelques chaumières semées sur les flancs des rochers. On nous avait indiqué un couvent dans le fond. Nous y arrivâmes, après des peines incroyables. C'étaient, je crois, des Camaldules, ordre voué à de rigoureuses pénitences. Nous les trouvâmes chantant l'office. Malgré toutes les précautions que j'avais prises, mes hommes, pressés par la faim, se répandirent dans le monastère, après en avoir forcé la porte. Les bons religieux, isolés du monde, ne savaient ce qui s'y passait, et j'ai appris de l'un d'eux que le bruit de la Révolution française n'était pas même encore parvenu à leurs oreilles. Grande fut donc leur surprise en entendant les cris des soldats. Le portier courut avertir ses frères de l'envahissement du monastère par une bande armée; mais les pieux solitaires n'en furent point émus. M'étant placé à la porte de la chapelle pour empêcher qu'elle ne fût profanée, je voyais ce qui s'y passait. Eh bien! le chant continua. Le supérieur seul se détacha de la troupe, et vint demander de quoi il s'agissait. Quelques soldats, qui savaient l'italien, lui dirent qu'il fallait des vivres ou le sang de ses religieux. L'aspect de ce vieillard me frappa de respect. Il leva les yeux au ciel, puis inclina la tête et soupira; je compris qu'il avait fait à Dieu son sacrifice. Il nous conduisit aussitôt dans l'office, où nous trouvâmes pour toutes provisions quelques miches de pain noir, de la *polenta* et des légumes. Mais une si chétive pitance ne répondait ni aux besoins ni aux espérances de nos soldats. La plupart d'entre eux ne connaissaient guère les couvents que par ce qu'ils en avaient ouï dire; et l'on sait qu'à cette époque, grâce aux calomnies de l'école philosophique, on se figurait les monastères comme des maisons d'abondance, et des repaires de paresse et de débauche. *Du vin! du vin!* criait-on de toutes parts. Le bon religieux leur répondit que les moines ne buvaient que de l'eau. *De la viande! de la viande!* acclamait-on de toutes parts. Il fit signe qu'au monastère on n'en mangeait jamais. Les soldats crurent qu'il voulait les tromper. L'un d'eux tira son sabre, et fit mine d'en percer le vieillard, s'il n'accédait à leur demande; celui-ci répondit, sans s'émouvoir, qu'on pouvait le tuer, si on le jugeait à propos, mais qu'on ne pouvait le forcer à donner ce qu'il n'avait pas. La colère des soldats fut alors à son comble. Ils se répandent dans les cellules, dans les greniers, dans les caves, brisant, saccageant, et surtout fouillant et scrutant partout : ils ne trouvèrent rien de plus que ce que leur avait offert le saint religieux. Hélas! j'avais beau crier, défendre ces dévastations inutiles; tous fermèrent l'oreille à ma voix. Pendant ce temps-là, j'entendais les chants des moines retentir dans l'église; et ce contraste de soldats blasphémant, et de religieux louant Dieu, offrait quelque chose de saisissant qui me perçait le cœur. Voyant tous mes efforts inutiles, et ne doutant point que la fureur de mes gens ne se tournât contre les habitants, après avoir saccagé la demeure, je fis signe au Père de rentrer à la chapelle, et, m'y étant agenouillé moi-même un moment pour demander à Dieu la force dont j'avais besoin, je fis serment de mourir plutôt que de permettre qu'on outrageât le saint lieu, ou qu'on portât la main sur un de ces pieux solitaires.

Ce que j'avais prévu arriva. Mes hommes, furieux, se précipitèrent vers la chapelle, en criant : A la mort les moines! à la lanterne les têtes pelées! — Holà! hé! amis, m'écriai-je, en tirant mon sabre et en me mettant en travers de la porte; vous n'entrerez ici qu'en passant sur le corps de votre sergent. J'avais de vous une tout autre idée : je vous croyais généreux et braves : vous n'êtes que des lâches. Oui, des lâches, puisque vous vous acharnez sur des êtres inoffensifs et désarmés; oui, des lâches qui versez à plaisir et sans péril un sang innocent. Quelque étouffée qu'elle puisse être, la foi chrétienne vit encore dans vos cœurs. Eh bien! elle vous dit que porter la main sur les prêtres du Seigneur, c'est commettre un sacrilége, un attentat doublement odieux devant Dieu. Si vous avez la lâcheté de commettre ce crime, soyez sûrs que la Justice Divine ne le laissera point impuni. En tout cas, vous ne le commettrez qu'après en avoir commis un autre. Tuez donc d'abord votre sergent, et... faites ensuite ce que vous voudrez.

J'en rends grâces à Dieu ; il voulut bien donner à mes paroles l'efficacité désirable. Les soldats se retirèrent sans mot dire : ma fermeté leur avait imposé. Un d'entre eux osa bien encore parler d'incendie ; mais je vis ses propres camarades s'opposer à son dessein. Je fus même assez heureux pour les déterminer à se transporter dans une chaumière abandonnée, pour y manger les vivres que le religieux leur avait livrés, plus le chien et le chat de la maison, qu'ils avaient tués : ce fut la seule viande qu'ils trouvèrent dans ces lieux déserts.

Je ne saurais exprimer la reconnaissance que me témoignèrent les bons religieux, lorsque, sortis de l'office, ils connurent le danger qu'ils avaient couru. J'étais resté au monastère. Un des Pères savait le français, et nous entrâmes en conversation. J'appris de lui qu'il était originaire des environs de Grenoble, et que, pressé dès le bas âge du désir de se donner à Dieu, il était venu dans ces sauvages contrées embrasser l'ordre le plus sévère qu'il connût. Il manifesta le plus grand étonnement à tout ce que je lui dis de la France, et je vis les larmes couler de ses yeux, quand je lui racontai comment la religion y était persécutée. Il me parla ensuite du bonheur qu'il goûtait au sein de la solitude, et il y avait tant de conviction dans sa parole que l'onction gagnait mon cœur. Le dirai-je même? il parut attristé de ce que nos soldats n'avaient pas exécuté leur projet : avouant naïvement qu'il aurait éprouvé une grande joie à mourir pour Jésus-Christ, au pied de son autel. Je le priai d'entendre ma confession : il s'y prêta volontiers. Je trouvai en lui ce goût de piété, et, si j'ose ainsi parler, ce fumet particulier aux âmes formées dans la solitude. Sa parole était vraiment douce comme le miel. Il ressortait de son maintien, de son langage, de sa physionomie, de tout son être enfin une telle satisfaction, que son image est restée en moi comme le type de l'homme heureux. Il me donna d'excellents conseils, me prédit que j'échapperais aux périls de la guerre, et que je coulerais une vie paisible au sein de ma patrie. J'aurais mieux aimé l'entendre dire que je partagerais avec lui le bonheur du cloître.

Comme j'allais quitter le monastère, les religieux se réunirent encore autour de moi pour m'exprimer leur gratitude. Tous vinrent me prendre la main, qu'ils baisèrent, moins le Français, qui m'embrassa étroitement. J'étais à peine à quelques pas du couvent, que j'entendis résonner des chants sous la voûte de l'église : c'était le *Te Deum*, qu'on chantait en actions de grâces du bienfait qu'on venait de recevoir.

Bons religieux, vos prières m'ont sans doute bien dédommagé de ce que j'ai fait pour vous. Il m'a semblé plus d'une fois sentir leur bienfaisante influence. En tout cas, le souvenir des quelques heures que j'ai passées près de vous est resté un des plus doux de ma vie.

XXVIII.

Buonaparte.

Avec l'homme qui était à notre tête, il n'était pas possible de rester en repos. Il venait remplacer de vieux généraux, avec lesquels le soldat était habitué à combattre ; il était jeune, petit de taille, jusque-là inconnu des armées ; ce qui ne laissait pas que de jeter sur lui une certaine défaveur. La première fois que je le vis, son regard d'aigle, la pureté de ses traits, son ton bref et décidé, me frappèrent. Un grand nombre de mes compagnons d'armes éprouvèrent la même impression : on semblait déjà sentir cette sorte de prestige qui s'attacha désormais à sa personne. Il devait en coûter à de vieux généraux comme Kellermann, Laharpe, Joubert, d'obéir à un supérieur de vingt-sept ans, qu'une idée heureuse au siége de Toulon et un massacre au 13 vendémiaire avaient seuls placé au-dessus d'eux. Mais je crois que ces braves ne furent pas longtemps en face de ce nouveau venu sans reconnaître la supériorité de son génie. Buonaparte arrivait avec un plan depuis longtemps mûri, et une volonté puissante pour l'exécuter. Les moyens seuls semblaient lui manquer : car il n'avait que trente-six mille hommes, sans souliers, sans vivres ; point de magasins, point d'argent, point de places fortes ; une artillerie sans chevaux, et presque sans munitions. Mais c'est le propre des hommes de génie de ne pas désespérer ; et ce qui distingue l'esprit supérieur du vulgaire, c'est moins peut-être la conception, que la conscience de soi, la sécurité et la certitude du succès.

Le premier acte de Buonaparte fut une proclamation à l'armée, et cette proclamation me sembla un chef-d'œuvre. Tout pauvre paysan que j'étais, je ne pus me défendre d'une sorte d'admiration en lisant ces phrases brèves, nettes, énergiques, bien différentes du verbiage révolutionnaire et absurde, que nous étions habitués à entendre. Je l'ai tant lue et relue que je la sais par cœur, et je retrouve encore en la transcrivant une partie des sentiments qui m'animèrent, quand je l'entendis pour la première fois :

« Soldats, vous êtes mal nourris et presque nus. Le gouvernement vous doit beaucoup, mais ne peut rien vous donner. Votre patience, votre courage, vous honorent, mais ne vous procurent ni avantage ni gloire. Je vais vous conduire dans les plus fertiles plaines du monde ; vous y trouverez de grandes villes, de riches provinces ; vous y trouverez honneurs, gloire et richesses. Soldats d'Italie, manqueriez-vous de courage ? »

Il y avait là-dedans une habile flatterie qui allait au cœur du soldat, et en même temps un sentiment de compassion sur ses misères, qui ne le touchait pas moins. On admirait surtout ce ton décidé : *Je vais vous conduire*, comme s'il se fût agi pour un propriétaire de mener sa compagnie dans ses salons ou ses jardins. — Ah! ah! disaient les vieux soldats en secouant la tête, voilà ce que c'est que ces jeunes gens; il n'y a rien d'impossible pour eux. Croit-il donc, ce *blanc-bec*, que parce qu'il n'a pas encore vingt-sept ans, les montagnes s'abaisseront devant lui? Croit-il si aisé d'arriver dans ces plaines, que Kellermann, Schérer, Masséna, Joubert, Augereau, Laharpe, n'ont pu atteindre?

Et pourtant le général de vingt-sept ans tint parole. Je ne saurais entrer dans le détail des opérations qu'il sut si habilement combiner, des marches hardies, rapides, qu'il nous fit faire; il faudrait pour cela plus de science que je n'en ai, et plus d'espace que je n'en veux occuper. Je me contente de dire que le 12 avril (23 germinal) nous battions d'Argenteau à Montenotte et lui enlevions deux mille prisonniers; que le 14, nous battions d'une part le général Provera à Millesimo, et d'autre part les corps nombreux d'Autrichiens concentrés à Dego, lesquels nous laissèrent une partie de leur artillerie et quatre mille prisonniers; que le 21 nous gagnions la bataille de Mondovi sur le général Colli, qui nous laissait trois mille morts ou prisonniers; et que le 28 on signait à Cherasco un armistice avec le roi de Piémont, à condition qu'il nous livrerait trois places fortes, Coni, Tortone et Alexandrie, avec tous leurs magasins; que les routes du Piémont nous seraient ouvertes avec des étapes préparées, et enfin que l'armée piémontaise serait dispersée de manière à ne pouvoir nous nuire.

On devine aisément l'effet que ces victoires remportées coup sur coup produisirent sur l'âme des soldats. Dès le premier jour, Buonaparte avait acquis à leurs yeux les proportions d'un géant. Résumant lui-même la gloire de ces premiers jours, il leur adressait une nouvelle proclamation, à laquelle une certaine emphase et un ton oriental ne faisaient qu'ajouter un nouveau charme ; on y lisait :

« Soldats, vous avez remporté en quinze jours six victoires, pris vingt-un drapeaux, cinquante-cinq pièces de canon, plusieurs places fortes, et conquis la partie la plus riche du Piémont ; vous avez fait quinze mille prisonniers, tué ou blessé plus de dix mille hommes. Vous vous étiez jusqu'ici battus pour des rochers stériles, illustrés par votre courage, mais inutiles à la patrie ; vous égalez aujourd'hui, par vos services, l'armée de Hollande et du Rhin. Dénués de tout, vous avez suppléé à tout. Vous avez gagné des batailles sans canons, passé des rivières sans ponts, fait des marches forcées sans souliers, bivouaqué sans eau-de-vie et souvent sans pain. Les phalanges républicaines, les soldats de la liberté étaient seuls capables de souffrir ce que vous avez souffert : grâces vous en soient rendues, soldats ! La patrie reconnaissante vous devra sa prospérité ; et si, vainqueurs de Toulon, vous présageâtes l'immortelle campagne de 93, vos victoires actuelles en présagent une plus belle encore. Les deux armées qui naguère vous attaquaient avec audace fuient épouvantées devant vous ; les hommes pervers qui riaient de votre misère et se réjouissaient dans leur pensée des triomphes de vos ennemis sont confondus et tremblants. Mais, soldats, vous n'avez rien fait, puisqu'il vous reste à faire. Ni Turin, ni Milan, ne sont à vous : les cendres des vainqueurs de Tarquin sont encore foulées par les assassins de Basseville !... On dit qu'il en est parmi vous dont le courage mollit, qui préféreraient retourner sur les sommets de l'Apennin et des Alpes ! Non, je ne puis le croire. Les vainqueurs de Montenotte, de Millesimo, de Dego, de Mondovi, brûlent de porter au loin la gloire du peuple français. Tous veulent humilier ces rois orgueilleux qui osaient méditer de vous donner des fers ; tous veulent dicter une paix glorieuse et qui indemnise la patrie des sacrifices immenses qu'elle a faits ; tous veulent, en rentrant dans leurs villages, pouvoir dire avec fierté : « J'étais de l'armée conquérante d'Italie... »

Je ne sais si c'était par l'effet de ce langage, mais le goût de la gloire militaire vint encore une fois effleurer mon âme. Il me semblait beau de triompher ainsi des ennemis et des obstacles de la nature. Le génie militaire m'apparaissait dans sa nue et belle simplicité ; en analysant, à l'aide de mon expérience, ce qui venait de se passer, je me disais : Ce jeune général a eu une idée fort simple : réunir ses forces pour accabler isolément les corps ennemis. C'était une idée bien simple, il est vrai ; mais il n'y a que le génie qui en conçoive de ce genre. L'auréole qui ceignait en ce moment ce front de vingt-sept ans brillait à mes yeux d'un éclat réel. Mais ce ne fut encore là qu'un éclair. Je me demandais quelle part la gloire de Dieu retirait de cette gloire humaine, et je la trouvais mince. Prises au point de vue de l'éternité, ces victoires si glorieuses ne m'apparaissaient plus que comme des points imperceptibles, bien au-dessous de la plus humble action faite pour le Seigneur.

Car ce nouveau général était comme tous les autres, sans culte et sans foi. C'était quelque chose de glacial et d'attristant pour moi, que cette atmosphère d'impiété dans laquelle j'étais obligé de vivre. Ces généraux, ces soldats se remuant, se battant, se transportant à marches forcées d'un point à un autre, c'étaient à mes yeux comme autant de spectres, suivant une faible lueur et fermant leurs yeux au soleil. Je me demandais ce que pèseraient dans la balance du Maître ces triomphes gâtés par l'orgueil. Ah! que les pauvres moines, que j'avais vus priant au fond de leur solitude, me paraissaient plus grands que ces généraux bouffis des fumées de la victoire!

Une autre chose aussi était propre à me dégoûter du service militaire: je veux parler de l'injustice visible dont j'étais la victime. Depuis trois ans j'étais soldat : partout et toujours j'avais fait mon devoir ; pas une seule fois je n'avais été surpris en faute ; je savais lire et écrire, chose assez rare alors. Et pourtant je n'étais que sergent! Et j'avais vu des hommes moins dévoués, moins réguliers, moins capables que moi, parvenir jusqu'au grade de capitaine! Il y avait là-dessous une raison qui ne pouvait longtemps m'échapper. Le secret était dans ces deux mots : *superstitieux, bigot!* Volontiers même passais-je pour *chouan*, pour *royaliste*. Cette opinion, accréditée sur mon compte dès le commencement de ma carrière, me suivit jusqu'au bout comme une flétrissure. Ces âmes desséchées par l'athéisme avaient conçu une sorte de dégoût, d'antipathie pour l'humble soldat resté fidèle à la foi de ses aïeux : à la foi qu'eux-mêmes avaient connue, mais dont le joug leur avait paru trop lourd. En Flandre, en Vendée, en Hollande, à Paris, en Italie, la note funeste s'était attachée comme un chancre à mes flancs. Je surpris dans la bouche de mon chef de bataillon, après la bataille de Mondovi, la raison de cette dépression dans laquelle on cherchait à me tenir : en parcourant les notes envoyées sur mon compte, il lut tout bas, mais assez haut pour que je l'entendisse : *Charrue (Mathieu), brave, mais superstitieux; attaché à la ci-devant religion romaine; de plus, suspecté de royalisme; sujet dangereux : à surveiller.*

Merci! bonne République, du glorieux jugement que vous portâtes sur mon compte. Je n'en ai jamais rougi. Il est des injures qui valent des éloges.

Je baissai la tête sous le coup de cette humiliation. Elle fut d'abord bien sensible à la nature : je ne saurais dissimuler que quand je voyais passer rapidement au-dessus de moi des hommes que j'avais vus mes inférieurs, et qui, s'ils étaient mes égaux en courage, ne l'étaient point en subordination et en instruction, mon âme se trouvait blessée au vif. Une fois — mais c'est la seule, et j'en demande encore pardon à Dieu — cette pensée m'arracha des larmes. Mais bientôt la résignation reprit le dessus ; je compris qu'il y avait là-dessous une action providentielle; que Dieu voulait m'éprouver, comme il éprouve tous ses élus ; et que, s'il ne permettait point que le succès vînt couronner mes efforts, c'était pour m'épargner la tentation de m'attacher à une vocation qui n'était pas la mienne.

Depuis plus de cinquante ans ces événements sont passés. Pas une seule fois je n'y ai songé sans bénir la Providence.

XXIX.

L'Italie.

Les succès obtenus en Piémont n'étaient point de nature à arrêter la marche de Buonaparte. Après le traité signé à Cherasco, et en attendant les ordres du Directoire, il songea immédiatement à réaliser l'idée qui le préoccupait : chasser les Autrichiens de l'Italie. Il écrivait au Directoire : «... Je marche demain sur Beaulieu; je l'oblige à repasser le Pô. Je le passe immédiatement après ; je m'empare de toute la Lombardie, et, avant un mois, j'espère être sur les montagnes du Tyrol, et porter de concert la guerre dans la Bavière. Le projet est digne de vous, de l'armée et des destinées de la France... » Et il tenait parole. S'attachant à la poursuite de chaque corps de l'armée ennemie, il bat d'abord à Fombio la division Liptai, et lui fait deux mille prisonniers; le même jour, il repousse victorieusement une attaque du général en chef. Beaulieu se rejette sur Lodi. C'était là que nous devions franchir l'Adda. Buonaparte attaque d'abord la ville à l'improviste et s'en empare. C'était le 9 mai. Les Autrichiens sortent de

Lodi et se réunissent sur l'autre rive du fleuve, à l'entrée du pont. Jamais peut-être plus grandes difficultés ne se présentèrent pour le passage d'un fleuve. La rive était couverte au loin d'une foule de tirailleurs; et seize mille hommes, dont quatre mille de cavalerie, étaient massés pour défendre la tête du pont, avec vingt pièces de canon. Certes! tout autre eût reculé devant un pareil obstacle. Mais cette volonté de fer ne connaissait point d'obstacles : ou plutôt les obstacles ne faisaient que l'enflammer. Buonaparte sort d'abord de la ville, remonte le fleuve à travers une grêle de balles et de mitraille, pour trouver un gué où la cavalerie pût passer sans danger: puis il forme un corps de six mille grenadiers, et leur ordonne de traverser le pont à pas de course, et de fondre sur l'artillerie. Les braves obéissent. Dieu! quelle boucherie! Les vingt pièces de canon vomissent la mort, et abattent, sans exception, les premiers rangs. Un moment nous hésitâmes — car j'étais de cette affreuse corvée — mais nos généraux nous excitent et donnent l'exemple. Nous resserrons nos rangs, et nous nous précipitons avec une sorte de fureur sur les Autrichiens. Les canonniers sont hâchés sur leurs pièces. L'infanterie autrichienne accourt pour soutenir son artillerie; mais c'est en vain : les intrépides grenadiers l'enfoncent et la dispersent. Pendant ce temps-là, notre cavalerie, qui avait trouvé un gué, menaçait les flancs de l'ennemi, qui s'enfuit en désordre, et nous laisse près de trois mille prisonniers.

Ce trait d'audace, que le succès seul peut justifier, exalta jusqu'à l'enthousiasme le courage de nos soldats.

Le génie de leur chef avait compris que, par sa marche pressée, la colonne des grenadiers ne laisserait pas à l'artillerie ennemie le temps de faire beaucoup de ravages dans ses rangs. Il s'en fit pourtant : bien des hommes ne répondirent plus à l'appel. De pompeux rapports, dissimulant nos pertes, ne rendaient point la vie à ces braves, morts victimes de l'obéissance. Je les vis tomber comme des épis sous la faux, et ne dus moi-même la vie qu'à je ne sais quel hasard, ou plutôt à cette divine Providence, qui n'a cessé de me prodiguer les marques de sa protection. Au fond, cette victoire fut presque inutile. Le but de Buonaparte avait été de couper l'armée ennemie en séparant Beaulieu de ses deux divisions Colli et Wukassovich : il n'y réussit point ; car ces deux divisions avaient déjà gagné la chaussée de Brescia. Mais la terreur inspirée aux ennemis et la confiance inspirée à nos soldats étaient un double fruit qui semblait assez payer cette audacieuse victoire. La division Augereau, à laquelle j'appartenais, reçut ordre de rétrograder pour occuper Pavie, pendant que le général en chef entrait à Milan, le 15 mai, un mois après l'ouverture de la campagne.

Maîtresse des riches contrées qu'elle occupait, l'armée française vit enfin cesser son affreux dénuement. Nous commençâmes à avoir du pain et de la viande à discrétion ; nous pûmes surtout échanger nos guenilles contre des habits neufs. Nos malades trouvèrent des hôpitaux, des remèdes et des soins. Tous, enfin, nous respirions et espérions goûter un peu de repos.

Mais l'infatigable général était incapable de s'arrêter.

Pendant que le Directoire discutait, ou plutôt contrariait ses plans, qu'il trouvait trop hardis, lui songeait à prendre les devants et à courir sur Mantoue. C'était son idée fixe : chasser les Autrichiens de l'Italie. Il lança alors, pour réveiller le courage de ses soldats, que la mollesse gagnait, une de ces proclamations dont l'effet infaillible était d'allumer les têtes :

« Soldats, vous vous êtes précipités comme un torrent du haut de l'Apennin ; vous avez culbuté, dispersé tout ce qui s'opposait à votre marche... Milan est à vous, et le pavillon républicain flotte dans la Lombardie. Les ducs de Parme et de Modène ne doivent leur existence politique qu'à votre générosité. L'armée qui vous menaçait avec orgueil ne trouve plus de barrière qui la rassure contre votre courage ; le Pô, le Tessin, l'Adda, n'ont pu vous arrêter un seul jour ; ces boulevards tant vantés de l'Italie ont été insuffisants : vous les avez franchis aussi rapidement que l'Apennin. Tant de succès ont porté la joie dans le sein de la patrie ; vos représentants ont ordonné une fête dédiée à vos victoires, célébrée dans toutes les communes de la République. Là, vos pères, vos mères, vos épouses, vos amantes se réjouissent de vos succès, et se vantent avec orgueil de vous appartenir. Oui, soldats, vous avez beaucoup fait... Mais ne vous reste-t-il donc plus rien à faire ? Dira-t-on de nous que nous avons su vaincre, mais que nous n'avons pas su profiter de la victoire ? La postérité nous reprochera-t-elle d'avoir trouvé Capoue dans la Lombardie ? Mais je vous vois déjà courir aux armes... Eh bien ! partons ! Nous avons encore des marches forcées à faire, des ennemis à soumettre, des lauriers à cueillir, des injures à venger. Que ceux qui ont aiguisé les poignards de la guerre civile en France, qui ont lâchement assassiné nos ministres, incendié nos vaisseaux à Toulon, tremblent! L'heure de la vengeance a sonné. Mais que les peuples soient sans inquiétude ; nous sommes amis de tous les peuples, et plus particulièrement des descendants des Brutus, des Scipion et des grands hommes que nous avons pris pour modèles.... Le peuple français, libre, respecté du monde entier, donnera à l'Europe une paix glorieuse, qui l'indemnisera des sacrifices de toute espèce qu'il a faits depuis six ans. Vous rentrerez alors dans vos foyers, et vos concitoyens diront en vous montrant : *Il était de l'armée d'Italie!* »

Le soldat aspirait par tous les pores l'encens renfermé pour lui dans ces paroles. Il se voyait transformé en arbitre du monde. « Les ducs de Parme et de Modène ne doivent leur existence politique qu'à votre générosité. » C'était fier, mais c'était habile : le pauvre troupier, sans souliers et sans chemise, se trouvait ainsi faire et défaire des princes, accorder à des souverains le droit de vivre. Buonaparte élevait de cette manière le soldat à son niveau, parlait pour lui, lui communiquait sa propre gloire ; il s'identifiait, en quelque sorte, avec l'armée. C'est par là qu'il parvint à tendre et à soutenir si longtemps l'enthousiasme militaire des armées qu'il commanda.

La division Augereau n'avait fait qu'entrer à Pavie, et y avait laissé pour garnison quelques centaines de soldats blessés ou fatigués. Mais on avait trop compté sur la sympathie des masses italiennes. La vérité est que ce prétendu accueil fait aux Français n'était guère qu'une parade montée par les révolutionnaires du pays, et qu'au fond, l'Italie n'était pas beaucoup plus disposée à supporter le joug français que le joug autrichien. Buonaparte avait à peine quitté Milan, et Augereau Pavie, qu'une révolte éclata dans ces deux villes. Napoléon y accourut avec quelques soldats, et réduisit bientôt les paysans qui les défendaient. Les insurgés de Pavie avaient forcé, le pistolet sur la gorge, le général français Haquin à faire mettre bas les armes à ses soldats. Pour les effrayer, Buonaparte fit brûler un bourg nommé Binasco, placé un peu en avant de cette ville. Puis, étant entré, il permit à ses soldats trois heures de pillage. Que d'horreurs mes yeux virent encore dans cette triste circonstance! On s'attaqua surtout aux boutiques des horlogers, des joailliers, et au mont-de-piété, où étaient en dépôt une foule d'objets appartenant à toutes les classes de la société. Nos soldats se ruèrent avec une sorte de fureur sur tout ce qui flattait leur cupidité, et je dois ajouter, la honte au front, qu'ils ne respectèrent guère plus les personnes que les choses. On ne comprend guère une telle licence donnée à des soldats, sinon comme un appât jeté à leur ambition. Quelquefois le chasseur donne à la meute du pain trempé dans le sang du gibier.

La mitraille avait déjà bel et bien balayé les paysans qui bordaient le vieux mur dont Pavie était entourée, et la baïonnette en avait passablement enfilé dans les rues, où il nous fallut soutenir le combat. Mais cela ne suffit point : on lança les cavaliers à travers les campagnes, et une multitude de ces pauvres gens furent sabrés sans pitié. Cela me rappela les guerres de la Vendée. Au fond, qu'avaient fait ces paysans ? Ils avaient cherché à recouvrer leur indépendance; ils avaient fait un acte de patriotisme, dont l'histoire leur eût fait une couronne immortelle, s'ils eussent réussi. Ils manquèrent leur coup: ce ne fut plus que des rebelles. O équité des jugements humains !

Le général en chef reprit ensuite sa route vers l'armée, défit de nouveau les Autrichiens à Borghetto, et s'empara de ce lieu. Ce fut là que la cavalerie se battit pour la première fois, et elle fit des prodiges. Buonaparte avait compris la nécessité de créer, en quelque sorte, cette arme puissante, jusque-là presque inconnue dans les armées républicaines. Notre division fut chargée de poursuivre les restes des ennemis le long du Mincio. Peu de jours après, Venise envoyait des ambassadeurs pour demander qu'on respectât sa neutralité; mais Buonaparte, feignant de croire que cette neutralité avait déjà été violée par l'occupation de Peschiera par les Autrichiens (bien que cette ville eût été surprise par Beaulieu), se fâcha, demanda et obtint d'entrer à Vérone, et obligea les Vénitiens à nourrir son armée.

Notre division reçut ordre de passer le Pô à Borgo-Forte, et de marcher sur Bologne. Nous y entrâmes presque sans résistance, le 19 juin, le jour même où Buonaparte entrait à Modène. Bientôt celui-ci vint nous rejoindre, après avoir pris le fort d'Urbin sur sa route. Nous étions ainsi dans les Etats du pape. Je ne mis pas sans une sorte d'émotion le pied sur le domaine de cette puissance auguste que ma foi m'apprenait à respecter, et que les imprécations de nos soldats et la haine de nos chefs n'avaient pu m'apprendre à maudire. Pauvre et obscur soldat, peu initié à la politique, je n'en sentais pas moins quelle importance pouvait avoir la démarche que nous commencions. L'humiliation du Pape était un des plus ardents désirs du gouvernement de la République ; on ne lui pardonnait pas d'avoir condamné le schisme constitutionnel, c'est-à-dire d'avoir rempli le premier devoir de sa charge, en anathématisant un des plus grands égarements qui eût affligé l'Eglise. Etait-il possible au successeur de saint Pierre, au gardien de la vérité, de ne pas condamner ce qu'il y avait d'hérétique dans ce mouvement impie qu'on appelait la Révolution ? Mais l'orgueil de nos gouvernants athées s'en était irrité ; on avait juré de perdre le Pontife assez audacieux pour ne pas trouver bien la destruction du principe catholique. Dans toutes ses dépêches, le Directoire, par l'organe de Carnot, imposait à Buonaparte l'ordre d'aller châtier *l'assassin de Basseville*. C'était ainsi qu'on appelait le Pape, parce qu'un agent français de ce nom avait été assassiné à Rome. Comme si un souverain était responsable de tous les crimes qui se commettent dans ses Etats ! Comme si l'assassinat était chose si rare en Italie, qu'il fallût un ordre souverain pour l'inspirer !

Cette haine contre le Souverain Pontife trouvait un digne écho dans le sein du général de l'armée d'Italie. Incrédule et haineux, lui aussi avait soif de venger les *cendres des vainqueurs de Tarquin foulées par les assassins de Basseville* (1) ; lui aussi était pressé de *rétablir le Capitole*, d'y placer avec honneur les statues des héros qui le rendirent célèbre ; de réveiller le peuple romain, engourdi par plusieurs siècles d'esclavage (2). Mais la prudence l'avait empêché de satisfaire plus tôt ce désir de son cœur. Avant de s'engager dans les Etats du Pape et dans le royaume de Naples, désigné aussi au châtiment, il avait besoin d'assurer ses derrières, de conquérir une ligne forte sur laquelle il pût s'appuyer ; et c'est ce qu'il venait de faire en s'emparant de la ligne de l'Adige. Précaution d'autant plus nécessaire, qu'on annonçait l'approche d'une grande armée autrichienne par la Forêt-Noire, le Voralberg et le Tyrol.

Je réfléchissais alors à la singulière destinée du soldat : instrument aveugle des passions, de l'ambition, de la haine des autres, obligé de faire le mal qu'il réprouve, d'appuyer ce qu'il déteste, de combattre ce qu'il estime. Déjà, en Vendée, j'avais dû poursuivre des ennemis que je respectais, avec des compagnons d'armes qui ne m'inspiraient que du mépris. Moi, élevé dans l'amour de la religion et de la royauté, j'avais mission de combattre leurs partisans et d'aider à leurs ennemis. Aujourd'hui, je paraissais destiné à aller porter une main sacrilége sur la plus haute puissance qui existât pour moi sur la terre. Le Pape ! le chef visible de l'Eglise ! le successeur de Jésus-Christ ! le représentant

(1) Paroles de Buonaparte, dans une de ses proclamations à l'armée d'Italie.
(2) *Ibid.*

de la Divinité sur la terre!... tel était l'ennemi vers lequel allaient se diriger mes coups. « Quel rôle! me disais-je, quel étrange destin! Ah! qui eût dit, quand notre bon curé nous parlait en termes si magnifiques du Père des fidèles, du chef de l'Eglise universelle, et que nos jeunes têtes s'inclinaient devant ce nom vénéré... ah! qui eût dit que, dans son auditoire, se trouvait un enfant qui dût un jour marcher pour détrôner cette sublime puissance! et que cet enfant, ce futur ennemi du Pontife suprême était précisément celui qui écoutait avec le plus de respect ces éloges multipliés, et se sentait le plus dévoué à vivre et à mourir sous cette grande et douce autorité! » Ces réflexions me pénétrèrent vivement, quand, suivant ma coutume et bravant le respect humain, j'entrai dans cette magnifique cathédrale de Bologne, pour y offrir ma prière. Je protestai à Dieu, les larmes aux yeux, que j'obéissais à une pure nécessité, et que je désavouais d'avance tout ce que des circonstances impérieuses pourraient exiger de contraire à ma foi sur ce point.

J'ai déjà eu occasion de faire remarquer que l'impiété des chefs passait rapidement chez le soldat. Je ne le vis jamais mieux que dans cette circonstance. Bologne était une ville papale; cela suffit pour exalter à un point étrange la joie de nos soldats. Il n'est sorte de mots odieux, d'injures misérables qu'on ne vomît contre le vénérable Pie VI. La stupide impiété de la plupart de nos officiers, les intentions connues et les phrases mêmes du général en chef, ne stimulaient que trop l'ignoble et grossière pétulance du soldat. Pour achever de monter la tête du troupier, et détruire peut-être un reste de scrupule qui aurait pu subsister encore dans quelques âmes, on faisait courir mille calomnies sur le compte du Saint Père. On ne se contentait plus de l'appeler l'assassin de Basseville, de le peindre comme un tyran se baignant à plaisir dans le sang de ses sujets; mais on en faisait encore, tantôt un crétin niais et idiot, tantôt un libertin livré aux femmes perdues. Le Vatican s'appelait un sérail. On racontait mille anecdotes, plus absurdes les unes que les autres, où le Pontife jouait toujours un rôle déshonorant. Et c'était merveille de voir avec quelle facilité ces turpitudes étaient crues par l'imbécile soldat. Personne n'ignore, du reste, que nulle part les contes de ce genre ne sont plus aisément adoptés. Mais ce qui m'étonnait, ce qui me dépassait, c'était que tant d'hommes élevés dans les sentiments de la religion, en eussent si vite dépouillé jusqu'au dernier sentiment.

Les révolutionnaires de Bologne — et où n'y a-t-il pas des révolutionnaires? — avaient renouvelé la cérémonie d'usage à notre entrée. Les hommes perdus de mœurs ou de dettes, les grands seigneurs philosophes, les beaux esprits impies, et, par-dessus tout, la plèbe ennemie de toute autorité et avide de changements, s'étaient donné le mot pour fêter l'idée révolutionnaire, incarnée dans l'armée française. Il y eut des acclamations de triomphe, des feux de joie; on cria *Vive la République! Vivent les Français! A bas le Pape!* Mais c'était moins le souverain temporel qu'on haïssait (j'excepte quelques aristocrates, jaloux d'exercer le pouvoir), que le Souverain Pontife, le directeur des âmes, et, en sa personne, une religion dont on voulait secouer le joug. Le gouvernement du Pape était, sans contredit, le plus paternel de l'Europe; si on eût pu lui faire un reproche, c'eût été d'être trop indulgent, de trop relâcher les ressorts de l'autorité. Et comment en serait-il autrement ? « Le pape est toujours vieux, célibataire et prêtre : ce qui exclut, dit un grand écrivain, les quatre-vingt-dix-neuf centièmes des erreurs et des passions des hommes (1). »

Du reste, il est nécessaire de le répéter, quand tous les honnêtes gens se taisent, quelques coquins font bien du bruit. Il est aisé de prendre pour une ville deux ou trois cents braillards qui se multiplient par leurs cris ; mais, après tout, c'est une méprise. Et cette méprise, bien des historiens y sont tombés. J'ai lu plus d'une histoire de la Révolution, où l'on n'hésitait pas à affirmer que les diverses contrées d'Europe nous accueillirent avec enthousiasme. On l'a dit de Bologne en particulier. Je crois qu'on s'est trompé. J'ai pu voir, dans cette dernière ville surtout, quelle classe d'hommes nous faisait des acclamations si bruyantes, et je puis dire qu'elle se composait de gens dont la mine n'était pas rassurante. J'aurais été fâché d'en rencontrer de pareils au coin d'un bois.

L'expédition contre Rome se borna pour le moment à l'occupation de Bologne. Le Pape, ne pouvant résister au torrent qui le menaçait, envoya l'ambassadeur d'Es-

---

(1) DE MAISTRE, *Du Pape.*

pagne, d'Azara, pour négocier avec Buonaparte. Celui-ci, qui ne pouvait, pour le quart d'heure, aller plus loin, voulut bien faire la paix, mais non sans une forte rançon, que le Pontife consentit à payer. Nous eûmes ainsi quelques jours de repos, pendant que l'infatigable général, à la tête de la division Vaubois, se reportait sur Florence, surprenait Ancône, et s'assurait de toutes les puissances de l'Italie, pour se mieux disposer à tenir tête à la grande armée qui s'avançait.

Je profitai de mon séjour à Bologne pour donner libre cours à mes sentiments religieux, depuis si longtemps opprimés par la vie des camps. Comme le voyageur fatigué d'une longue route, mon âme avait besoin de calme pour se retremper dans la vie surnaturelle. Et nul pays n'est plus propre que l'Italie à réveiller la piété : les églises y sont si nombreuses et si belles ! les pratiques religieuses si populaires ! Bologne pouvait peut-être passer pour une ville révolutionnaire au jour où sa populace nous ouvrait ses portes ; mais on l'eût jugée différemment dans une de ses solennités religieuses, auxquelles il me fut donné d'assister. Je n'ai rien vu de beau comme une grand'messe à sa cathédrale, le jour de la Fête-Dieu. Ces voûtes admirables, ce son majestueux de l'orgue, cette harmonie des cantiques, ces milliers de bougies, ces ornements splendides des autels et des prêtres, et cette foule pressée et recueillie : tout était propre à exalter l'âme au plus haut degré possible. Je sentais que j'étais sur la terre natale du catholicisme, sous l'empire immédiat du vicaire de Jésus-Christ. J'eus aussi le plaisir de rencontrer là un prêtre français, proscrit par la Révolution : ce qui me procura le bonheur de pouvoir m'approcher des sacrements.

Je n'ignorais pas de quel œil de telles démarches étaient vues par nos officiers et nos soldats ; mais je n'en rabattis pas un *iota* de la sainte fierté qui m'animait. J'en rends grâces à Dieu : je ne sentis jamais moins fléchir mon courage. A mesure que j'avançais dans la carrière, je comprenais mieux qu'il est un Maître au-dessus de tous les maîtres, et qu'il est beau de ne s'humilier que devant lui. On ne m'avait point laissé ignorer que mon attachement à la religion était le principal obstacle à mon avancement. Ces considérations ne m'émurent pas. Je n'ai que faire, me disais-je à moi-même, de ces vaines distinctions, surtout s'il faut les acheter à un tel prix. La mort peut venir me frapper sur le champ de bataille : il me sera plus doux alors de paraître devant mon juge paré de mon inébranlable fidélité à son service, que couvert de lauriers et orné de l'épaulette. Fi d'une gloire qu'il faut acheter au détriment de sa conscience !

J'eus en cette circonstance occasion de discuter sur la confession, avec un de mes compagnons d'armes, sergent comme moi, et de tous, peut-être, le plus rapproché de ma manière de voir. C'était un second Roussel : honnête, brave, religieux même en un sens, mais rejetant toutes les pratiques extérieures du culte. En parcourant en amateur les églises de Bologne, à la suite de quelques savants que Buonaparte y avait laissés (1),

(1) Buonaparte, dans ses conventions avec les princes d'Italie, avait eu l'idée d'exiger un certain nombre de tableaux ou de

il m'aperçut sortant d'un confessionnal. Il profita de cette circonstance pour m'adresser les reproches les plus sévères. Il n'hésita pas même à me qualifier de lâche, et prétendit que je déshonorais mon habit. Là-dessus s'engagea une discussion fort longue que je ne saurais reproduire ici, mais dont j'indiquerai les points sommaires.

Je m'attachai à lui démontrer que le dogme de la pénitence est vieux comme le monde, puisque, dès que l'homme eut péché, il dut demander pardon de sa faute et en subir la peine. Je lui montrai la justice de Dieu châtiant tout le long des siècles les crimes des hommes, mais accordant toujours le pardon au repentir. Passant de là à la loi nouvelle, je prouvai que le Sauveur du monde, en élevant la pénitence au degré de sacrement, avait fait de la confession orale un de ses éléments essentiels. En effet, n'a-t-il pas dit à ses apôtres, et, en leur personne, à tous les prêtres : *Les péchés seront remis à ceux à qui vous les remettrez, et ils seront retenus à ceux à qui vous les retiendrez* [1]; et ailleurs : *Tout ce que vous lierez sur la terre sera lié dans le ciel, et tout ce que vous délierez sur la terre sera délié dans le ciel* [2]? Or, ce pouvoir de lier et de délier ne saurait s'exercer sans connaissance de cause, et cette

---

statues pris dans leurs musées; ainsi, outre 21 millions d'argent, des blés, des bestiaux, etc., le Pape devait encore lui livrer cent de ces objets d'art. Le Directoire envoya Monge, Berthollet et les frères Thouin pour les choisir.

[1] Joann., XX, 23.
[2] Matth., XVI, 16.

connaissance de cause ne peut s'obtenir que par l'aveu du pénitent. Comment, en effet, le prêtre connaîtrait-il des fautes qui se sont, pour la plupart, commises sans témoin, ou dans le secret du cœur? Comment apprécierait-il surtout le degré de perversité ou de bonne foi qui a accompagné l'acte, et qui en constitue la moralité? Donc, ou le divin Maître a dit des paroles sans portée — ce qui ne peut se proférer sans blasphème — ou il a exigé du coupable qu'il confessât ses fautes au prêtre.

Je fis voir, d'ailleurs, que cette obligation imposée à l'homme pécheur est parfaitement en rapport avec la nature même du mal. C'est l'*orgueil*, dit l'Esprit Saint, *qui est le principe de tout péché* (1). Or, s'il est juste que l'élément coupable soit le premier atteint, c'est d'abord l'orgueil qui doit porter la peine; c'est lui qui doit être humilié, écrasé, anéanti. Et quoi de plus propre à le confondre que cette nécessité où il est de se montrer lui-même dans sa nudité, de s'accuser de ce qu'il a fait, de dévoiler jusque dans ses derniers replis la profondeur de sa misère? Quoi de plus humiliant que de dire tout cela à un homme, faible et misérable comme nous, d'en entendre les reproches, d'en accepter l'arrêt? Je crois qu'à défaut de la Sagesse Divine, une bonne et sage philosophie aurait dû trouver ce secret. C'est un axiôme de tous les temps que l'on doit être puni par où l'on a péché.

Venant ensuite à la question de fait, j'exposai que la

---

(1) Eccli., x, 15.

confession orale est devenue une pratique universelle. Je fis ressortir ce qu'il y a d'imposant dans cet accord de tant de nations et de tant de siècles, sur un point d'ailleurs si délicat et si répugnant à la nature humaine. Je demandai par quelle absurde pensée l'homme qui aurait inventé la confession se serait avisé d'exiger un sacrifice si coûteux, si pénible, de ceux qu'il aurait voulu gagner à son symbole. Est-il d'usage qu'un imposteur qui cherche à se créer des partisans leur impose des pratiques répugnantes, odieuses? N'est-il pas plus naturel, au contraire, qu'il leur donne des licences, comme Luther, ou leur promette des voluptés, comme Mahomet? Il serait bien étrange que pendant dix-huit siècles des millions d'hommes, et d'hommes raisonnables, sensés, prudents, auxquels même on ne peut parfois refuser le talent et le génie, se fussent inclinés paisiblement sous ce joug, sans s'en demander raison ; que de vastes intelligences, comme saint Augustin, saint Thomas, Bossuet, saint Vincent de Paul, etc., ou même des guerriers comme Bayard, Sobieski, Luxembourg, Turenne, Catinat, etc., aient bonnement accepté une routine, un usage venu on ne sait de qui ni d'où. Il serait bien plus étrange encore que personne ne pût dire quel est l'homme qui a inventé cette singulière pratique, quel est le pays dont elle est originaire. En sorte que le monde se fût tout à coup trouvé envahi par un usage qui lui déplaît souverainement, sans qu'il sût d'où lui venait ce fléau de nouvelle espèce.

Je demandai en particulier à mon adversaire comment il se fait que, bon gré mal gré, la vertu se trouve ordinairement du côté de ceux qui se confessent, et le vice du côté opposé. Car, il est de notoriété que personne ne s'étonne de voir le voleur, l'adultère, l'ivrogne, l'orgueilleux, l'ambitieux, le rancunier, l'homme sans bonne foi, le banqueroutier frauduleux, le concussionnaire, etc., que personne, dis-je, ne s'étonne de voir tous ces gens-là ennemis de la confession, qu'on serait fort étonné, au contraire, qu'ils en usassent; tandis qu'on n'est point surpris de voir un jeune homme rangé, une jeune fille modeste, un ouvrier probe, un riche vertueux, fréquenter le confessionnal. Or, cette différence est décisive : il est naturel au vice de haïr le frein, et à la vertu de se l'imposer.

Je demandai surtout comment il se fait que de tous ceux qui ont aimé et pratiqué la confession pendant leur vie, aucun ne l'abandonne à la mort; tandis qu'un grand nombre de ceux qui l'ont raillée, repoussée, insultée pendant la vie, la réclament ou l'acceptent à l'heure suprême. N'y a-t-il pas dans ce fait, que chacun peut constater, un argument bien éloquent?

— Un lâche! repris-je en terminant cette longue discussion, un lâche! ô mon ami, garde cette injure pour meilleure occasion. Le lâche, c'est celui qui plie le genou devant plus faible que lui; le lâche, c'est celui qui sacrifie sa conscience pour ne pas déplaire à l'opinion. Regarde-moi : je ne suis qu'un homme pauvre et faible, le fils d'un modeste paysan; eh bien! la terre entière ne me ferait pas dévier du devoir que la loi de Dieu me trace. C'est en vain que l'on raille autour de moi la religion de mon berceau; en vain chefs et soldats dédaignent, méprisent ou persécutent ma croyance : cette croyance est gravée dans mon cœur, et elle n'en sortira pas. Ils sont sans doute bien grands et bien forts, ces généraux que la terre admire, et surtout celui qui vient de débuter par de si brillantes victoires ; mais leur exemple ne me fera pas plier. Ils ont le malheur d'être sans foi, et de servir un gouvernement athée ; je plains leur incrédulité, je ne l'imiterai pas. Tous les canons du pont de Lodi seraient là pour me détourner du devoir, que je les affronterais. Et ce n'est point en moi que je puise cette force : Dieu me la donne, et la décuplera encore, s'il en est besoin. N'essaie donc pas de me tourner en ridicule : tu n'y gagnerais rien. Je me suis confessé, je me confesserai encore ; je m'asseoirai demain même à la table sainte, et quand l'armée entière serait là, dirigeant sur moi un feu roulant de plaisanteries et de sarcasmes, je n'en reculerais pas d'une semelle. Toi, au contraire, bien que chrétien au fond, bien que pressé par ta conscience, tu n'oses pas, tu rougis, tu as peur. Ces yeux braqués sur toi sont comme des canons dirigés sur une place ; tu n'attends pas même qu'ils fassent feu : tu te rends. Une plaisanterie te fait reculer, ou plutôt t'empêche d'avancer. Tu trembles, et je suis ferme ; tu as peur, je ne crains rien ; un homme t'intimide, dix mille ne m'épouvantent pas ; tu t'inclines devant l'homme, je ne me courbe que devant Dieu : lequel de nous deux est le plus fort ? Lequel mérite le nom de lâche ?

J'attends encore la réponse de mon camarade.

XXX.

L'armée de Wurmser.

Cependant Wurmser approchait à la tête de soixante-dix mille hommes, contre nous qui n'en avions pas quarante. Les ennemis de la France en Italie reprenaient courage, et nous présageaient une défaite complète. Les puissances mêmes qui avaient conclu avec nous des armistices commençaient à s'agiter. Les Autrichiens avaient obtenu quelques succès; la position était critique. Pour la première fois, Buonaparte assembla ses officiers, et leur demanda conseil.

La division Augereau avait quitté Legnago pour se rapprocher du quartier-général, à Salo. Augereau, enfant des faubourgs de Paris, avait les passions plébéiennes de sa condition. Vif, bouillant, valeureux jusqu'à l'impétuosité, il possédait une sorte d'éloquence qui entraînait le soldat, et lui avait donné un certain ascendant sur les masses. Il ne dissimulait point sa haine pour Rome et le catholicisme; de tous les généraux d'Italie, il était le plus pressé de venger les prétendues injures faites par le Pape à la République. Le seul aussi du conseil de Buonaparte, il opina pour tenir tête à l'orage qui approchait, tandis que tous les autres pensaient qu'on devait songer à la retraite. Il leur semblait impossible que quarante mille hommes, déjà fatigués de la campagne, pussent résister à soixante-dix mille hommes de troupes fraîches, commandées par un général aussi habile que Wurmser. Mais le plan de Buonaparte était arrêté; s'il faisait mine de consulter, ce n'était que pour la forme, ou peut-être pour pêcher çà et là une idée qui pût affermir sa résolution.

Les Autrichiens avaient pris l'offensive (29 juillet), et leurs premières démarches avaient été autant de succès. Ils avaient repoussé de Salo le général Sauret, forcé le poste de Corona; puis, se portant d'une part sur Vérone, de l'autre sur Brescia, ils nous coupaient la route de Milan. Rivoli était aussi tombé en leur pouvoir, et ils se disposaient de tous côtés à passer l'Adige, dont Buonaparte avait formé sa ligne de défense. C'étaient les premiers revers qui venaient frapper le général en chef; son âme en fut un moment ébranlée; d'autant plus que tous les membres de son conseil, moins Augereau, estimaient qu'une prompte retraite était l'unique moyen de salut.

Mais c'est en ces circonstances que le génie paraît. Buonaparte puisa dans la difficulté même de sa position des inspirations soudaines, qui sauvèrent son armée et lui assurèrent l'Italie. Nulle part, peut-être, ce grand capitaine ne déploya plus de rapidité dans la marche, plus de sûreté de coup d'œil, plus d'étendue de combinaisons, que dans ces premières journées du mois d'août

1796, où, pressé par soixante mille hommes, il sut les empêcher de se réunir, les disperser, les surprendre, les battre, employer à leur égard toutes les ruses de la guerre, et leur faire des milliers de prisonniers. On peut dire qu'il se multiplia lui-même ; il sut surtout communiquer à ses généraux effrayés et à ses troupes fatiguées son ardeur, sa sécurité, et cette indomptable énergie qui assure les grands succès. Ces jours-là, l'âme de Buonaparte était passée dans l'armée. On a appelé victoires de Lonato et de Castiglione ces glorieuses batailles engagées, pour ainsi dire, sur quatre ou cinq points à la fois, mais dirigées par la même pensée et soutenues par le même coup d'œil. Partout nos soldats, inférieurs en nombre, firent des prodiges. Un volume suffirait à peine pour expliquer en détail les mouvements des deux armées. L'histoire s'est chargée de ce soin. Mais ce qu'elle ne saurait peindre, et ce que j'ai vu moi-même, c'est l'ardeur héroïque de nos troupes, c'est cet enthousiasme guerrier qui ne fut jamais porté à un plus haut degré qu'en cette mémorable circonstance.

La division Augereau y joua le plus grand rôle. Les hauteurs de Castiglione avaient été maladroitement abandonnées par le général Valette ; nous eûmes mission d'aller les reprendre. Le 3 août, un combat s'engagea et dura toute la journée. Un coup de feu me blessa au bras ; mais telle était l'ardeur qui m'animait, que je pris à peine le temps de passer mon mouchoir autour de ma blessure, et continuai à me battre. Plusieurs Autrichiens tombèrent sous mes coups. J'eus un instant l'honneur de combattre sous les yeux mêmes du général, et d'attirer son attention. Peut-être mon ardeur l'avait-elle frappé : car, sur le champ de bataille, il me demanda mon nom et me fit sergent-major. La division Liptai occupait les hauteurs que nous devions reprendre ; plusieurs fois culbutée, elle revint à la charge, et ce ne fut qu'après avoir repris et perdu à plusieurs reprises le terrain, qu'elle nous l'abandonna enfin, jonché de morts et de blessés. Quand le général en chef arriva, l'ennemi était de tous côtés en fuite.

Cette journée fut des plus glorieuses pour Augereau, qui y déploya tout à la fois la bravoure du soldat et l'habileté du capitaine. Quand, plus tard, Napoléon, l'élevant à la dignité de maréchal, lui donna le titre de duc de Castiglione, il ne fit que payer le dévouement qu'il avait montré dans cette circonstance et dans la journée suivante. Nous avions fait quinze cents prisonniers. Les divisions Liptai, Bagalitsch et Quasdanovitch étaient dispersées ; leurs débris s'étaient ralliés péniblement au corps d'armée de Wurmser, qui s'avançait avec quinze mille hommes dans les plaines de Castiglione. Napoléon, voulant en finir avec lui, déploya pour réunir ses troupes une activité telle, qu'il fit périr cinq chevaux sous lui. Il portait lui-même ses ordres, ne s'en fiant à personne du soin de presser les soldats et de les remplir de courage. Comme il se trouvait à Lonato, à la tête de mille hommes, un parlementaire autrichien se présente et le somme de se rendre à un corps de quatre mille soldats que le hasard avait ramené là. Buonaparte fait bander les yeux à l'envoyé, le conduit au milieu de son

état-major, qu'il avait fait monter à cheval, et lui dit :
« Vous êtes en présence du général en chef et de toute
» son armée. Allez dire à ceux qui vous envoient que je
» leur donne huit minutes pour se rendre, ou que je les
» ferai tous passer au fil de l'épée. » La colonne autrichienne met bas les armes : mille hommes en avaient fait quatre mille prisonniers.

Le 6 août, les deux armées se trouvant en présence, la bataille s'engagea. Notre division était au centre, celle de Masséna à gauche. La division Serrurier, commandée par Fiorella (Serrurier étant malade), avait reçu ordre d'attaquer par derrière. Cette manœuvre, bien préparée et bien conduite, jeta la surprise dans les rangs ennemis. Masséna et Augereau attendaient ce moment pour agir. Au premier signal, ils se précipitent avec impétuosité sur les colonnes autrichiennes et les enfoncent. Peu à peu elles cèdent le terrain, et l'ardeur de nos soldats redoublant, elles sont mises dans une déroute complète. En s'attachant à leur poursuite, l'armée française pouvait les acculer d'un seul trait jusque sur le Mincio. Mais, depuis six jours, nous nous battions presque continuellement ; nous dûmes prendre un peu de repos, et coucher sur le champ de bataille. Ce ne fut qu'une trêve d'une nuit. Le lendemain, notre division se portait sur le pont de Borghetto, y battait de nouveau l'ennemi et le forçait à la retraite, pendant que Masséna, culbutant encore une de ses divisions à Peschiera, lui prenait dix-huit canons et délivrait la ville. Ainsi, en peu de jours, une armée de trente-six mille hommes avait remporté cinq ou six victoires sur une armée de soixante mille, l'avait démontée et mise hors de combat, après lui avoir tué ou blessé sept ou huit mille hommes, et fait douze ou treize mille prisonniers.

Mais, trois semaines après, Wurmser reparaît à la tête de cinquante mille hommes, composés en partie de recrues autrichiennes et de Tyroliens. Il divise son armée en deux corps, dont il conduit l'un et confie l'autre au général Davidovitch. Son plan était d'enlever la ligne de l'Adige, en descendant par la vallée de la Brenta dans les plaines du Vicentin et du Padouan, et de tenter le passage de l'Adige entre Vérone et Legnago. Buonaparte devine sa pensée et la prévient. Suivant sa tactique, il concentre ses forces sur chacun de ces corps isolément, et essaie de les détruire l'un après l'autre. Il commence par celui de Davidovitch. Par ses ordres, les deux divisions Augereau et Masséna longent les rives de l'Adige, et se réunissent devant Seravallo. Nous étions serrés entre le fleuve et les montagnes, et avions d'affreux défilés à traverser. Le 4 septembre, les deux divisions se trouvent en face du général Wukassovitch, qui défendait le défilé de San-Marco. Après quelques escarmouches sur les hauteurs, un combat violent s'engage dans l'étroite vallée. En vain l'armée autrichienne résiste avec valeur : elle est refoulée dans Roveredo, où nous entrons après elle, puis acculée dans le redoutable défilé de Calliano. Là, nos soldats grimpant, avec l'agilité de l'écureuil, sur les flancs de ces affreuses montagnes, font un feu plongeant sur l'ennemi, pendant qu'une batterie heureusement établie sur le château de Piétra achève de porter la mort dans ses rangs. A un moment donné, l'infanterie se forme en colonne serrée, et fond sur les Autrichiens, entassés dans le défilé. Cette fois le désordre est complet, la confusion épouvantable : tous fuient, et nous laissent leur artillerie et quatre mille prisonniers. Le lendemain, nous entrions à Trente, la capitale du Tyrol, et le corps de Davidovitch avait disparu.

Restait celui de Wurmser. Par une opération analogue, mais encore plus hardie, Buonaparte s'enfonce dans la vallée de la Brenta, jette des tirailleurs sur les flancs des montagnes, perce le défilé de Primolano par une colonne serrée, fait trois mille prisonniers, et couche à Crémone, après avoir fait vingt lieues en deux jours. Son ardeur l'eût encore emporté plus loin ce jour-là ; mais la fatigue accablait ses troupes, l'accablait lui-même ; il partage le pain de munition d'un soldat, se couche et s'endort. Le lendemain (8 septembre), nous partons, Masséna à droite, Augereau à gauche, et nous rencontrons l'ennemi devant Bassano. Heureux ascendant du courage ! notre audace déconcerte l'ennemi : il s'enfuit dans la ville, où nous entrons par les deux côtés opposés. Wurmser n'a que le temps de s'enfuir, et nous laisse son matériel immense et quatre mille prisonniers. Séparé des restes d'une de ses divisions, pressé par Augereau et Masséna, le vieux général prend le parti de forcer le passage de l'Adige et de se jeter dans Mantoue. Il y réussit par la faute de quelques-uns de nos officiers, qui avaient imprudemment abandonné leurs postes. Notre division est dirigée sur Legnago, qu'elle reprend en y faisant seize cents prisonniers. Wurmser ayant essayé une sortie par le faubourg Saint-Georges, fut vivement refoulé dans la place après une perte de deux mille hommes. Claquemuré dans Mantoue, il est réduit à l'impuissance ; s'attendant à un long siége, il fait tuer et saler les chevaux de sa belle cavalerie, tant pour se débarrasser de bouches inutiles que pour procurer des vivres à ses soldats. Ainsi, cette seconde et brillante armée, qui devait anéantir une poignée de Français, a disparu de la scène à son tour, après avoir perdu soixante-quinze pièces de canon, vingt-deux drapeaux et trente généraux.

Visiblement, l'étoile du jeune général en chef grandissait ; sa gloire devait bientôt effacer toutes les autres. Ces victoires n'étaient pas seulement remarquables par leurs résultats, mais bien plus encore par les grandes difficultés qu'elles avaient rencontrées. Il était évident pour le moins clairvoyant qu'elles étaient le fruit d'une idée nouvelle, d'un véritable progrès dans l'art de la guerre. Ces marches rapides, ces concentrations subites de forces sur un point où l'ennemi ne les attendait pas, signalaient chez le jeune chef une audace et une énergie sans précédents. A cette heure même, on pouvait voir dans les lentes opérations des armées du Nord et de Sambre-et-Meuse l'application de ces vieux principes militaires, qui faisaient la tradition des siècles. Jourdan et Moreau, gênés, d'ailleurs, par les plans du Directoire, se livraient à une foule de combinaisons plus ou moins savantes, que la prudence pouvait avouer, mais que la victoire ne couronnait pas. Ici, au contraire, un homme à idées neuves secoue les anciens préjugés, se dégage des plans qu'on lui impose, et, par la rapidité de ses conceptions et la promptitude de leur exécution, étonne ses propres soldats, surprend ses ennemis, et déconcerte, en quelque sorte, la victoire elle-même.

Mais l'effet le plus visible de ces belles campagnes fut de donner au général un ascendant immense sur l'armée. Il n'est pas possible de dire l'influence qu'exerçait sur le soldat la présence de cet homme. C'était un frémissement de joie dans les rangs, lorsqu'il passait devant eux; une de ses paroles faisait un effet magique; un de ses regards allumait le feu dans l'âme. On croyait tout possible avec lui. Je le dis avec conviction : cinquante hommes sous ses ordres auraient affronté une armée entière. Il semblait que la victoire eût fait un pacte avec lui. Après l'admirable action de Lodi, les vieux soldats, prévoyant sa destinée, l'avaient, dans leur joviale admiration, nommé le *petit caporal*. Ils ne craignaient point de le saluer de ce nom, lorsqu'il passait familièrement au milieu d'eux ; et lui ne dédaignait point de sourire à cette marque d'affection de ses fidèles troupiers. Après la brillante journée de Castiglione, ils crurent bon de l'élever d'un grade, et le nommèrent *sergent*. Le plus simple bon sens pressentait l'avenir de ce héros de vingt-sept ans.

Moi-même aussi je ressentis l'influence de l'astre ; un regard de cet homme remua mon cœur. Fatigué en ce moment de la guerre, du mouvement, de la victoire elle-même, je soupirais plus que jamais après le repos des champs. Dans les courts instants de loisir que nous saisissions au vol, je rêvais de mon père, de ma mère, de nos champs, de ma patrie. Le dégoût me prenait au cœur : j'avais le mal du pays. Ah! qu'elles me semblaient belles, de loin, les campagnes où j'avais passé mon enfance! Qu'ils étaient riants, ces vallons, ces bois, ces ruisseaux, premières affections de mon cœur! Je les préférais même aux riches et fertiles plaines de la Lombardie, à ces gracieuses vallées du Tyrol, où la nature n'a cependant ménagé ni ses richesses ni ses beautés. Dans cet état de mélancolique tristesse, le hasard voulut que je me trouvasse un moment en présence de cet homme, de ce magicien, devrais-je dire, et qu'il abaissât sur moi son œil fascinateur, qu'il fit entendre à mon oreille cette voix brève et nette, dont le timbre remuait l'âme jusque dans ses dernières fibres. C'était après l'affaire du défilé de San-Marco. Le général en chef m'avait vu gravir le flanc d'une montagne, inabordable au premier aspect, et conduire douze ou quinze hommes sur une saillie de rocher d'où nous pouvions plonger avec facilité sur l'ennemi. Ce trait d'audace le charma. Habitué dès le jeune âge à gravir les montagnes, je n'avais vu là aucune difficulté. Et pourtant, j'avais risqué ma vie et celle des braves qui m'accompagnaient. Mais dans l'entrain qui nous emportait, le péril n'existait plus : j'avais le devoir devant les yeux, j'agissais le plus simplement du monde. Or, ce regard d'aigle avait deviné l'effet que nous produirions du haut de cette citadelle improvisée : dans la rapidité de notre marche, nous avions devancé la tête de la colonne, et notre décharge commençait à semer le désordre chez les Autrichiens. Après la bataille, Buonaparte me reconnut, s'approcha de moi, et me dit : *Sergent, je suis content de toi*. L'effet que ces simples mots produisirent sur moi, en vérité, je ne saurais l'exprimer. Il me semblait qu'un feu avait couru dans mes veines; les plus beaux éloges dans toute autre bouche n'auraient jamais équivalu à ces quatre ou cinq paroles : *Sergent, je suis content de toi!* Il me semblait que ma fortune était faite. La circonstance, le lieu, l'heure, la pose du général, le ton de sa voix, et surtout l'inexprimable puissance de son regard : tout se grava tellement dans ma mémoire, qu'aujourd'hui, à plus de cinquante ans de distance, je crois encore ressentir ces douces émotions. Dès ce moment, ma mélancolie cessa : un mot avait chassé mes dégoûts; le magicien avait enchaîné mon âme; j'étais heureux d'attacher ma fortune à la sienne.

Et au fond, qu'était-ce que cette récompense à laquelle ma faiblesse attachait un si grand prix? Un mot, et le mot d'un homme ! l'estime d'un mortel comme moi ! Mais le petit grain d'ambition m'était remonté à la tête. L'imagination, cette *folle du logis*, rebâtissait ses plans, ses rêves d'avenir. La gloire avait remis devant mes yeux son prisme trompeur; un moment encore, je m'y laissai prendre. Pardon, mon Dieu, de ces courts instants de séduction ! Ah ! se peut-il que l'approbation d'un homme produise de tels effets, et que la vôtre ait souvent si peu de prix à nos yeux ! Que voulait me donner cet homme ? Rien ! L'instant d'après, il m'avait oublié. Que pouvait-il me donner ? Peu de chose : une épaulette, une branche de stérile laurier... Et pourtant, sa voix m'avait remué jusqu'au fond des entrailles. Encore une fois, pardon, Seigneur! Vous savez combien l'illusion dura peu, et quels désenchantements ont payé ces espérances d'une heure. Ah! vous êtes seul grand, seul puissant, et l'homme le plus élevé n'est que néant devant vous!

XXXI.

Nouveaux succès.

Ces brillantes victoires furent suivies de calme. L'Autriche avait besoin de temps pour réparer ses pertes. Elle s'occupait à remettre sur pied son armée, composée des débris de celle de Wurmser, et de recrues exercées avec un soin et une activité extraordinaires. On y avait ajouté des troupes excellentes tirées de Turquie et de Pologne, et le commandement en avait été confié au maréchal Alvinzy.

Buonaparte, prévoyant le nouvel orage qui allait fondre sur lui, écrivait lettres sur lettres au Directoire pour demander des renforts. Les combats, la maladie, avaient diminué son armée : car, hélas ! il faut bien l'avouer, des bulletins menteurs pouvaient bien dissimuler, mais non réparer nos pertes. Déjà à cette époque, le général en chef commençait à mettre en pratique l'art, qu'il porta si loin plus tard, de tromper l'opinion sur ce que lui coûtait la victoire. Témoin et acteur de ces sanglants triomphes, je m'étonnais chaque jour des vides qu'ils laissaient dans nos rangs. De plus, le siége de Mantoue nous avait coûté près de deux mille hommes tués ou affaiblis par les fièvres que causent les marais dont cette ville est entourée. En y regardant de près, j'étais un des plus vieux du corps d'armée : j'avais déjà vu la mort ou la maladie faucher le plus grand nombre de ceux qui m'avaient précédé à l'armée d'Italie.

Je reçus vers ce temps une lettre de ma famille, où l'on me donnait des nouvelles assez rassurantes sur son intérieur, mais assez tristes pour ce qui concernait l'état des campagnes. La détresse n'avait fait qu'augmenter. L'embarras extrême dans lequel étaient les finances publiques continuait à exercer sur les fortunes particulières une désastreuse influence. Les nouveaux assignats avaient cessé d'avoir cours forcé et étaient tombés à rien ; les impôts ne se percevaient que difficilement ; les biens nationaux étaient toujours frappés d'une sorte de discrédit qui en entravait la vente ; les denrées à percevoir en nature ne rentraient qu'avec peine ; les armées de Rhin-et-Moselle et de Sambre-et-Meuse, péniblement entretenues, épuisaient par de continuelles réquisitions l'agriculture, déjà si malade, et ne dédommageaient plus par la victoire des sacrifices qu'elles exigeaient. De cette sorte, nos pauvres laboureurs luttaient avec la misère. Mon père, en particulier, s'efforçait, malgré son âge, de réparer nos pertes par un travail presque forcé. Tous le secondaient avec une ardeur démesurée. Celui de mes frères qui était soldat venait de rentrer. Après la paix faite avec l'Espagne, il avait été transféré à l'armée de Sambre-et-Meuse, et y avait été blessé à la main gauche, à l'affaire d'Altenkirchen. Cette blessure avait nécessité l'amputation de deux doigts, et par suite le renvoi du pauvre soldat dans ses foyers. La joie qu'on eut de le revoir avait fait passer sur sa légère infirmité, d'ailleurs parfaitement rétablie ; et lui s'empressait de réparer par des travaux surhumains le temps que la milice lui avait fait perdre. Cette lettre me représentait ainsi le tableau d'intérieur bien connu de moi : la misère au dehors, mais la paix au dedans ; des travaux incessants, des soucis nombreux, des besoins multipliés, mais une union admirable, des efforts constants, et cet inébranlable courage fondé sur l'amour du travail et l'abandon à la Providence. On m'y exprimait que l'unique préoccupation du moment était mon absence ; que les peines qu'on éprouvait, fussent-elles cent fois plus grandes, seraient oubliées du jour où je rentrerais dans le sein de la famille. On me demandait si, enfin, mon esclavage ne cesserait pas bientôt, et jusqu'à quand la maison paternelle pleurerait mon absence.

Hélas ! il n'était besoin de rouvrir les plaies de mon âme. Si un ordre m'eût affranchi du service militaire, j'aurais eu des ailes pour voler vers mon pays. Au milieu de la tristesse que ces souvenirs réveillaient dans mon cœur, une pensée me consolait : c'est que ma famille n'était point trop malheureuse. Je voyais clairement l'action de la Providence sur elle ; je priais tout bas le Ciel de continuer à lui verser ses bénédictions. Mais, je l'avoue, mes larmes coulèrent encore plus d'une fois. *Quand devait finir mon esclavage ?* je n'en savais rien. La force des choses, la marche des événements, m'enchaînaient malgré moi : fort, bien portant, endurci aux privations et aux fatigues, je paraissais à l'épreuve du péril : les balles mêmes semblaient me respecter. J'étais de la trempe dont les généraux aiment à voir leurs soldats : quelle probabilité donc que j'obtinsse mon congé avant la paix générale ? Et cette paix, quand devait-elle venir ?

On ne s'étonnera pas que devant de telles pensées l'âme d'un soldat s'attendrisse parfois. Du reste, c'est une justice que je dois me rendre, cette sensibilité ne m'ôtait point l'énergie militaire. Enfant dévoué, idolâtre de mon pays, je n'en étais pas moins un soldat courageux et fidèle au devoir. Je ne crois pas avoir faibli dans aucune occasion. Mes chefs eux-mêmes se plaisaient à reconnaître en moi la bravoure jointe à la prudence, le sang-froid uni à l'intrépidité. Dans mes heures de loisir, je pouvais bien rêver et m'attendrir au souvenir de ma patrie ; mes larmes mêmes coulaient lorsque les images vénérées de mon père, de ma mère, agissaient sur moi avec plus d'impression. Mais toujours la trompette ou le tambour me trouvaient prêt ; le signal du combat ne me laissa jamais froid. La présence du péril, l'aspect de l'ennemi, réveillaient chez moi des facultés toutes différentes, et qui reposaient sur la force du caractère : une ardeur sobre, mais soutenue, un coup d'œil sûr, une grande promptitude d'exécution, un véritable mépris du danger, et surtout cette valeur mesurée et constante qui assure le triomphe au soldat. Ce n'était point l'enthousiasme bruyant qui m'animait, mais le sentiment calme du devoir. Je me battais parce que c'était l'ordre de Dieu et le bien de la patrie. Toujours avant l'action, j'avais soin de me recueillir devant Dieu. Là, après un coup d'œil rapide sur mon intérieur, je demandais pardon, par un acte de sincère repentir, des fautes dont je pouvais être coupable; puis, me recommandant à Marie, à mon bon ange, à mes saints patrons et à ceux de ma famille, je me jetais tête baissée dans le péril, prêt à vivre ou à mourir, comme il plairait à Dieu. Ah! que de force on puise dans ce simple acte d'abandon à la Providence! J'ai vu cent de mes frères d'armes mourir le blasphème à la bouche; mais je crois que si la mort m'eût frappé, elle m'eût surpris la prière sur les lèvres.

A Dieu ne plaise que je dise tout ceci par vanterie! A l'âge où je suis, les illusions de la vanité sont tombées. On se mesure avec autant de sang-froid que l'on mesurerait les autres. Prêt à paraître devant Dieu, je n'ai ni l'envie ni la force de me glorifier moi-même. Je sais trop bien que son inexorable Justice doit juger les justices mêmes. Mais en tout ceci je ne songe qu'à être utile à mes frères. Si donc jamais ces lignes devaient tomber sous les yeux d'un soldat, je voudrais lui faire comprendre que la fidélité aux devoirs religieux n'ôte rien à la fidélité au devoir militaire; que celui qui a vécu en paix avec son Dieu et avec sa conscience meurt avec plus de calme, et qu'en somme le meilleur chrétien est encore le meilleur guerrier.

Notre position, à cette époque, était assez triste. Les provisions que le pays nous avait fournies s'étant peu à peu épuisées, nous voyions renaître nos anciennes privations. Notre armée, diminuée de douze ou quinze mille hommes par le canon ou la maladie, n'était plus en état de tenir tête à une armée toute fraîche. Buonaparte écrivait : « Je suis malade, je puis à peine me tenir à cheval ; il ne me reste que du courage ; on nous compte ; le prestige de nos forces disparaît. Des troupes..., ou l'Italie est perdue. » Par un coup hardi, et de son propre chef, il venait d'établir les provinces de Modène et de Reggio, et les villes de Bologne et de Ferrare en république, sous le nom de République Cispadane ; il cherchait dans l'esprit révolutionnaire un point d'appui que la France lui refusait. Enfin, le général Alvinzy s'avançait à la tête de quarante mille hommes, tandis que Davidovitch en avait dix-huit mille, et que Wurmser, bloqué dans Mantoue, conservait encore quelques débris de son ancienne armée. A tout cela, Buonaparte avait à opposer trente-six mille hommes de troupes fatiguées et épuisées par la fièvre. Il était alors à Vérone, avec notre division Augereau.

Un premier engagement eut lieu près de Bassano, où cette division attaqua Quasdanovitch, et le repoussa ; mais, pendant ce temps-là, la division du général Vaubois avait essuyé un revers sur le Haut Adige, par suite d'une terreur panique qui s'était emparée de la trente-neuvième et de la quatre-vingt-cinquième demi-brigades. Buonaparte s'y transporte, fait assembler les deux demi-brigades sur le plateau de Rivoli, et dit à la division Vaubois : « Soldats, je ne suis pas content de vous : vous n'avez montré ni discipline, ni constance, ni bravoure ; aucune position n'a pu vous rallier ; vous vous êtes laissé chasser de positions où une poignée de braves devait arrêter une armée. Soldats de la trente-neuvième et de la quatre-vingt-cinquième, vous n'êtes pas des soldats français. Général, chef d'état-major, faites écrire sur vos drapeaux : *Ils ne sont plus de l'armée d'Italie !* » Ces paroles firent une impression extraordinaire sur les soldats ; ils entourèrent le général, lui représentèrent qu'ils s'étaient battus un contre trois, et demandèrent à être placés à l'avant-garde pour montrer qu'ils étaient encore dignes d'être de l'armée d'Italie. Le chef se laissa fléchir, et quelques jours après ces braves se battaient avec un héroïque courage à Arcole.

J'assistais encore à cette sanglante affaire. J'ai vu Masséna se précipiter avec sa fougue ordinaire sur les Autrichiens, les culbuter et les jeter dans les marais, où un grand nombre périrent. J'ai vu Augereau fondre à son tour sur la division Mitrowski, l'enfoncer et la jeter également dans les vastes bourbiers qui couvrent ces plaines. J'étais là quand, se précipitant à la suite de l'ennemi, cet intrépide général, voulant renouveler le prodige du pont de Lodi, prend un drapeau des mains d'un soldat, le porte sur le pont, et se fait suivre de ses soldats ; mais une artillerie formidable nous oblige à reculer. Lannes, Verne, Bon, Verdier, tombent gravement blessés ; les soldats sont abattus par le feu, comme les épis par la faucille. J'ai vu le général en chef lui-même s'élancer au galop des hauteurs de Ronco, s'approcher de soldats qui se sont abrités derrière une digue contre la mitraille de l'ennemi, leur demander s'ils sont bien les vainqueurs de Lodi, et s'élancer, un drapeau à la main, en criant : « Suivez votre général. » J'ai vu ces malheureux se précipiter sur ses pas, au milieu d'une grêle de boulets et de mitraille, et tomber à droite et à gauche. Lannes, atteint de deux blessures, en reçoit une troisième. Le pont est presque franchi, quand une dernière décharge arrête la colonne et la refoule en désordre. Les soldats entourent Buonaparte, et veulent le faire remonter à cheval ; mais les Autrichiens, profitant de leur avantage, nous jettent à notre tour dans le marais. Buonaparte lui-même y enfonce jusqu'aux aisselles, et sans le dévouement de quelques braves, il pouvait y périr ou tomber au pouvoir de l'ennemi. Et cette téméraire et héroïque entreprise était inutile ! Le sang de tant de héros fut versé pour rien !

La Providence veilla encore sur moi dans cette circonstance. Je dois mentionner ici un fait qui porta toujours à mes yeux le caractère du miracle. Une balle partie d'un bataillon croate m'atteignit en pleine poitrine, s'aplatit et tomba à mes pieds. Elle avait frappé mon scapulaire. Je devais périr cent fois pour une : je n'eus qu'une légère contusion. Permis à qui voudra de rire de ma crédulité ; mais le fait est certain, et je laisse à qui ne croit pas aux miracles le soin de l'expliquer.

On recommença le combat le lendemain et le surlendemain, toujours sur le même terrain. On ne saurait dire combien ces affreux marais engloutirent de soldats. Masséna et Augereau renouvelèrent là leurs prodiges. Une ruse du général en chef décida enfin cette victoire si longtemps disputée. Vingt-cinq trompettes commandés par un officier noir, nommé Hercule, et cachés dans des roseaux, ayant tout à coup fondu avec grand bruit sur le flanc des Autrichiens, ceux-ci crurent qu'ils allaient être enveloppés d'un corps de cavalerie, et s'enfuirent en désordre. Le combat avait duré soixante-douze heures. Les ennemis perdirent douze mille tués, blessés ou noyés, six mille prisonniers, dix-huit pièces de canon et quatre drapeaux. Sans perdre de temps, Buonaparte envoie deux divisions au secours du général Vaubois, pressé par Davidovitch. Masséna monte vers Castel-Novo, tandis que, à la suite d'Augereau, nous marchons vers Dolce. La victoire semblait nous donner des ailes. La certitude de vaincre nous ôtait jusqu'au sentiment de la fatigue. Davidovitch, pressé de tous côtés, se replia sur le Tyrol, en nous laissant encore deux mille cinq cents prisonniers, deux équipages de pont, de l'artillerie et des bagages. L'épuisement nous empêcha de l'y poursuivre; mais, par le génie d'un seul homme et la valeur de tous, nous étions encore une fois redevenus maîtres de la position en Italie.

L'abondance vint de nouveau nous sourire. Pendant les deux mois de repos qui suivirent cette campagne, nous pûmes jouir en liberté des richesses que possède l'Italie. La sympathie que nous rencontrions au sein d'une partie de la population, pour qui nous étions des amis et des libérateurs, nous ouvrait tous les trésors de ce beau pays. J'ai honte de le dire, mais nos soldats, et surtout nos officiers, se plongèrent là dans les plus coupables voluptés. Le général en chef supportait ces désordres : trop heureux de laisser le soldat se dédommager de privations si longues et si cruelles. Rien n'égala la fureur avec laquelle on s'adonna au plaisir, si ce n'est celle que l'on avait déployée contre l'ennemi. Quant à moi, je ne sais si le spectacle de ces honteux désordres ne m'était pas plus pénible que celui même des combats. Je gémissais de cette profonde corruption de la nature humaine, qui, au lieu de lever vers Dieu un œil reconnaissant pour tant de périls évités, semblait prendre à tâche de l'irriter par ses péchés. Oh! quelle responsabilité des chefs immoraux contractent devant Dieu!

Notre division occupait toujours Legnago, quand, en janvier 1797, on apprit qu'un engagement avait eu lieu aux avant-postes. Alvinzy revenait à la charge, avec une armée de soixante mille hommes. Un enthousiasme extraordinaire semblait animer ses troupes. Un beau feu s'était emparé de la jeunesse de Vienne, et quatre mille volontaires, dont beaucoup enfants de familles nobles, avaient voulu s'enrôler pour la défense de la patrie. L'impératrice elle-même leur avait remis un étendard brodé de sa main. Buonaparte était alors à Bologne, méditant son expédition contre le Pape, quand ces événements l'obligèrent à revenir sur l'Adige. Il avait reçu de France les renforts si longtemps attendus; son armée pouvait se monter à quarante-cinq mille hommes.

Alvinzy, négligeant les deux routes qu'on avait prises jusqu'alors pour attaquer la double ligne du Mincio et de l'Adige, s'avance du côté de Rivoli. Il y attaque le général Joubert, et le refoule dans la ville. D'autre part, des forces considérables nous entouraient à Legnago, et une avant-garde s'avançait sur Vérone, que gardait Masséna. Celui-ci, dans une sortie, culbute l'ennemi et lui fait neuf cents prisonniers. Ce n'était que le prélude de la sanglante et glorieuse bataille qui devait immortaliser le nom de Rivoli. Elle se livra le 14 janvier. Buonaparte y déploya de nouveau cette promptitude de conception et d'exécution qui n'eut peut-être jamais d'égale. Avec seize mille hommes fatigués, il en battit quarante mille. Enfermé avec la division Augereau dans Legnago, je n'assistai point à cette brillante affaire; j'en éprouvai presque de la jalousie. Du reste, nous eûmes bien aussi notre part dans les triomphes de ces journées à jamais célèbres. Le général Provera avait passé l'Adige à l'insu d'Augereau. Quoique prévenu trop tard, celui-ci l'attaque en queue et lui fait deux mille prisonniers. Le lendemain 15, Buonaparte, qui était accouru sur Mantoue, livre une nouvelle bataille où la victoire se décide encore pour nous. Le général Provera, enveloppé par les divisions Victor, Augereau, Masséna, met bas les armes avec six mille hommes. Le drapeau brodé par l'impératrice tomba entre nos mains. On donna à cette victoire le nom de *Favorite*; la 57ᵉ y reçut le nom de *Terrible*. En ces trois jours, l'armée française avait détruit cette nouvelle et brillante armée, et lui avait fait vingt-trois mille prisonniers.

Wurmser, resserré dans Mantoue, n'avait plus d'espoir d'en sortir. Déjà la garnison avait mangé tous ses chevaux, et la famine commençait à se faire sentir. Il songea alors à se rendre; Buonaparte, respectant sa vieillesse et son courage, lui permit de sortir avec les honneurs de la guerre. Le vieillard fut ému de cette condescendance, et en fit exprimer sa gratitude au général en chef. Mantoue fut occupé, et là se termina la campagne.

Aucune n'a laissé, dans la mémoire de la France, de plus glorieux souvenirs. Jamais les triomphes militaires ne donnèrent à l'âme du soldat des satisfactions plus profondes et mieux méritées. Quand nous repassions, devant les feux du bivouac, les événements qui s'étaient déroulés sous nos yeux en dix mois, c'était à n'y pas croire. Je me souviens que souvent les soldats aimaient à reprendre en détail ces immortelles journées, à se rendre compte des incidents sans nombre que la rapidité de l'action leur avait dérobés, et à recueillir tout ce dont ils n'avaient pas été les témoins. Que de traits de courage, que de dévouements sublimes resteront à jamais inconnus ! Je ferais moi-même des volumes de ce que j'ai vu. Mais l'héroïsme alors était tellement vulgaire, que nul ne songeait à s'en glorifier. Quand on avait porté le courage à son plus haut point d'exaltation, on croyait n'avoir fait que son devoir.

Brillantes et illustres journées, que de fois ma pensée s'est retournée vers vous, avec le charme mélancolique qui s'attache à nos jeunes souvenirs ! Avec quelle vivacité mon imagination me retraçait, dans leurs plus minces détails, ces heures si pleines devant les hommes, si parfumées de cet arôme qu'on appelle la gloire ! Suspendant parfois mes travaux champêtres, je m'égarais dans ce dédale du passé ; je ne sais quels instincts guerriers se réveillaient au dedans de moi, et un sourire de satisfaction courait encore sur mes lèvres. Je me disais, avec une sorte d'orgueil : Et moi aussi j'étais de l'armée d'Italie ! Il y avait, entre ces jours d'agitation et de bruit et la vie monotone des champs, un contraste qui me saisissait vivement. Plus d'une fois, peut-être, des regrets essayèrent de se faire jour : la carrière s'ouvrait si belle ! Tant d'autres, avec moins d'éléments de succès, avaient si bien réussi ! Puis, comptant sur mes doigts ceux que j'avais vus briller dans cette époque de triomphes, je me demandais ce qu'ils étaient devenus. Pichegru, Jourdan, Kléber, Kellermann, Hoche, Masséna, Augereau, Murat, Vaubois, Moreau, Joubert, Marceau, Serrurier et tant d'autres, et tant d'autres encore, et celui-là surtout qui les dépassait tous par le génie, Buonaparte, quel fut leur destin? A quoi leur gloire a-t-elle abouti? En me rappelant le sort des uns et des autres, je n'en voyais guère qui fût digne d'envie. Des triomphes si chèrement achetés et payés, pour les uns par l'assassinat, pour les autres par une mort prématurée, pour ceux-ci par l'exil, pour ceux-là par la disgrace, ne valaient pas, à mes yeux, l'humble et tranquille obscurité que le Ciel m'avait ménagée. Sans doute, la carrière des armes a un éclat auquel rien ne peut prétendre. Mais, me disais-je, cet éclat égare en même temps qu'il séduit. Ce bruit couvre mal le vide du cœur; ces lauriers ne protégent point contre le dégoût et l'ennui. Et puisque, en fin de compte, nous devons paraître devant le Juge des consciences, mieux vaut encore s'y présenter avec une vie obscure mais remplie, qu'avec une existence sonore mais vide. Ni Dieu ni le bonheur ne se laissent prendre à l'éclat des galons ou au bruit des trompettes.

XXXII.

L'archiduc Charles; armistice de Léoben.

Débarrassé enfin des Autrichiens en Italie, Buonaparte songea à exécuter son projet de les poursuivre jusqu'au cœur même de leurs Etats. La République était en paix avec l'Espagne, la Hollande, la Suède, le Danemarck, le Piémont, Venise, la Prusse et les Etats secondaires de l'Allemagne ; elle était maîtresse de l'Italie et des bords du Rhin ; l'Autriche seule et l'Angleterre lui faisaient encore la guerre. Le vainqueur de Lodi comprenait qu'en chassant l'Autriche de la Lombardie, il avait assez fait pour l'humilier et l'irriter, mais trop peu pour la soumettre. Il résolut donc de profiter de l'ascendant de la victoire pour frapper un grand coup, et marcher sur Vienne.

Mais auparavant il voulait, disait-il, donner une leçon au Pape, ou plutôt, comme il l'appelait, au *vieux renard*. La chose n'était pas difficile. Il n'y avait ni péril ni gloire pour celui qui avait pulvérisé trois magnifiques armées d'une des plus grandes puissances de l'Europe, à réduire à crier merci un vieillard sans soldats, sans généraux, sans places fortes. C'était néanmoins une satisfaction que Buonaparte voulait se donner en passant. Non qu'il se proposât de détrôner le Souverain Pontife ; sa politique ne lui permettait pas d'ébranler une puissance assise (il le savait) sur une base bien autrement solide que les pouvoirs humains. Mais il avait ses propres rancunes et celles du Directoire à satisfaire. Au commencement de février (1797), il se rendit donc de sa propre personne à Imola, où il logea dans le palais de l'évêque, depuis le pape Pie VII ; puis de là sur le Senio, où les sept ou huit mille hommes de l'armée pontificale s'étaient retranchés ; ils étaient commandés par le cardinal Busca, et flanqués, c'est-à-dire embarrassés de quelques milliers de paysans, qui, à défaut de discipline et de science militaire, avaient mis au service de leur bienaimé souverain leur courage, leurs piques et leur dévouement. Les généraux Lannes et Lahoz, à la tête de quelques bataillons français et lombards, forcèrent le pont du Senio, enlevèrent la position, sabrèrent les paysans et les poursuivirent jusqu'à Faënza, dont ils enfoncèrent les portes au son du tocsin. La terreur se répandit dans tous les Etats du pape. Forli, Césène, Pesaro, Rimini, Sinigaglia, ouvrirent leurs portes. Le Pontife demanda à négocier. C'était tout ce que le conquérant français voulait pour le moment. Il imposa au pape des conditions fort dures : trente millions d'argent, la cession à la France du Comtat Venaissin, l'abandon à la république Cispadane des légations de Bologne et de Ferrare, et de la province de la Romagne, une fourniture de 1,600 chevaux, etc. On appela cela le traité de Tolentino.

Après quoi, Buonaparte se mit en mouvement vers l'Autriche par les Alpes Juliennes. Il avait reçu un renfort de près de trente mille hommes de l'armée du Rhin et de Sambre-et-Meuse : la division Delmas et la division Bernadotte. C'étaient tous de vieux soldats, braves, aguerris, endurcis aux privations et à la fatigue; car, tandis que nous jouissions de l'abondance en Italie, eux continuaient à vivre dans le plus affreux dénuement. Le Directoire, plus impuissant que jamais, n'avait encore pu envoyer à Moreau les faibles sommes nécessaires pour l'acquisition d'un équipage de pont. Nous fûmes émus d'un sentiment de pitié, quand nous vîmes paraître ces frères d'armes, dans leur glorieuse pauvreté. Et encore, Moreau, par une sorte de pudeur, avait-il fait tous ses efforts pour mettre la division Delmas en état de paraître moins pauvre et moins déguenillée; il avait épuisé ses magasins pour la rhabiller. Toutefois, ce sentiment de commisération une fois passé, l'orgueil de l'armée d'Italie commença à se faire jour. Les victoires nombreuses qu'elle avait remportées, la fierté que lui inspirait son jeune chef, lui avaient inoculé un esprit de superbe auquel elle ne résistait pas assez. Déjà elle s'était plainte que seule elle agissait, tandis que les autres se tenaient en repos. Elle demandait pourquoi Jourdan et Moreau n'avançaient pas en Allemagne, tandis qu'elle pénétrait chaque jour en Italie. Etait-ce donc à elle seule de porter le poids de la fatigue et de sauver la République? Elle ignorait que le

Directoire enchaînait, par des ordres mal conçus et des plans vicieux, les généraux du Rhin et de Sambre-et-Meuse ; que d'ailleurs les ressources matérielles manquaient ; elle ne se souvenait plus du temps où la pénurie la plus absolue l'avait réduite elle-même à l'inaction. Aussi, bientôt la division éclata entre les deux corps d'armée ; les généraux eux-mêmes n'en étaient point exempts. Chacun sait qu'un esprit de jalousie se perpétua longtemps entre ceux qui avaient opéré dans le Nord ou sur le Rhin, et ceux qui avaient appartenu à l'armée d'Italie. Des sobriquets injurieux provoquèrent des duels, et peut-être de sanglants conflits auraient-ils éclaté, si la guerre n'était venue absorber toutes les forces.

Augereau ayant été envoyé à Paris pour porter des drapeaux, notre corps d'armée fut confié temporairement au général Guyeux. L'armée s'avança en trois divisions, sous les ordres de Serrurier, de Guyeux et de Bernadotte. Le 9 mars, le quartier-général était à Bassano. Buonaparte nous adressa une proclamation, où on lisait : « Soldats, la prise de Mantoue vient de finir une campagne qui vous a donné des titres éternels à la reconnaissance de la patrie. Vous avez été victorieux dans quatorze batailles rangées et dans soixante-dix combats. Vous avez fait cent mille prisonniers, pris deux mille cinq cents pièces de canon.... Vous avez enrichi le Muséum de Paris de trois cents chefs-d'œuvre.... Les républiques Transpadane et Cispadane vous doivent leur liberté. Les couleurs françaises flottent pour la première fois sur l'Adriatique.... C'est en vous que la patrie met ses plus chères espérances : vous continuerez à en être dignes…. L'empereur seul reste devant vous : se dégradant lui-même du rang d'une grande puissance, ce prince s'est mis à la solde des marchands de Londres. Il n'est plus d'espérance pour la paix qu'en allant la chercher dans le cœur des Etats héréditaires de la maison d'Autriche…. »

Le 13 mars, nous passâmes la Piave. C'était l'archiduc Charles qui commandait les ennemis. La renommée disait de lui de grandes choses : on vantait son génie ; la curiosité était vivement excitée de voir en présence deux généraux également jeunes, également braves, et avantageusement connus sur les champs de bataille. Sans perdre confiance en leur chef, nos soldats étaient pourtant émus : il leur tardait de voir si le vainqueur des Clerfayt, des Beaulieu, des Wurmser et des Alvinzy aurait aussi facilement raison de son nouvel adversaire. L'événement prouva qu'il en était ainsi. Le 16, les deux armées étaient en présence sur les bords du Tagliamento. Notre division occupait la gauche, celle de Bernadotte la droite. On forma les bataillons de grenadiers ; à un signal donné, nous nous précipitâmes dans l'eau. « Soldats de l'armée de Sambre-et-Meuse, s'écrie Bernadotte, l'armée d'Italie vous regarde. » Il y avait longtemps que ces braves désiraient l'occasion de montrer qu'ils n'étaient inférieurs à personne en courage. On atteint le rivage, et on se bat avec un acharnement incroyable ; les ennemis, ne pouvant résister à cette *furia francese*, cèdent de toutes parts. Notre division était en face de Gradisca, où l'archiduc Charles avait placé une masse d'infanterie, tandis qu'il déployait sa cavalerie à droite, pour nous déborder dans la plaine. Nous attaquons cette position avec vigueur; en un instant elle est enlevée, pendant que nos escadrons culbutent la cavalerie ennemie et font son général prisonnier. La déroute fut complète. Je fus atteint légèrement d'un coup de baïonnette. J'avais, je le crois, noblement fait mon devoir. Aussi fus-je nommé sous-lieutenant sur le champ de bataille.

Cette nouvelle distinction était pourtant peu capable de satisfaire mon amour-propre, eu égard à la position particulière qui m'était faite au sein de l'armée. Dans ce mouvement rapide qui nous emportait, la mort trouvait le temps de faire des brèches dans nos rangs; les officiers surtout, à l'exemple de leurs généraux, payaient de leurs personnes, et tombaient les uns sur les autres. J'avais vu trois fois nos sous-lieutenants remplacés. L'avancement se trouvait par là rapide, subit. Et pourtant le mien était lent, prodigieusement lent. Mon capitaine n'était que caporal quand j'étais déjà sergent, et mon ancien sergent-major était devenu mon colonel. Il était clair qu'une partialité révoltante avait lieu à mon égard. Habitué à tout accepter dans des vues surnaturelles, je ne me plaignais pas, je ne murmurais point. Il me semblait voir même en cela une attention de la Providence, qui, me destinant à une autre condition, ne permettait pas que je fusse pris à cette glu trompeuse qu'on appelle la gloire. Mais tout me révélait que le discrédit continuait à peser sur moi. Les flétrissures imprimées dès l'abord sur mon front ne s'effaçaient point ; chaque acte de religion (et je ne les ménageais jamais dans l'occasion), chaque signe de croix fait devant les monuments de la piété, si communs en Italie, devenaient pour mes frères d'armes, et surtout pour mes chefs, une occasion de basses plaisanteries, et servaient de motifs pour me refuser de l'avancement. Vingt fois j'en eus la certitude. Je ne reculai pas cependant. Plusieurs officiers m'en parlèrent en particulier ; mon colonel même voulut bien une fois m'en entretenir ; tous me firent entendre que cet esprit de *bigotisme*, comme ils l'appelaient, me nuirait singulièrement, et que jamais ils ne se décideraient à me porter sur la liste des promotions, parce que cet esprit superstitieux, en me rendant ridicule, m'ôtait tout ascendant sur le soldat. Ces considérations ne m'émurent point, et je leur répondis fièrement : Je préfère l'amitié de mon Dieu à l'estime de mes chefs, et ma conscience à une épaulette.

Il peut paraître étrange qu'une raison aussi mince ait servi de fondement à une aussi criante injustice. Un soldat se bat bien, obéit bien, se montre irréprochable pour la discipline ; mais, parce qu'il est chrétien, on le repousse. Cette conduite, qui serait inexplicable aujourd'hui, s'expliquait alors par les mœurs de l'époque. Je me rappelle qu'un jour, ayant voulu adresser des observations à un gros de soldats, un cri universel s'éleva: *A bas le bigot! à bas le mange-Bon-Dieu!* Bien d'autres fois, une réprobation, moins visible peut-être, mais non moins réelle, m'accueillit dans les rangs. Je n'en rabattis rien pour autant. Il me semble que je pourrai un jour le rappeler à mon Juge, et lui dire : Maître, je fus neuf ans soldat ; rendez-moi cette justice que je ne reculai jamais ni devant le boulet, ni devant l'accomplissement d'un devoir.

Après l'affaire du Tagliamento, Buonaparte, à la tête des divisions Guyeux et Serrurier, s'attacha à harceler le corps du général Bayalitsch, pendant que Masséna, perché sur des montagnes de neige et de glace, faisait des prodiges de bravoure, en face de l'archiduc Charles lui-même, replié sur Tarwis. La position enlevée, Masséna se rabat sur la division Bayalitsch, qui, pressée en tête par lui, en queue par Buonaparte, est obligée de se rendre. Une foule de ses soldats s'échappèrent par les montagnes ; cinq mille seulement restèrent entre nos mains. Là, se distingua surtout la quatrième demi-brigade, que Buonaparte avait surnommée l'*Impétueuse*. D'un autre côté, Joubert attaquait, à Saint-Michel, les généraux Landon et Kerpen, leur tuait deux mille hommes, et leur en prenait trois mille. Ainsi, au 1er avril, le Tyrol était balayé, Buonaparte était maître du sommet des Alpes ; il allait réunir toutes ses divisions et marcher avec cinquante mille hommes sur Vienne. Un mouvement révolutionnaire des provinces vénitiennes faillit l'arrêter ; mais son énergie, ses menaces, son habileté même et la prudence de ses généraux écartèrent l'obstacle que cet événement pouvait lui causer, et il descendit à grands pas du haut des Alpes Noriques dans la vallée de la Mur.

Tout présageait le succès de cette expédition hardie. Buonaparte comptait surtout sur le concours des armées du Rhin, lesquelles, d'après son plan, devaient s'avancer vers le Danube, pour se réunir à lui au cœur de l'Autriche. Il était difficile de ne pas croire à un heureux résultat : l'ascendant du génie et de la victoire doublait la puissance du conquérant. Tous nous étions pleins de confiance ; et, du haut de ces glaciers, placés au-dessus des nuages, nous cherchions à découvrir dans le lointain les tours de la capitale de l'empire. Grand fut donc le désappointement quand nous apprîmes que la pénurie des finances ne permettait pas d'envoyer à l'armée de Moreau de quoi passer le fleuve, et que, par conséquent, il n'y avait pas à compter sur la coopération de nos frères du Rhin. Toutefois, l'audacieux Buonaparte ne renonçait pas à son plan. Il se croyait trop avancé pour reculer. Surtout, il voulait terminer cette campagne d'une manière honorable. Il entra donc en correspondance avec l'archiduc Charles, pendant qu'il se préparait à fondre sur lui, et à le forcer à accepter ses propositions. Le jeune duc n'ayant point mission de traiter de la paix, en référa à la cour d'Autriche, qui déjà se préparait à fuir de la capitale. En attendant, Buonaparte culbute l'arrière-garde ennemie, le 1er avril, tue le même jour, près de Neumark, trois mille hommes à l'archiduc, lui fait douze cents prisonniers, le bat de nouveau le lendemain, près de Unzmark, lui fait encore quinze cents prisonniers, s'empare de Knitelfeld et s'avance jusqu'à Léoben, où il entre le 7 avril. Nous n'étions plus qu'à vingt-cinq lieues de Vienne. La cour, effrayée de ces échecs multipliés, et s'attendant à voir bientôt le vainqueur à ses portes, consentit enfin à négocier. Alors eut lieu le traité dit de Léoben, par lequel l'Autriche nous céda la Belgique et les provinces des bords du Rhin, et qui régla beaucoup d'autres questions relatives à l'Italie et à l'Allemagne. Il fut signé le 29 germinal an v (18 avril 1797). Pendant ce temps-là, l'agitation avait augmenté dans les Etats vénitiens, où l'on ignorait encore les dernières victoires des Français, et surtout le traité de Léoben. Mais Buonaparte, libre du côté de l'Autriche, eut bientôt reporté vers ces provinces ses troupes et son énergie. En peu de jours, il se trouva en vue de Venise. La ville, épouvantée, négocia avec lui. Il exigea la réparation des attentats commis contre les Français, un changement à la constitution de la république, et l'occupation de la ville et des îles vénitiennes par les Français; tout lui fut accordé. Quatre mille hommes occupèrent les forts de Venise.

Des jours de repos suivirent pour nous le traité de Léoben. De nouveau, les soldats d'Italie purent se plonger dans l'abondance et les plaisirs. Composée en grande partie de méridionaux, ardents, remuants, amis de la joie et républicains exaltés, elle trouvait amplement en Italie de quoi satisfaire ses goûts. Le rapprochement de la division du Rhin faisait éclater un contraste frappant entre le Français du Nord et celui du Midi. Là, la gravité, le calme, les goûts austères; ici, la passion, l'impétuosité de caractère, l'ardeur du plaisir. D'ailleurs, il est assez ordinaire que l'influence des chefs se fasse sentir dans les mœurs du soldat. Formée par Moreau, la division Bernadotte donnait l'exemple de la sobriété et de la modération dans les opinions, tandis que celles de l'armée d'Italie reflétaient la dissolution de mœurs et le républicanisme ardent de leurs généraux. La division Augereau, en particulier, se distinguait par son exaltation révolutionnaire. Enflée par ses succès et par la réputation de son chef, elle affectait un républicanisme exagéré ; elle ne parlait de rien moins que de repasser les Alpes, pour aller sabrer les *aristocrates de Paris*, qui, lui disait-on, songeaient à rétablir la royauté. Une fois rendue au repos de la garnison, elle reportait sur le champ de la politique cette ardeur que les combats n'occupaient plus. Aussi, de fréquents conflits s'élevaient-ils entre les soldats du Rhin et ceux de l'Italie. Les premiers, beaucoup moins entichés de la République, avaient repris entre eux les anciens usages, et notamment celui du mot *monsieur*. Ceux-ci, au contraire, avaient gardé le mot *citoyen* et les mauvaises passions des mauvais jours de la Terreur. Ils se donnaient, ou plutôt ils croyaient avoir reçu la mission de révolutionner l'Italie. Sous ce rapport, la pensée de Buonaparte s'était incarnée chez eux ; car, le plan de ce général avait toujours été de développer, au contact de son armée, les passions révolutionnaires qui couvaient dans la Péninsule.

Ces jours furent mauvais pour moi. Je me trouvai plus que jamais en butte aux railleries de mes compagnons d'armes. Cent fois, malgré toute ma résignation, je sentis mon sang bouillonner dans mes veines. Mais si j'éprouvai de vives contradictions, je goûtai aussi de grandes consolations. J'avais pleine liberté de suivre les exercices de la religion ; et c'était toujours avec un nouveau charme que j'assistais aux offices publics, dans ces belles églises d'Italie. Là, le culte semble revêtir une sorte de poésie ; la peinture, la sculpture, l'architecture, se sont donné la main pour rendre hommage à Dieu. Et puis, sous ce ciel pur, dans cet air embaumé, on est mieux disposé à sentir que sous le ciel gris du Nord. Indépendamment des sentiments religieux, je ressentais aussi un véritable plaisir en présence de cette belle nature, tour à tour si féconde et si pittoresque. A Venise, j'aimais à me promener le soir sur le Lido, à écouter les chants mélancoliques des gondoliers. Je consacrais mes heures de loisir à visiter les églises, et surtout cette magnifique cathédrale de Saint-Marc, qu'on ne saurait se lasser d'admirer. La vieille constitution une fois abolie, les mystères d'Etat furent mis à nu. Je me souviens encore de la curiosité satisfaite avec laquelle les Vénitiens visitaient les Plombs, la prison d'Etat, le palais du Doge, la salle du conseil des Dix. Beaucoup s'étonnaient que ces secrets terribles, qui avaient si longtemps pesé sur la république, se réduisissent à si peu de chose.

La conduite de nos soldats était pour moi un sujet toujours nouveau d'affliction. Chaque jour, j'étais témoin de quelque outrage à la religion. En vain Buonaparte, afin de ménager les esprits italiens, qu'il savait (pour employer son langage) *profondément superstitieux*, avait recommandé qu'on respectât les objets du culte. La politique du chef avait ainsi prescrit, mais l'impiété des officiers subalternes et des soldats savait qu'en penser. Aussi ne se gênait-on pas pour railler, profaner, outrager les choses les plus saintes. Il se commit des abominations dans les lieux consacrés au culte. Des religieux furent maltraités, leurs couvents pillés, leurs chapelles dévastées. Pour avoir voulu m'opposer à ces excès, je fus plus d'une fois désobéi, injurié et menacé de mort. Une sorte de fanatisme anti-religieux avait tourné les têtes de ces malheureux soldats.

En avançant en Italie, et notamment dans les Etats de Venise et dans la Romagne, nous avions trouvé une foule de prêtres français, expulsés par la Révolution. Ces infortunés éprouvaient tout à la fois de la joie et de la terreur de nos succès. Ils étaient fiers de nous, et ils nous redoutaient. Les couvents qui leur avaient donné l'hospitalité, craignant d'être victimes à cause d'eux, les avaient rejetés de leur sein, en sorte que ces pauvres proscrits erraient de tous côtés, sans asile et sans pain. Buonaparte, ému de leur malheur, et peut-être aussi par politique, les accueillit, et prit même des mesures pour leur procurer des moyens de subsistance. Il ne craignit point de le déclarer au Directoire, dont les arrêts leur interdisaient l'habitation sur toute terre occupée par les Français. On approuva sa conduite. Ces malheureux, en nous voyant, versaient des larmes. Il y avait déjà cinq ans qu'ils avaient quitté la patrie, et plusieurs d'entre eux reconnurent parmi nous des enfants de leurs paroisses. J'eus le plaisir d'en retrouver deux qui avaient exercé le ministère dans nos environs, et avaient même eu des relations d'amitié avec ma famille. Ce fut pour moi une bonne fortune. Appuyé sur les intentions bienveillantes du général en chef, je me dévouai ostensiblement au soulagement de ces hommes honorables. Les sarcasmes ne me furent point ménagés à cette occasion ; car, le premier moment de pitié passé, on était retombé à leur égard dans l'indifférence, pour ne rien dire de plus. J'ai été témoin d'actes d'ingratitude bien noire. Ainsi, un prêtre du diocèse de Valence me montrait en pleurant un lieutenant-colonel, à qui il avait fait faire toutes ses études, qui lui devait par conséquent son avancement, et qui n'avait pas même voulu le reconnaître. Un autre me faisait voir un lieutenant dont il avait relevé la famille, plongée dans la plus profonde misère, et dont il venait d'éprouver les rebuts les plus humiliants. Quelques soldats ne rougissaient point d'insulter ces oints du Seigneur, ces premiers amis de leur enfance, à qui ils avaient dû l'instruction du bas âge, et souvent un morceau de pain. L'ingratitude est, à ce qu'il paraît, un vice qui ne coûte guère à l'homme.

La Providence me ménageait, dans la personne de ces saints exilés, des guides et des consolateurs. Si je leur procurai des secours temporels, eux, à leur tour, m'enrichirent de trésors spirituels. J'étais heureux d'entendre en confession, comme dans leurs prédications, ma langue maternelle, de recevoir de leurs mains le pain eucharistique, d'écouter leurs avis. Un saint commerce s'établit entre eux et moi ; j'aimais à leur procurer des logements, des vêtements, des vivres, à servir leurs messes ; et je puis dire que le Ciel me dédommagea amplement de ces faibles services par les consolations dont mon âme fut inondée. Je l'atteste à la face du Ciel, je n'aurais pas échangé mes peines pour tous les plaisirs de mes compagnons d'armes.

Pendant ce temps-là, des intrigues se nouaient au sein du Directoire et des Conseils. Les royalistes, formés en club connu sous le nom de *club de Clichy*, paraissaient vouloir reprendre la direction de l'opinion publique. Pichegru, disait-on, était de complot avec eux. Les nouvelles élections (dites de l'an v) avaient donné un assez bon nombre de représentants royalistes. Ces faits avaient irrité le parti républicain, et le Directoire ne songeait à rien moins qu'à un nouveau 13 vendémiaire, c'est-à-dire à un coup d'Etat. Il avait d'abord jeté les yeux sur Hoche pour exécuter le coup de main qu'il méditait. Inutile sur le Rhin depuis le traité de Léoben, le corps que commandait ce jeune chef devait être reporté sur les côtes de l'Océan, et passer par Paris. Rien n'était donc plus facile que de saisir ce moment. Nous apprenions vaguement ces nouvelles par nos officiers, et par les journaux qui venaient jusqu'à nous. En fait de journaux, on avait soin de ne laisser parvenir que ceux qui respiraient le plus pur républicanisme. La crainte de la réaction royaliste avait depuis quelque temps rendu à ces feuilles une teinte qui n'avait rien à envier aux plus beaux jours de Marat ou de Babœuf. Les soldats y puisaient, ou plutôt y entretenaient leur exaltation politique. On ne parlait que de rentrer en France pour y noyer la faction royaliste dans son sang ; le nom de Pichegru, naguère si honoré, était traîné dans la boue. On assurait que des papiers saisis à Venise et envoyés à Paris par Buonaparte contenaient contre lui des révélations accablantes. On disait encore qu'un fourgon saisi sur le général Kinglin par Moreau renfermait une correspondance de Pichegru avec les émigrés. Enfin, Buonaparte, ajoutait-on, avait écrit au Directoire pour se mettre à son service, ainsi que sa vaillante armée d'Italie.

Ce fut à travers ces rumeurs plus ou moins fondées qu'on apprit positivement qu'une nouvelle intrigue avait retiré à Hoche le commandement qu'on lui destinait, et qu'on avait prié Buonaparte de désigner un de ses généraux pour le remplacer. Cette nouvelle nous surprit au milieu d'une fête que Buonaparte avait imaginé de donner à son armée. Son but était de provoquer parmi nous une manifestation révolutionnaire. Buonaparte, ennemi juré des royalistes, ancien partisan de la Convention, agissait en ceci autant par politique que par conviction. Tant que la République durerait, il se voyait nécessaire et par conséquent honoré; le rétablissement de la royauté, au contraire, lui ôtait son avenir. Sachant le Directoire menacé, et dans sa personne la forme républicaine, il espérait, en provoquant une énergique protestation au sein de son armée, apprendre aux amis de la république qu'ils pouvaient compter sur les soldats, et aux royalistes qu'ils avaient tout à en craindre. La fête fut donc fixée au 14 juillet, jour anniversaire de la prise de la Bastille : cette date était significative. A Milan, où résidait Buonaparte, on avait élevé une pyramide, ornée de trophées, où étaient inscrits les noms des officiers et des soldats morts pendant la campagne. Il y eut des banquets, des toasts, des illuminations, des feux de joie, des danses et des concerts ; la partie révolutionnaire de la population y prit part. Le général en chef adressa à cette occasion une proclamation à son armée. On y lisait : « Soldats ! je sais que vous êtes profondément affectés des malheurs qui menacent la patrie. Mais la patrie ne peut courir de dangers réels. Les mêmes hommes qui l'ont fait triompher de l'Europe coalisée sont là. Des montagnes nous séparent de la France ; vous les franchiriez avec la rapidité de l'aigle, s'il le fallait, pour maintenir la constitution, défendre la liberté... Les royalistes, dès l'instant qu'ils se montreront, auront vécu. Soyez sans inquiétude, et jurons par les mânes des héros qui sont morts à côté de nous pour la liberté, jurons sur nos drapeaux guerre implacable aux ennemis de la république et de la constitution de l'an III. »

La fête de Milan se répéta, bien entendu, dans toutes les divisions ; et la proclamation du général en chef y eut aussi son écho. Chaque général enchérit encore sur le langage menaçant de Buonaparte. Mais ce fut Augereau qui eut la palme. Ce fougueux républicain semblait avoir emprunté ses paroles aux jours de la Terreur : « O conspirateurs, lisait-on dans son adresse, tremblez ! de l'Adige et du Rhin à la Seine, il n'y a qu'un pas. Tremblez ! vos iniquités sont comptées, et *le prix en est au bout de nos baïonnettes !* »

Ces adresses furent proposées à la signature de l'armée : des milliers de soldats s'empressèrent d'y souscrire. Le souffle du terrorisme avait de nouveau passé sur ces têtes. Quand vint mon tour de signer, j'osai déclarer que je n'approuvais point ce langage, propre à allumer la guerre civile. Cette observation me valut quinze jours d'arrêt. Il est bon de remarquer qu'on nous avait annoncé que nous étions libres de signer ou de ne pas signer. Je me résignai. J'étais fier, au fond, de souffrir quelque chose pour la justice. Il me semblait que la République s'était rendue assez odieuse pour qu'on pût ne pas beaucoup tenir à la voir se perpétuer. Je ne voyais rien de criminel à tenter de rétablir une autre forme de gouvernement plus adaptée aux idées et aux habitudes de la France ; et surtout je ne voyais la vie d'aucun concitoyen *au bout de ma baïonnette.*

Pendant que je subissais le cachot, Augereau, désigné par Buonaparte, partait pour prendre le commandement de l'armée de Paris. Buonaparte, disait-on, avait saisi volontiers l'occasion de se délivrer de ce général démocrate, dont l'exaltation révolutionnaire devenait un embarras et un péril au sein de l'armée. Violent, querelleur, opiniâtre, plein de ces passions plébéiennes qu'il avait puisées dans son éducation, Augereau était toujours prêt à injurier quiconque était moins exalté que lui. Il est certain qu'avant peu sa présence aurait amené des conflits. Son activité ne trouvant plus à s'exercer sur le champ de bataille, se dépensait en menées démagogiques, et semait dans sa division un feu républicain, que les autres ne partageaient pas. De là naissait la discorde. De plus, la conscience des services qu'il avait rendus à l'armée d'Italie enflait son orgueil, et le rendait despotique et indépendant. Je sus qu'il s'était constamment opposé à mon avancement, et que c'était par son ordre particulier que j'avais été jeté en prison.

Un moment même il avait juré qu'après mes quinze jours d'arrêt, il me dégraderait à la face du régiment. Heureusement pour moi, il était parti quand je sortis du cachot. Du reste, je n'y avais point été malheureux. Ce qui rend la prison triste, c'est de l'avoir méritée. Mais quand on la subit innocent, elle a perdu son désagrément. L'éducation m'avait appris à chercher en tout ma conscience pour point d'appui. J'ose affirmer qu'il n'en est point de plus solide que celui-là ; il peut suffire à soutenir l'homme contre toutes les adversités de la vie. J'étais entré innocent dans mon cachot ; j'en sortis calme et fortifié.

XXXIII.

Rome.

Le 18 fructidor (4 septembre 1797), un coup d'Etat du Directoire mit fin aux intrigues de toutes sortes qui s'agitaient autour de lui. Cet acte fut une réaction révolutionnaire. Augereau en fut l'instrument. La mort prématurée de Hoche appela bientôt ce général au commandement de l'armée d'Allemagne, formée des deux grandes armées du Haut-Rhin et de Sambre-et-Meuse. A Paris, en s'appuyant sur les plus mauvaises passions et le peuple des faubourgs, Augereau avait fini par se rendre suspect au Directoire lui-même, qui fut fort aise de se débarrasser de lui, mais sans renoncer à s'en servir. On répandit bientôt dans l'armée d'Italie des lettres d'Augereau, dont le but était d'influencer les esprits dans le sens du 18 fructidor. Buonaparte en fut irrité, parce qu'il y vit une marque de défiance contre lui. D'ailleurs, la manière dont le Directoire avait traité les conventions de Léoben déplaisait à l'irritable vainqueur de l'Italie. Il offrit sa démission, qui ne fut point acceptée. Son occupation alors était d'organiser les nouvelles républiques italiennes. Tous ses travaux aboutirent à la création de cette fameuse République Cisalpine, dont le centre était à Milan, et à laquelle on donna la constitution française. A cette occasion, le régiment auquel j'appartenais fut appelé à Milan.

Il y avait déjà quatre ans et demi que je portais les armes; j'avais fait les trois campagnes les plus pénibles de la Révolution : celles de la Vendée, de la Hollande et de l'Italie. Une foule de mes frères d'armes, moins anciens que moi, étaient rentrés dans leurs foyers. Je n'avais, il est vrai, aucune infirmité, mes blessures n'avaient point été sérieuses; mais quatre ans et demi d'un service pénible étaient un titre suffisant à la retraite. Le dégoût du métier me saisissait de plus en plus. D'autre part, on allait négocier à Udine avec l'Autriche, et on traitait à Lille avec l'Angleterre : tout annonçait la paix générale. C'était donc le cas ou jamais d'obtenir mon congé. Je le sollicitai, en effet, avec ardeur; et, soutenu par le général Joubert, j'allais l'obtenir quand on apprit les mesures sévères que venait de prendre le Directoire à la suite de son coup d'Etat : rupture des conférences de Lille, nouvelles exigences vis-à-vis de l'Autriche, remise de l'armée sur le pied de guerre, expulsion des prêtres et des nobles rentrés, et surtout ordre à tous les soldats en congé de repartir pour les camps. Dès lors, il n'y avait plus d'espoir pour moi d'obtenir l'objet de mes vœux ardents.

Peu de temps après, se signait le traité de Campo-Formio (26 vendémiaire, 17 octobre); la paix était conclue avec l'Autriche. L'Angleterre restait ainsi la seule ennemie de la France; le Directoire résolut de tourner contre elle toutes ses forces, et nomma Buonaparte général de l'armée d'Angleterre. Avant de partir, il fixa à trente mille le nombre des Français qui devaient rester en Italie, aux frais de la République Cispadane, régla leurs rapports avec elle, et en confia le commandement à Berthier. Puis il partit pour Rastadt, ensuite pour Paris, où il fut reçu avec une joie universelle et salué par les fêtes les plus solennelles.

Nous retombâmes donc dans la vie de garnison. L'espoir que j'avais eu un moment de retourner dans ma patrie augmenta le regret d'en être éloigné. Ma correspondance avec ma famille devint plus active que jamais. Sans cesse je soupirais après cette vie des champs, si accommodée à mes goûts. Les détails qu'on me donnait sur le pays, l'état de langueur où était toujours l'agriculture, stimulaient mes désirs et accroissaient mes regrets. Du reste, j'avais toute liberté de pratiquer la religion : ce qui me consolait de mon exil. J'éprouvai même une satisfaction particulière, que je dois mentionner. Placé à la tête d'un détachement dans un petit village du Milanais, j'eus le bonheur de voir l'esprit religieux renaître au sein de mes soldats. La foi se réveilla en eux, dès qu'ils furent soustraits au souffle révolutionnaire et impie des généraux, et à la contagion du mauvais exemple. Comme j'étais leur chef principal, il n'y avait pas de honte à m'imiter. Je les vis venir, l'un après l'autre, à l'église, assister aux offices; ils demandèrent même à relever par leur présence en uniforme les processions publiques; et, chose plus étrange, aux fêtes de Pâques, ils me procurèrent l'agréable surprise de s'asseoir presque tous à la table sainte.

Je compris alors, mieux que jamais, l'influence des chefs sur le soldat. Ayant au-dessus de lui des officiers sans foi, il rougira d'en avoir; qu'on lui donne des chefs croyants, il se fera honneur d'être religieux.

Ce sont donc les chefs qui perdent ou sauvent l'armée.

Le levain révolutionnaire déposé par la France fermentait dans toute l'Italie. Par contre, les gouvernements réagissaient contre le principe qui menaçait leurs trônes. A Naples, le gouvernement faisait tous ses efforts pour étouffer la démocratie naissante. A Rome, les *patriotes* s'agitaient et en venaient aux voies ouvertes. Dans une de ces émeutes, Joseph Buonaparte, ministre de la République près du Pape, ayant paru pour interposer son autorité, vit tomber à ses côtés le général Duphot, percé d'une balle. Cet événement ne fut pas plus tôt connu à Paris, qu'on ordonna d'aller en tirer vengeance; et Berthier fut chargé de cette expédition. Je vis alors se réveiller toutes les haines, un moment assoupies, contre le Souverain Pontife. Tous les esprits-forts de la Cispadane firent chorus avec nos soldats, demandant à grands cris de marcher sur Rome. Quelques milliers d'hommes furent choisis pour ce but; et ma malheureuse destinée voulut que je fusse du nombre.

Le 10 février (22 pluviôse), nous arrivions en vue de Rome. Je ne saurais dire l'impression que ce premier aspect produisit sur moi. Je la voyais donc, cette ville éternelle, centre de la religion, siége du chef de l'Eglise universelle! Elle était là, assise au milieu de sa campagne désolée, comme un phare destiné à éclairer la terre. Pendant longtemps, le monde profane avait gravité autour d'elle ; aujourd'hui, elle était le point central du monde spirituel. Elle était cette pierre inébranlable sur laquelle le Christ a fondé son Eglise, et contre laquelle les portes de l'enfer ne sauraient prévaloir. Je la trouvais belle dans sa simplicité, grande dans sa pauvreté extérieure. Ses dômes et ses clochers me semblaient comme autant de voix élancées vers le ciel, formant un concert où chaque siècle vient mêler sa note. Ses vieux souvenirs repassaient dans ma mémoire : ses pontifes, ses apôtres, ses martyrs. Ils avaient foulé le sol que mes pieds foulaient ; ils avaient habité les murs où j'allais entrer ; ils avaient prié dans les temples où j'allais bientôt prier ! Oui, ces pensées exaltaient mon âme, pendant que l'objet même de notre expédition m'attristait. Quelles ne pouvaient pas être les suites de notre occupation ? Quelles macules, quelles rides ne pouvaient pas imprimer sur le front de cette reine auguste les fils dénaturés qui marchaient contre elle ? Respecteraient-ils sa sublime maternité, ses souvenirs, ses monuments, son souverain, ses temples ? Hélas ! leurs cris furieux, leur joie impie, ne répondaient que trop à ces questions.

Et l'événement ne démentit pas ces sombres pronostics. L'ambassadeur espagnol, d'Azara, était venu négocier des conditions. On nous livra le château Saint-Ange ; Berthier, à l'instar des anciens triomphateurs, monta au Capitole. Le Pape, enfermé au Vatican, fut sommé de se démettre de sa qualité de souverain temporel ; il répondit avec dignité qu'il n'était pas libre de dépouiller un titre qui n'était point à lui, mais la succession d'une foule de pontifes et le patrimoine du monde catholique. On se moqua de ces raisons, et, la nuit suivante, le vénérable Pontife fut enlevé brutalement de sa demeure, emmené en Toscane et enfermé dans un couvent.

Pie VI ne rentra plus dans la ville éternelle ; il mourut en exil.

Ce sacrilége attentat me remplit l'âme de deuil. J'aurais désiré voir au moins l'illustre Pontife : cet honneur me fut refusé. Dès lors, je dois le dire, Rome avait perdu pour moi beaucoup de ses attraits. Je parcourus néanmoins cette magnifique cité ; je visitai ses monuments sacrés et profanes ; j'étudiai, pour ainsi dire, tous les traits de cette mère auguste du christianisme, aujourd'hui veuve de son époux. Je remplirais un volume des observations que j'y fis. Mais j'avoue que l'absence du Pape y faisait pour moi un vide que rien ne pouvait combler.

Je n'ai pas besoin non plus de rappeler la manière indigne dont l'armée française, et surtout ses chefs, se conduisirent à Rome. L'histoire a consigné les déprédations horribles qui s'y commirent. Masséna se distingua par cet esprit de vol et de pillage qui était un des traits de son caractère. Il venait de succéder à Berthier dans le commandement ; il fut le premier à donner l'exemple de la dévastation, et les officiers supérieurs l'imitèrent. Je ne saurais dire que d'objets précieux furent enlevés aux couvents, aux églises, aux palais, aux collections publiques, et vendus à vil prix à des Juifs. Le soldat, du reste, languissait dans un grand dénuement. Il avait vu renaître les mauvais jours de la Hollande, et du commencement de la campagne d'Italie. Depuis cinq mois, nous n'avions point touché de solde : la *Cispadane*, épuisée comme on l'est toujours après une révolution, ne pouvait nous payer ni nous habiller. Mais l'argent, fruit des déprédations exercées à Rome, au lieu d'être employé au service du soldat, ne servit qu'à enrichir nos chefs. La chose alla au point qu'il y eut une révolte contre Masséna ; les officiers subalternes déclarèrent qu'ils ne voulaient plus servir sous lui, et demandèrent son rappel. Le Directoire fit droit à cette demande.

L'Angleterre, je l'ai dit, restait notre seule ennemie ; la Suisse même avait eu sa révolution, et se constituait, par notre intervention, en une nouvelle république. L'Angleterre était devenue le point de mire du Directoire, et surtout du général Buonaparte. Celui-ci, depuis son retour à Paris, n'avait cessé d'y jouir d'une gloire jusque-là sans exemple. Tout ce qu'il y avait de distingué, en quelque genre que ce fût, s'était empressé de se réunir autour de lui. Déjà l'instinct public pressentait le futur dominateur de la France. C'était à qui l'encenserait, le cajolerait : on adorait le soleil levant. Lui, de son côté, affectait une extrême simplicité. Il aspirait l'odeur de l'encens, mais tenait à cacher l'idole. Son éclat offusquait le Directoire ; on oubliait le gouvernement et les Conseils pour ne s'occuper que du vainqueur de l'Italie. En homme habile, il s'efforçait de s'effacer ; mais il prévoyait que bientôt l'envie s'attacherait à son nom. D'ailleurs, il n'ignorait pas qu'au point où il était placé, rester stationnaire, c'était reculer. Son activité inquiète se fatiguait aussi du repos ; cette vie de circonspection, de réserve et d'intrigues l'accablait ; il avait besoin de l'air libre et du bruit de la victoire.

Déjà, depuis longtemps, il avait dit : *C'est en Egypte qu'il faut attaquer l'Angleterre* (1). Son génie avait compris que le vrai champ de bataille entre la France et sa vieille rivale était la Méditerranée. Jusqu'à quel point cette idée est juste, je l'ignore ; mais c'était la sienne, bien vieille, bien enracinée, qu'il aimait à répéter et qu'il parvint enfin à inculquer au Directoire.

Grand fut notre étonnement quand nous reçûmes l'ordre de partir pour Civita-Vecchia. On se demandait : Où allons-nous ? A Malte, disaient les uns ; aux îles Ioniennes, disaient les autres ; en France, murmuraient ceux-là. Le fait est que nous partions pour l'Egypte.

Cette expédition avait été convenue entre Buonaparte et le Directoire avec un si grand secret, que de tous ceux qui travaillaient à la préparer, pas un n'en devina le but. Le Directoire avait accordé à Buonaparte trente-six mille hommes des troupes d'Italie. Quatre points de réunion avaient été désignés : Toulon, Gênes, Ajaccio, Civita-Vecchia.

Le 9 mai 1798, Buonaparte arrivait à Toulon. Son armée éprouva un véritable enthousiasme à le revoir.

(1) Lettre du 29 thermidor an v (16 août 1797).

Avant le départ, il lui adressa la proclamation suivante :

« Soldats, vous êtes une des ailes de l'armée d'Angleterre. Vous avez fait la guerre de montagnes, de plaines, de siéges : il vous reste à faire la guerre maritime.

» Les légions romaines, que vous avez quelquefois imitées, mais pas encore égalées, combattaient Carthage tour à tour sur cette mer et aux plaines de Zama. La victoire ne les abandonna jamais, parce que constamment elles furent braves, patientes à supporter la fatigue, disciplinées et unies entre elles.

» Soldats, l'Europe a les yeux sur vous. Vous avez de grandes destinées à remplir, des batailles à livrer, des dangers, des fatigues à vaincre. Vous ferez plus que vous n'avez fait pour la prospérité de la patrie, le bonheur des hommes et votre propre gloire.

» Soldats, matelots, fantassins, canonniers, cavaliers, soyez unis ; souvenez-vous que le jour d'une bataille vous avez besoin les uns des autres.

» Soldats, matelots, vous avez été jusqu'ici négligés ; aujourd'hui, la plus grande sollicitude de la République est pour vous : vous serez dignes de l'armée dont vous faites partie.

» Le génie de la liberté, qui a rendu, dès sa naissance, la République l'arbitre de l'Europe, veut qu'elle le soit des mers et des nations les plus lointaines. »

Ce langage nous enthousiasma tous. L'incertitude même du but où nous tendions ajoutait un nouveau charme à l'entreprise de cet homme extraordinaire. On le croyait capable des plus grandes choses, et on ne supposait pas que son génie pût se tromper.

La flotte partie de Toulon rallia en passant le convoi de Gênes, commandé par le général Baraguey d'Hilliers, et celui d'Ajaccio sous les ordres de Vaubois. Le nôtre, commandé par Desaix, se mit en route dans la direction de Malte : ce fut là seulement que nous pûmes rejoindre la flotte principale, le 9 juin. Le lendemain, nous débarquâmes dans l'île. Buonaparte, qui songeait à s'en emparer sur les chevaliers qui en portaient le nom, avait fait demander au grand-maître permission de faire de l'eau. Sur son refus, il fit ses préparatifs d'attaque. Nous investîmes la place de Lavalette; mais après une faible et inutile défense, le grand-maître Ferdinand de Hompesch demanda à capituler. Malte fut abandonnée à la France. Buonaparte y laissa Vaubois avec trois mille hommes, et le 19 juin la flotte se remettait en mer.

XXXIV.

La mer.

La mer! oh! quelle sensation étrange son aspect éveilla en moi! Souvent, au coin du foyer paternel, j'avais rêvé de cet élément fameux, si fécond en drames terribles, si plein d'horreurs et de merveilles. Je la voyais enfin dans sa force et dans sa majesté; comme une de ses bulles, j'étais bercé sur ses vagues. J'éprouvai longtemps une joie enfantine à me laisser aller aux ondulations de ses flots et à me dire : Je suis sur la mer! Voilà la mer! Mes rêves d'autrefois étaient réalisés. Mes yeux ne se lassaient pas de mesurer cette vaste étendue, de pénétrer dans ces eaux bleuâtres, de suivre le moutonnement des vagues, d'admirer l'éclat du soleil sur cette surface unie, où nos cinq cents voiles se déployaient avec grâce. Mon imagination rêveuse, dépassant la limite où les flots circonscrivaient ma vue, se livrait à l'idée de l'infini, que rien n'éveille plus puissamment que la mer. C'était avec une sorte de volupté que je me sentais livré, moi, frêle et pauvre créature, à cette énergique et indomptable puissance, la seule que l'homme n'ait pu assujétir à sa domination. Libre, majestueuse, immense, elle me semblait un miroir éclatant, et comme un reflet des perfections divines. Je frissonnais, mais de joie plutôt que de terreur, à sentir qu'une planche, une fragile planche me séparait seule de ces redoutables abîmes, où l'œil de l'homme ne saurait pénétrer, mais que Dieu, suivant l'expression d'un prophète, *mesure dans le creux de sa main* (1). Chose étrange! ma faiblesse faisait ici mon orgueil ; je me disais : Cette reine puissante respectera ma débilité, ma confiance en elle ; elle dédaignera d'absorber dans son vaste sein l'être sans défense qui se livre à elle ; elle craindra surtout de faire quelque mal à celui que Dieu tient sous ses ailes.

J'invoquai aussi celle que l'Eglise appelle l'*Etoile de la mer*. Il me semblait que cette expression était éminemment digne de Marie. Je trouvais de la proportion entre cette Vierge puissante et ce majestueux élément : elle était digne de lui commander, il était digne de lui obéir. Me recommandant donc à cette douce et virginale protectrice, je crus n'avoir plus rien à craindre de la perfidie des écueils, ni de la force de la tempête. Je bravais, pour ainsi dire, les flots, et me disais tout bas : Ils n'oseront !

Nous cinglions vers l'Egypte, et nul de nous ne le savait encore. L'incertitude du but, je l'ai dit, donnait à cette expédition quelque chose d'aventureux, assez en harmonie avec le mobile élément sur lequel nous vo-

---

(1) Isaï. XL, 12.

guions. La sécurité du chef faisait la nôtre; son front même, habituellement sérieux et rêveur, s'était déridé, et cela avait suffi pour répandre à bord de l'escadre une gaieté inaccoutumée : tant l'âme de cet homme passait vite dans l'armée! Il en était le souffle et la pensée. Pourtant, un grave souci le préoccupait : il craignait la flotte anglaise. Sous la conduite de l'habile amiral Nelson, une escadre cherchait la nôtre à travers la Méditerranée. Le secret de notre destination avait été si bien gardé, que le pauvre amiral revint devant Toulon douze jours après le départ de la flotte, courut de là à la rade du Tagliamon, et de celle-ci à Naples, où il entrait le jour même où nous quittions l'île de Malte. Il est difficile de prévoir quel eût été le résultat d'une rencontre, ou plutôt nul ne peut douter que si la flotte anglaise nous eût trouvés, l'habileté de ses matelots n'eût obtenu la victoire sur notre marine, depuis si longtemps négligée. Mais la fortune de l'homme prodigieux qui nous conduisait permit que, malgré une relâche de dix jours à Malte, Nelson n'eût aucune nouvelle de notre direction, avant qu'il fût trop tard pour nous atteindre. Bien plus, dans ses marches et contremarches, l'Anglais ne se trouva un moment qu'à quelques lieues de nous, et ne s'en aperçut point. Averti enfin que nous tendions vers l'Egypte, il nous y devança, et, ne nous y voyant pas, revint vers les Dardanelles pour nous y attendre, au moment même où nous arrivions devant Alexandrie (1er juillet 1798).

Comment ne pas se fier à cette étoile ?

La traversée ne fut point assez longue pour être désagréable. On ne nous laissait, d'ailleurs, pas le temps de nous ennuyer. Buonaparte, pressentant son infériorité en cas d'attaque, avait imaginé d'y suppléer par une nouvelle tactique. Il voulait que chaque navire s'attachât à un seul navire ennemi, et ne le quittât qu'après l'avoir vaincu. Je retrouvai, plus tard, en lisant l'histoire, une idée analogue chez un consul romain (1), le premier qui livra un combat naval et qui en fit une victoire. Celui-ci avait inventé des crochets qui, en agrafant, pour ainsi dire, le vaisseau ennemi, permettaient l'établissement d'un pont, par conséquent l'abordage, et transformaient ainsi le combat naval en un combat sur terre. On nous avait signifié à bord la pensée du général en chef, et nous nous exercions en conséquence. Une confiance singulière nous animait. Telle était l'ardeur avec laquelle nous embrassions cette idée nouvelle, que nous aurions voulu trouver l'occasion de l'appliquer. Quand je réfléchis à cet enthousiasme des soldats, je me prends à douter que la tactique anglaise eût pu triompher de nous.

Nos journées étaient donc remplies. Pour beaucoup, le mal de mer s'ajoutait à la fatigue des exercices militaires. J'eus encore le bonheur d'être à peu près exempt de cette incommodité. Ma vigoureuse santé y résista. Je l'attribuai à l'intervention de Marie, qui sembla me protéger alors plus qu'en aucun autre temps de ma vie. Nous eûmes une bourrasque assez violente ; il était naturel que l'on en éprouvât quelque frayeur. Aussi la

---

(1) Duillius, 260 ans avant Jésus-Christ. *(Note de l'Éditeur.)*

plupart de mes compagnons d'armes en furent-ils épouvantés. Pour moi, j'affirme que mon cœur ne battit pas un seul instant plus fort. Je me disais toujours : L'Etoile de la mer me regarde : les flots n'oseraient ! J'avouerai même — dussent mes lecteurs en douter — que je ressentais une sorte de satisfaction à voir ainsi la mer en mouvement. Sa colère me semblait belle. Ce sifflement des vents dans les voiles, ce bruit de la foudre, ces montagnes d'eau qui s'élèvent pour se creuser ensuite en abîmes, cette agitation des matelots, ces voix sinistres qui commandent la manœuvre, tout, jusqu'à cette incertitude où l'on est sur son sort, tout, dis-je, revêt un caractère de grandeur et de sauvage beauté qui émeut et qui plaît, quand on garde assez de tranquillité d'âme pour y réfléchir. J'avais lu jadis des histoires de tempêtes; mais combien la description était au-dessous de la réalité !

Là encore je m'aperçus que l'impiété chez le soldat n'est qu'à la superficie. On sait que le matelot redevient toujours religieux à l'heure de la tempête. Il en fut de même de nos soldats. Je montais le *Franklin*. J'avais à côté de moi des officiers, et plusieurs de ces savants que le général emmena dans cette fameuse expédition, pour en tirer parti dans l'intérêt de la science. La plupart étaient des jeunes gens, membres de l'Institut, et athées, au moins en apparence. Je les avais entendus tenir les propos les plus irréligieux. Eh bien ! au sein de cette petite tempête, qui ne fut qu'une miniature, puisque l'histoire n'en parle même pas, je vis ces esprits-forts pâlir, trembler et même *prier*. L'un d'eux fit devant moi le signe de la croix. Un autre, qui voyait ma tranquillité, s'approcha de moi et me demanda mes motifs de croire. Nous eûmes une longue conversation, où j'eus la parole tant que je voulus; je m'apercevais que les objections diminuaient à mesure que l'orage augmentait. Un troisième me pria de lui rappeler le *Pater*, qu'il avait oublié. Quant à nos soldats, je fus obligé de leur céder mon chapelet, sur lequel ils essayèrent de balbutier quelques prières. Mon chapelet! ce pauvre chapelet, devenu si célèbre au régiment! ce chapelet, objet de tant de railleries! ce petit meuble si bien berné, si ridicule, qui m'avait valu tant de jolis sobriquets!... eh! vraiment, on se le disputait, on aurait voulu pouvoir le multiplier, s'en partager les grains.

Soldats, matelots, officiers de terre ou de mer, vous n'êtes donc incrédules que par mode, ou par faiblesse, ou par entraînement, ou par libertinage! La foi vit en vous, malgré vous, et il suffit de la présence du péril pour la réveiller.

Eh bien! être irréligieux tant qu'on se porte bien, et croyant quand on est malade, est-ce avoir du caractère? N'est-il pas plus noble de ne jamais rougir de sa foi, et de rester constant à soi-même?

XXXV.

L'Egypte.

Quand nous arrivâmes en vue d'Alexandrie, la mer était très agitée. Un vent violent soulevait les flots, et les jetait sur les rescifs. Mais Buonaparte, redoutant de voir arriver les Anglais, ordonna de débarquer aussitôt. Il donna lui-même l'exemple, en se lançant dans une chaloupe avec Kléber. Vingt fois nous faillimes être jetés sur la côte ou engloutis dans la mer. On eut peine à débarquer quatre ou cinq mille hommes dans la soirée. Aussitôt le drapeau tricolore est arboré. Buonaparte a résolu de marcher immédiatement sur Alexandrie. Son système était en tout d'agir avec rapidité; c'était bien l'homme qui a dit : En guerre, les hommes ne sont rien, les minutes sont tout.

Grand, sans doute, dut être l'étonnement de ces habitants du désert, en voyant paraître sous leurs murs des guerriers venus de si loin, et qu'ils attendaient si peu. La milice du pays consistait alors en Mamelucks : esclaves achetés en Circassie, beaux, braves, bien faits, exercés dès la jeunesse au maniement des chevaux et des armes, et devenus d'agiles et brillants cavaliers. Formés pour servir et défendre le pays, ils en étaient devenus les vrais dominateurs. Vingt-quatre chefs, appelés beys, en étaient les propriétaires et les commandaient. Parmi ceux-ci, deux avaient su usurper une véritable supériorité : l'un, Ibrahim-Bey, par sa ruse et ses richesses ; l'autre, Mourad-Bey, par son courage et son habileté dans les combats. Ils s'étaient partagé la puissance : Ibrahim dirigeait l'administration civile, et Mourad s'était conservé les attributions militaires.

Nos soldats s'enfoncèrent, à la chute du jour, dans la plage sablonneuse qui sépare Alexandrie du bord de la mer. Le lendemain, à la pointe du jour, ils étaient aux portes de cette ville. On l'attaqua immédiatement. Ce n'était guère qu'un tas de ruines, desquelles il fallait déloger l'ennemi pas à pas. Un combat de rues allait s'engager, quand un capitaine turc vint proposer un accord. Buonaparte déclara que toutes les propriétés seraient respectées, qu'on n'attenterait en rien aux usages civils ou religieux du pays, qu'il venait seulement venger sur les Mamelucks les injures faites à la France, et leur enlever une autorité usurpée. Sur cette déclaration, on mit bas les armes, et les Français entrèrent dès le jour même dans Alexandrie. L'affaire nous avait coûté quelques soldats ; le général les fit enterrer au pied de la colonne de Pompée. Toute l'armée assista à cette cérémonie, et sentit son enthousiasme guerrier se réveiller.

Buonaparte, à peine débarqué, avait adressé une pro-

clamation aux Egyptiens, et une autre à son armée. Conçues, comme toujours, dans un style oriental, elles révélèrent de plus dans leur auteur cet esprit d'irréligion qui mettait tous les cultes au même niveau. Je confesse que leur lecture me fit mal, et qu'elle abaissa singulièrement le général dans mon estime. « Nous aussi,
» disait-il aux Egyptiens, nous sommes de vrais Mu-
» sulmans. N'est-ce pas nous qui avons détruit le pape,
» qui disait qu'il fallait faire la guerre aux Musulmans?
» N'est-ce pas nous qui avons détruit les chevaliers de
» Malte, parce que *ces insensés* croyaient que Dieu vou-
» lait qu'ils fissent la guerre aux Musulmans? Trois fois
» heureux ceux qui seront avec nous... » Sans doute la politique, beaucoup plus que la conviction, inspirait ces paroles. Mais quelle politique que celle qui dicte de pareils mensonges! J'étais honteux, pour ma part, d'être compris dans une armée dont on osait dire qu'elle avait détruit le Pape et les chevaliers de Malte, pour complaire aux Musulmans.

A nous, Buonaparte disait : « Vous allez entreprendre
» une conquête dont les effets sur la civilisation et le
» commerce du monde sont incalculables. Vous porte-
» rez à l'Angleterre le coup le plus sûr et le plus sen-
» sible, en attendant que vous puissiez lui donner le
» coup de la mort. Les peuples avec lesquels nous allons
» vivre sont mahométans; leur premier article de foi
» est celui-ci : *Il n'y a d'autre dieu que Dieu, et*
» *Mahomet est son prophète.* Ne les contredisez pas;
» agissez avec eux comme nous avons agi avec les
» Juifs, avec les Italiens. Ayez des égards pour leurs

» muphtis (1) et leurs imans (2), comme vous en avez
» eu pour les rabbins et pour les évêques. Ayez pour
» les cérémonies que prescrit le Koran (3), pour les
» mosquées, la même tolérance que vous avez eue pour
» les couvents, pour les synagogues, pour la religion de
» Moïse et celle de Jésus-Christ. Les légions romaines
» protégeaient toutes les religions... »

Oui, oui, je le répète, mon âme se souleva d'indignation, à la lecture de ces lignes étranges. Mettre sur la même ligne les muphtis et les évêques, les juifs et les catholiques, Jésus-Christ et Moïse, le temple chrétien et la mosquée, me semblait d'une si basse et d'une si ridicule impiété que le rouge m'en montait au front. Dès ce moment, je vis qu'il n'est pas de moyen qui répugne à l'ambition pour parvenir à ses fins. Je souffrais des affronts faits à mon culte. Je puis me tromper; mais l'impiété ouverte, franche, marchant le front découvert, m'a toujours paru moins haïssable que cette indifférence, ou plutôt ce mépris pour tous les cultes, les confondant tous dans les mêmes respects hypocrites et la même tolérance. J'aime mieux le brigand qui m'attaque l'épée à la main, que le traître qui m'empoisonne en me faisant des compliments.

Dès qu'il fut maître d'Alexandrie, Buonaparte y laissa Kléber avec trois mille hommes, et s'avança vers le Caire. Il avait donné l'ordre à une flottille chargée de vivres de remonter le Nil, et de suivre parallèlement

(1) Grands-prêtres chez les mahométans. *(Note de l'Editeur.)*
(2) Ministres de la religion mahométane. *(Idem.)*
(3) Livre sacré chez les mahométans. *(Idem.)*

l'armée, qui se composait d'environ trente mille hommes. Notre division, sous les ordres de Desaix, formait l'avant-garde. Nous étions au 6 juillet; la chaleur était accablante. Il fallait marcher à travers un désert de sable sans verdure, sans habitations, sans eau. A peine quelques palmiers rabougris reposaient, de loin en loin, la vue fatiguée. De temps à autre, de rares cavaliers arabes apparaissaient et disparaissaient aussitôt. Quelques traînards tombaient entre leurs mains, et étaient aussitôt égorgés. Je ne sais rien de plus triste que la marche à travers ces solitudes. Un malaise indéfinissable remplit l'âme, qui semble n'avoir plus d'appui autour d'elle. La chaleur, la poussière, la soif, la lassitude, réunissent leurs divers genres de tourments pour accabler le malheureux voyageur qui s'engage dans ces mers de sable. Point de route : un coup de vent efface en un instant les vestiges d'une armée, comme ceux d'un homme. Pas un chant d'oiseau pour vous réjouir. Pas un arbre, un pré, un ruisseau pour reposer vos regards. Pas un jalon quelconque pour vous guider dans votre chemin. Mais le tourment le plus douloureux, c'est la soif. Quelques puits creusés de loin en loin servent à alimenter les caravanes qui traversent quelquefois ces tristes contrées; mais les Arabes les avaient détruits ou rendus invisibles, en sorte que nous n'avions pas un filet d'eau pour rafraîchir nos gosiers altérés. Le mécontentement des soldats éclata alors; pour la première fois, l'étoile du capitaine semblait pâlir. Desaix lui écrivait : « Si l'armée ne passe pas le désert avec toute la rapidité de l'éclair, elle périra. » Comme jadis les Israélites enfoncés dans le désert, nos soldats regrettaient les plaines fertiles de la Lombardie. Les généraux eux-mêmes perdaient courage : Lannes, Murat, jetaient de colère leurs chapeaux dans le sable, et les foulaient aux pieds. A toutes nos douleurs vint encore s'ajouter le phénomène du mirage, cette illusion cruelle qui vous séduit la vingtième fois comme la première, et comble tous les tourments par la torture de l'espérance déçue. Pour mon propre compte, je dois cependant dire que je souffris moins qu'un grand nombre : mon éducation m'avait endurci au travail et à la fatigue. Précieuse vie des champs, qui, par la sobriété et l'exercice qui l'accompagnent, met l'homme à l'abri de la plupart des besoins et des faiblesses, qui obsèdent les autres conditions sociales !

Enfin, après quatre jours de marche, nous arrivâmes à Damanhour. On nous avait promis que dans cette ville nous trouverions de tout en abondance : nous n'y trouvâmes cependant qu'un peu d'eau et des lentilles ; point de pain, point de vin, point de viande. Enfin, nous atteignîmes Ramanich, et peu après les bords du Nil. Telle était la joie et l'impatience des soldats, qu'ils se précipitèrent dans ces eaux si désirées. Notre division était passée de l'avant-garde à l'arrière-garde ; quelques centaines de cavaliers vinrent caracoler autour de nous ; il fallut les dissiper à coups de canon. Le 13 juillet, nous repartîmes, précédés par la flottille ; mais celle-ci, arrivée avant nous à Chébreïss, y fut attaquée par une certaine quantité de petits vaisseaux égyptiens, que Mourad-Bey y avait réunis, et qu'il soutenait du rivage par sa nombreuse cavalerie. Les nôtres, dirigés par le général Andréossy, tinrent ferme et coulèrent bas les chaloupes canonnières ennemies; mais le nombre eût peut-être fini par l'emporter. Heureusement pour notre flotte, nous arrivâmes à temps. Le combat s'engagea. Un grand nombre de cavaliers se précipitèrent sur nous; mais partout ils rencontrèrent d'impénétrables carrés, et furent obligés de se replier avec perte, et d'aller nous attendre sous les murs du Caire.

Nous nous remîmes en marche, pour atteindre enfin cette capitale si vantée. Les mêmes incommodités nous accompagnèrent, moins toutefois le défaut d'eau; car nous longions le Nil. Nous avions du blé, et pas de pain, faute de fours et de moulins. Des pigeons, des lentilles, des pastèques formaient notre nourriture. Enfin, nous arrivâmes en vue du Caire, où Mourad-Bey nous attendait avec dix mille de ses Mamelucks environ; plus, vingt-quatre mille janissaires ou fellahs, et un nombre considérable de cavaliers arabes, qui servaient d'auxiliaires aux Mamelucks. Tout cela était disposé sur la rive gauche du Nil, tandis que le Caire est sur la rive droite.

Je me souviendrai toujours de l'étonnement qui nous saisit, au moment où nous pûmes embrasser le singulier coup d'œil que présentait l'horizon. A droite, la ville du Caire, avec ses trois cents minarets (1) blancs, qui dentelaient le ciel, ses murs et ses maisons plates; en face, le village d'Embabeh, le camp des soldats

---

(1) Clochers mahométans. *(Note de l'Editeur.)*

égyptiens, dont les armes resplendissaient au soleil, et le Nil, fuyant comme un serpent à travers le désert ; à gauche, des plaines de sable, d'où s'élançaient, comme des aiguilles, ces fameuses pyramides de Giseh, dont on nous avait fait d'avance une si belle description. Nos regards avides s'attachaient surtout à ces dernières : pompeux, mais stériles monuments de l'orgueil humain, attestant par leur existence au milieu de ces solitudes la vanité des choses de ce monde. La première pensée que leur aspect éveilla en moi fut moins l'admiration que la pitié : la pitié pour cet être chétif qui s'appelle l'homme, lequel, obsédé partout des images de la mort, agit néanmoins comme devant toujours vivre, et bâtit des monuments qui, dans sa pensée, doivent perpétuer sa gloire, et, en réalité, n'immortalisent que sa faiblesse et son néant.

Le général en chef partageait l'enthousiasme général. Il passait fièrement devant nos rangs, et, nous montrant de la main ces muettes aiguilles d'un cadran de sable, nous répétait, avec son emphase habituelle, ces mots devenus si fameux : *Songez que du haut de ces pyramides quarante siècles vous contemplent !* Image creuse, je me permets de le dire ; phrase sonore, mais vide de sens. Je ne sais comment des siècles peuvent contempler, ni ce que les quarante siècles passés avaient à contempler dans quelques milliers d'hommes, harassés de soif et de fatigue, que l'ambition aveugle d'un général conduisait à quinze cents lieues de leur patrie, dans des déserts de sable, au risque de les y ensevelir à tout jamais. Mais le mot fit fortune ; et des centaines de rhéteurs, m'a-t-on dit, ont adopté depuis pour modèle du sublime ces onze paroles, qui n'expriment — qu'on passe ce jugement à un paysan illettré — qu'une grande niaiserie.

Pourtant ce spectacle était frappant, au moins par sa nouveauté. Il était permis même d'éprouver quelque terreur à la vue de ces dix mille cavaliers mamelucks, développés sur une ligne immense, et paraissant attendre de pied ferme les étrangers qui venaient à eux. Comme j'avais lu dans mon enfance l'*Histoire du peuple de Dieu,* je ne songeais pas sans quelque émotion que je foulais cette terre dont Moïse avait tiré son peuple à force de prodiges ; cette terre où mon divin Maître, encore enfant, avait fui pour échapper à la persécution d'Hérode ; peut-être même voyais-je dans ces orgueilleuses pyramides le fruit des durs labeurs auxquels un des Pharaons avait condamné les Hébreux. Tous ces sentiments confus élevèrent dans mon âme une sorte de trouble dont l'indéfinissable impression survit encore, chaque fois que j'y reporte mes souvenirs.

Le premier essai de nos armes contre les Arabes avait indiqué au général en chef le moyen de vaincre ces hordes braves, mais indisciplinées. Le coup d'œil du génie avait deviné qu'il fallait opposer à ces masses flottantes, mobiles, rapides, des masses solides, une force de résistance invincible. Le plan fut dressé en conséquence. Buonaparte forma ces fameux *carrés,* devenus historiques : citadelles impénétrables à la cavalerie arabe, malgré sa fougue et son admirable légèreté. L'armée était partagée en cinq divisions, commandées par Desaix, Bon, Reynier, Menou et Kléber. En l'absence de celui-ci, Dugas avait pris sa place. Chacune de ces divisions formait un carré sur six hommes de hauteur ; la cavalerie et les équipages étaient aux centres, l'artillerie aux angles ; les grenadiers, formés en pelotons, se tenaient aux flancs, prêts à renforcer les points d'attaque. Nous avions les ordres les plus précis pour réprimer cette ardeur, à laquelle le général lui-même nous avait habitués en Italie : nous devions laisser les Mamelucks caracoler, faire resplendir leurs armes, tirer leurs pistolets, insulter, pour ainsi dire, à nos lignes ; et attendre, de pied ferme, pour ne tirer qu'à bout portant. Cette manœuvre réussit. Notre division, avec celle de Reynier, formait la droite, vers le désert ; celle de Dugas, où était Buonaparte, formait le centre ; celles des généraux Bon et Menou formaient la gauche, appuyée sur le Nil. Mourad-Bey déploya dans cette journée un grand courage, et même de l'habileté. Mais qui pouvait renverser ces citadelles hérissées de baïonnettes, ou résister à ces attaques froides et calculées, contenues par la discipline et dirigées par le génie ?

Notre division avait donné la première. Engagée à travers des palmiers, elle reçut le choc de huit mille cavaliers. Nous les attendîmes avec calme, et quand ils furent à portée, une décharge de mousqueterie et de mitraille les arrêta soudain, en portant la mort dans leurs rangs. Quelques-uns des plus braves se précipitèrent sur nous ; puis, par une manœuvre rapide autant qu'habile, acculant leurs chevaux et les renversant sur nos baïonnettes, ils parvinrent à faire une brèche, et à pénétrer dans le carré. Mais bientôt le vide se remplit, et ces braves et malheureux soldats, au nombre de cinquante peut-être, enfermés dans une enceinte infranchissable, expirèrent aux pieds de Desaix. La masse se jeta alors sur la division Reynier ; mais Buonaparte, avec la division Dugas, l'atteignit par derrière ; et, prise ainsi entre trois feux, elle fut acculée et mise dans une déroute complète. Dès ce moment, le désordre commença dans le camp d'Embabeh : Buonaparte, qui s'en aperçut, le fit attaquer. Mourad-Bey lança alors sur nous la multitude de ses fellahs ; mais nos colonnes d'attaque se reformèrent immédiatement en carrés pour les recevoir, et en abattirent une foule. Repoussés de tous côtés, les ennemis s'enfuirent dans toutes les directions : les uns parvinrent à gagner le désert, les autres furent rejetés dans le Nil, et s'y noyèrent en partie. Nous enlevâmes Embabeh à la baïonnette. Les Arabes, qui attendaient au pied des pyramides le moment de profiter de la victoire, voyant leurs compagnons en déroute, disparurent bientôt dans les sables. Mourad-Bey s'enfuit vers la Haute-Egypte avec deux mille cinq cents de ses Mamelucks, seuls restes de sa brillante armée ; Ibrahim, qui s'était enfermé au Caire, prit le chemin de la Syrie. Les divisions Desaix, Reynier et Dugas poursuivirent les fuyards jusqu'à la nuit. Le camp d'Embabeh offrit à l'avidité de nos soldats des richesses de toute sorte : bijoux, étoffes précieuses, armes, chevaux, bourses remplies d'or. Je les vis même repêcher les malheureux Egyptiens noyés dans le Nil, et les dépouiller. Nous trouvâmes aussi des vivres en abondance. Buonaparte appela cette victoire *Ba-*

taille des Pyramides. Malheureusement, les Mamelucks, avant de s'enfuir, avaient mis le feu à leur flotte. Nos soldats eurent la douleur de voir cette proie leur échapper. Bientôt, une députation de scheiks et de notables du Caire viennent faire leur soumission au général en chef, qui s'était logé dans la maison de campagne de Mourad-Bey. Le 25 juillet, il fait solennellement son entrée au Caire, et nous rend les maîtres de cette vaste cité, où fourmillait une populace abrutie par l'esclavage, rongée par la vermine, mais couvant depuis longtemps une haine féroce contre les Mamelucks, ses maîtres. Un mouvement se préparait pour piller et incendier les maisons des riches. Notre présence le comprima.

Cette conquête fut suivie de quelques jours de repos, pendant lesquels l'armée jouit de l'abondance, et que Buonaparte consacra à organiser l'administration du pays. Ce vaste génie, non moins propre à la politique qu'à la guerre, s'efforça de gagner l'esprit des populations, et il y réussit. Ce fut surtout par l'entremise des scheiks, par le respect qu'il affecta pour leur culte, qu'il parvint à faire accepter ses plans. En flattant de l'espoir d'un sort meilleur des populations oppressées sous un joug pesant, il conquit leur affection. Le prestige de sa puissance s'étendit sur ces contrées comme sur la France : on admirait *Buonaberdi*, le *favori de la victoire*, le *conquérant de l'Occident*, le *grand chef*, le *guerrier par excellence*, le *sultan du feu*, le *serviteur fidèle de Mahomet*. Le génie arabe se mit aussitôt au service de cette gloire : on traduisait dans la langue du pays les proclamations de Buonaberdi, ses ordonnances, ses nouvelles lois; on priait pour lui dans les mosquées; on mettait ses exploits en vers; on se pressait pour le voir et pour l'admirer. Jamais peut-être son orgueil ne fut plus flatté qu'en ces jours, où il dut lui-même s'étonner de ses succès et de sa gloire.

Mais l'âme d'un chrétien ne pouvait prendre part à ces nouveaux triomphes. Je fus alors témoin d'un de ces scandales qui ne me furent jamais épargnés pendant les jours de ma carrière militaire. Je vis nos soldats s'incliner devant Mahomet, le dieu de l'Egypte. La politique hypocrite du chef avait envahi l'armée. J'ai vu des généraux, des soldats, affecter un respect profond pour l'imposteur de la Mecque, adopter les rites musulmans, baiser le Koran avec tous les signes d'une dévotion sincère. Un des généraux même, Menou, eut la lâcheté de se faire musulman. Entre eux, les soldats riaient de tout cela, je le savais bien ; mais cela même n'en était que plus ignoble. Il devenait évident que, pour ces âmes desséchées par l'impiété et le libertinage, la religion n'était qu'une simagrée et Dieu qu'un mot. Hélas ! je voyais les mosquées respectées, saluées avec honneur par des hommes, par des chrétiens qui avaient profané les temples du vrai Dieu, et fait manger leurs chevaux sur ses autels !

Pendant que Buonaparte organisait un gouvernement au Caire, la plus grande partie des troupes se répandait dans le pays, pour en achever la conquête et y publier ses ordres. Kléber est à Alexandrie, Menou à Rosette, Dugas à Damanhour, tandis que Murat est dans le Kélioub; Vial dans la province de Damiette, Belliard à Giseh. Notre division fut envoyée à l'entrée de la Haute-Egypte, avec ordre de s'en emparer dès que les eaux du Nil baisseraient. Chacun sait que ce fleuve, grossi par les pluies qui tombent régulièrement près de sa source, en Abyssinie, déborde et couvre la terre pendant trois mois de l'année (juillet, août et septembre), et y dépose un limon qui en fait la fertilité. Après la brillante victoire du Caire, et l'impression qu'elle avait dû faire sur les Egyptiens, il était peu probable que nous dussions rencontrer de grandes difficultés.

Cependant, un nouvel engagement eut lieu entre notre cavalerie et les Mamelucks, qui accompagnaient Ibrahim-Bey dans sa fuite. L'affaire fut chaude. Murat, Duroc, Lasalle, y firent des prodiges; enfin la victoire nous resta, et Ibrahim fut rejeté dans le désert.

Pour mieux gagner la confiance des indigènes, le général en chef crut bon de les flatter, en s'accommodant à leurs mœurs. La crue du Nil, étant la cause de la fécondité du sol, est pour l'Egypte un événement heureux. Plus cette crue est considérable, plus elle s'étend au loin, et plus elle laisse de terre végétale. Aussi célèbre-t-on par de grandes réjouissances le jour où elle commence. Buonaparte voulut prendre part à la fête, et la relever même par un éclat inaccoutumé. Je n'assistai point à cette solennité, car nous étions alors dans la Haute-Egypte. Mais tous les soldats présents au Caire furent mis sous les armes; Buonaparte parut, entouré de son brillant état-major et des autorités du pays; l'artillerie française salua, par une décharge immense, le

moment où les eaux entrèrent dans le canal, et une brillante illumination termina la journée. Jusque-là, rien d'illicite encore : c'était une solennité purement civile. Mais la fête du *Prophète* étant arrivée, « elle ne
» fut pas célébrée avec moins de pompe; Buonaparte
» se rendit à la grande mosquée, s'assit sur des coussins,
» les jambes croisées comme les scheiks, dit avec eux
» les litanies du prophète, en balançant le haut de son
» corps et agitant sa tête. Il édifia tout le saint collège
» par sa piété. Il assista ensuite au repas donné par le
» grand scheik, élu dans la journée (1). »

Ces paroles sont d'un historien peu suspect, et je les lui emprunte, parce que je ne fus pas témoin de la chose. Mais, quel ton ! quel style ! Appartient-il à un chrétien de juger ainsi un acte aussi bas, aussi odieux? Si partout l'hypocrisie est considérée comme le plus ignoble des vices, sera-t-il excusé parce qu'il aura l'ambition pour mobile? Quand j'appris que notre général n'avait pas rougi de descendre à une conduite aussi abjecte, j'en ressentis une vive indignation. Je comparais dans ma pensée cet orgueilleux vainqueur avec ces conquérants paisibles que l'Esprit de Dieu pousse de son souffle chez les peuples barbares. Ceux-ci vont, non pour satisfaire leur ambition, mais pour sauver des âmes ; leur but unique est d'étendre le règne de Jésus-Christ et de la vérité ; bien loin de s'accommoder aux rites criminels des sauvages, ils s'efforcent de leur en

---

(1) THIERS, *Histoire de la Révolution française*, t. X, p. 48, 7ᵉ édition.

faire voir le ridicule et l'impuissance. Et celui-là, pour courber une nation ignorante sous son joug, pour servir les vues de son ambition, embrasse ou feint d'embrasser l'erreur, prostitue ses hommages à une idole, se vante d'être le destructeur du chef de sa religion, et s'abaisse jusqu'à pratiquer des rites absurdes, dont il sait la vanité ; et, au lieu de les éclairer, enfonce de plus en plus dans les ténèbres les populations dont son épée l'a rendu maître ! Que le lecteur mesure la différence !

Je demande pardon à Dieu si je jugeai trop sévèrement en cette circonstance l'homme dont j'admirais, du reste, le génie. Mais il me sembla que ce scandale donné à toute une armée, cet hommage solennel et public rendu à l'erreur, étaient peu propres à attirer la bénédiction divine. Et pourtant une grande leçon venait d'être donnée à cette fortune, jusqu'alors sans revers, quinze jours auparavant. Le 1er août, notre flotte avait été défaite, ou plutôt détruite, à Aboukir, par l'amiral anglais Nelson. Nous perdîmes huit vaisseaux de haut bord et tous nos bâtiments inférieurs, moins deux frégates. L'amiral français Brueys fut tué à son bord ; le capitaine Dupetit-Thouars eut les deux cuisses emportées par un boulet, et voulut, comme son chef, mourir au poste. Cet affreux événement déconcertait, en apparence, tous les projets de Buonaparte. Il se trouvait sans appui sur mer, coupé et séparé de sa patrie, sans moyen de retour en cas de défaite. Quel insigne avertissement donné par la Providence ! Le moral des soldats avait été fort abattu de cet affreux échec ; on ne songeait pas sans effroi qu'on allait être obligé de vaincre sans cesse, ou de mourir sur cette terre étrangère. Notre imagination voyait déjà les côtes garnies de nombreuses flottes ennemies, débarquant des masses de soldats. Une immense amertume s'empara de nos âmes, et plus d'un laissèrent couler des larmes.

Quant au général en chef, son courage ne se démentit pas. Il sentit que l'essentiel était de soutenir le moral de son armée. « Nous n'avons plus de flotte, dit-il en » apprenant l'affreuse nouvelle; eh bien ! il faut rester » ici ou en sortir grands comme les anciens. » Il inspira sa confiance à ses généraux, et, par eux, à tous les soldats. Pour ne point laisser aux imaginations le temps de s'appesantir sur la situation, il fit faire différentes petites expéditions. A l'occasion de l'anniversaire de la fondation de la République (22 septembre 1798), il donna une fête solennelle. Par ses soins, on transforma en cirque la grande place du Caire ; cent neuf colonnes y furent dressées, portant les noms des cent neuf départements français. Il fit ensuite élever sept autels antiques, où l'on grava les noms de nos braves morts en combattant dans Alexandrie. Puis, sur un arc de triomphe à l'entrée du cirque, il fit placer diverses inscriptions arabes, entre autres celle-ci, tirée de l'Alcoran : *Il n'y a de dieu que Dieu, et Mahomet est son prophète*. Nouveau monument de son hypocrisie ou de son impiété. Enfin, il nous adressa la proclamation suivante :

« Soldats, nous célébrons le premier jour de l'an VII de la République.

» Il y a cinq ans, l'indépendance du peuple français

était menacée; vous reprîtes Toulon : ce fut le présage de la ruine de nos ennemis.

» Un an après, vous battiez les Autrichiens à Dego.

» L'année suivante, vous étiez sur le sommet des Alpes.

» Vous luttiez contre Mantoue, il y a deux ans, et nous remportions la célèbre victoire de Saint-Georges.

» L'an passé, vous étiez aux sources de la Drave et de l'Isonzo, de retour de l'Allemagne.

» Qui eût dit alors que vous seriez aujourd'hui sur les bords du Nil, au centre de l'ancien continent?

» Depuis l'Anglais, célèbre dans les arts et le commerce, jusqu'au hideux et féroce Bédouin, vous fixez les regards du monde.

» Soldats, votre destinée est belle, parce que vous êtes dignes de ce que vous avez fait et de l'opinion qu'on a de vous. Vous mourrez avec honneur, comme les braves dont les noms sont inscrits sur cette pyramide, ou vous retournerez dans votre patrie couverts de lauriers et de l'admiration de tous les peuples.

» Depuis cinq mois que nous sommes éloignés de l'Europe, nous avons été l'objet perpétuel des sollicitudes de nos compatriotes. Dans ce jour, quarante millions de citoyens célèbrent l'ère du gouvernement représentatif; quarante millions de citoyens pensent à vous; tous disent : C'est à leurs travaux, à leur sang que nous devons la paix générale, le repos, la prospérité du commerce et les bienfaits de la liberté civile. »

La pompe de ces paroles ranimait l'orgueil des soldats,

mais dissimulait mal la difficulté de la position. L'aspect du drapeau tricolore, que le général avait fait hisser au sommet de la plus haute des pyramides, réveilla bien l'enthousiasme, mais n'éteignit point la tristesse. On apprit bientôt que la Turquie avait déclaré la guerre à la France. Au fait, l'occupation de l'Egypte était une injustice à son égard. La Porte n'était pas fâchée sans doute que la puissance des Mamelucks y fût abattue, mais elle n'entendait point qu'on lui substituât celle des Français. Cette nouvelle n'était pas de nature à dissiper nos craintes. Aussi, de tous côtés, le découragement gagnait-il; et, sans l'incessante activité où nous vivions, sans l'ascendant extraordinaire que le général en chef exerçait sur ses soldats, c'en était fait de l'armée d'Egypte.

Et pendant que nous nous battions avec courage sur ces sables brûlants, d'affreux revers accablaient nos armées d'Europe. La guerre avait repris de tous côtés : l'Angleterre, l'Autriche, Naples, étaient de nouveau coalisées contre nous, et la Russie venait jeter dans la balance le poids formidable de ses armées toutes fraîches. L'histoire a consigné les luttes héroïques, mais infructueuses, de Jourdan sur le Rhin, à la fin de 1798 et au commencement de 1799. Schérer, nommé général de l'armée d'Italie, devenu vieux et infirme, dépopularisé, d'ailleurs, par la sévérité qu'il avait déployée pendant qu'il était ministre de la guerre, perdit peu à peu tout le terrain que nous avions gagné de ce côté. Moreau, Macdonald, Victor, Joubert, firent d'inutiles efforts pour y conserver un reste de notre domination. Après bien des engagements où la victoire seconda mal l'admirable courage de nos soldats, les funestes batailles de la Trebbia et de Novi nous enlevèrent cette belle possession, qui nous avait coûté si cher. Masséna seul soutenait dignement en Suisse l'honneur du nom français. D'autre part, de déplorables divisions s'élevaient au sein des Conseils. Les revers de nos armées appuyaient toutes les oppositions; un violent orage se préparait; la République aux abois courait le plus grave péril qui l'eût encore menacée jusque-là. Les choses en vinrent au point que le général Jourdan proposa de décréter une seconde fois la levée en masse, et de déclarer la patrie en danger (27 fructidor, 13 septembre 1799). Dans ces circonstances pénibles, tout le monde demandait une tête et un bras assez forts pour commander à l'orage; les regards se tournaient vers l'Egypte; ceux mêmes qui avaient pu jalouser la grandeur de Buonaparte le regardaient comme le seul homme capable de sauver la patrie des ennemis du dedans et du dehors.

XXXVI.

Le mal du pays.

Mais nous ignorions tous ces événements. Toujours fidèles au devoir et à l'honneur français, nous continuions dans les déserts de l'Egypte l'œuvre commencée, sans en deviner le but ni en prévoir les résultats. Dès que le Nil se fut retiré, Desaix partit pour remplir les ordres du général en chef. Nous étions à peine trois mille. Mais la terreur de notre nom décuplait notre puissance. Le 7 octobre (1798), nous attaquâmes Mourad-Bey, retranché avec les restes de sa cavalerie derrière le village de Sédiman. Nous avions deux mille hommes, et lui avait encore quatre mille cavaliers et huit ou dix mille fellahs. Ceux-ci s'étaient retranchés derrière les mauvais remparts du village, pendant que les cavaliers se déployaient dans la plaine. La honte de leurs échecs passés avait monté la valeur de ces soldats au niveau du désespoir. Leur choc fut effrayant. Fidèle au plan du général en chef, Desaix nous forma aussi en carrés, en nous répétant avec énergie : *Vaincre ou mourir!* Mais telle fut l'impétuosité de l'attaque, qu'un de ces carrés fut rompu. Cet accident pouvait amener la confusion, si nos soldats ne se fussent aussitôt couchés à terre, pour laisser aux carrés qui suivaient la faculté de tirer. Les Mamelucks leur passèrent sur le corps, et se précipitèrent sur les baïonnettes des autres carrés ; ce fut pendant plusieurs heures une horrible boucherie. Mais ce premier élan une fois passé, nous reçûmes le signal pour attaquer à notre tour, et en peu de temps nous enlevâmes les retranchements. Une scène affreuse se passa alors : les cavaliers mamelucks, se ralliant par derrière, fondirent sur nos malheureux blessés et les égorgèrent. Quand nous les eûmes de nouveau repoussés, nous vîmes trois cents cadavres des nôtres qui jonchaient le sol. Mais la victoire nous avait rendus maîtres de toute la province du Fayoum.

Une seconde victoire fut remportée à Samanouth. Desaix ne voulant point laisser de relâche à son ennemi, nous nous enfonçâmes à sa poursuite dans la Haute-Egypte, jusqu'à l'île de Shilé. Mourad fut rejeté dans l'affreux pays de Bribe, au-dessus des cataractes. Pendant ce temps-là, d'autres parties de la division se battaient avec Hassan, lieutenant de Mourad, près de Luzor, à Kéné, à Akoumanah, à Siout, et surtout à Benhouth, où le général Belliard, à la tête de mille hommes, triompha de dix mille mahométans. Mais tous ces détails seraient ennuyeux pour le lecteur. Bref, nous étions maîtres du pays jusqu'aux cataractes du Nil. Comme son chef, Desaix s'efforçait d'organiser en même temps qu'il conquérait. Doué d'une grande douceur de caractère, affable, impartial, juste, il sut se faire aimer des peuples conquis. On pourrait presque dire qu'il leur faisait oublier qu'ils étaient vaincus. Aussi la réputation de pacificateur lui fut-elle bientôt acquise; et tandis que la valeur indomptable du général en chef lui avait mérité le titre de *Sultan de Feu*, Desaix, par un privilége plus honorable peut-être, fut appelé *Sultan le Juste.*

Toutefois, ces brillantes conquêtes, si elles flattaient mon amour-propre de soldat, ne satisfaisaient point mon cœur de Français. Je soupirais plus que jamais après ma patrie. Par un bonheur extraordinaire, je n'avais reçu aucune blessure, et le climat d'Egypte ne me faisait pas éprouver la moindre incommodité. Mais que cette longue absence me pesait! Qu'il m'en coûtait de vivre si longtemps loin de ceux qui m'étaient chers! Chaque jour, chaque nuit, je me transportais au milieu d'eux, pour revoir leurs traits et demander, en quelque sorte, de leurs nouvelles. Si l'affection pour les parents est déjà vive quand on vit près d'eux, combien elle grandit encore par l'éloignement! Que de fois, dans ces belles nuits d'Egypte, assis sous un palmier, en face d'un ciel admirablement pur, au milieu du silence de la nature, je rêvai des lieux qui m'avaient vu naître! Ces riches bords du Nil, ces moissons magnifiques, cette abondance de fruits, tous ces trésors d'une végétation luxuriante ne pouvaient me faire oublier mon obscur village; pas plus que les grands souvenirs dont nous étions en quelque sorte environnés ne remplaçaient les doux souvenirs de mon enfance. Je pensais que la gloire humaine est un songe; la puissance, la fortune, une ombre passagère; et que la plus brillante position ne vaut pas l'obscurité paisible du laboureur, ni la plus vaillante épée l'humble soc de la charrue. Les larmes me venaient aux yeux en songeant à mon berceau : et tout, autour de moi, semblait emprunter une voix pour me répéter : La patrie ! la patrie !

Cependant Buonaparte, de son côté, ne se tenait point en repos. Il avait appris que la Porte venait de déclarer la guerre à la France, et envoyait deux armées en Egypte. L'une devait débarquer à Aboukir, et l'autre traverser le désert entre la Syrie et l'Egypte. Suivant sa tactique, il résolut de prévenir la jonction de ces deux corps d'armée. Il s'avança d'abord contre les villes d'Acre et de Damas. Le pacha d'Acre devait commander l'armée de Syrie. Buonaparte, avec treize mille hommes environ, arrive devant le fort d'El-Arisch, qui se rend après un léger engagement avec Ibrahim-Bey. On reprit la route du désert, au milieu des privations et des incommodités ordinaires ; on arriva devant Gaza, qui fut enlevée sous les yeux mêmes de Djezzar, pacha d'Acre. De là on s'avança sur Jaffa, qui essaya de résister, fut prise d'assaut et livrée au pillage. On y trouva de grandes provisions, un matériel de guerre considérable, mais malheureusement aussi la peste. En peu de jours, douze cents de nos soldats, de la trente-deuxième surtout, furent atteints de ce mal terrible ; un grand nombre succombèrent, malgré les soins et le zèle de l'illustre médecin Desgenettes. Là se commit un acte d'affreuse cruauté : les quatre mille hommes qui composaient la garnison s'étaient rendus prisonniers. On ne pouvait les renvoyer en Egypte, on ne voulait pas les rendre à l'armée : on prit le parti de les égorger. Un ordre de Buonaparte avait suffi pour transformer nos soldats en bourreaux : pas un seul ne fut épargné. Leur chef avait, il est vrai, répondu à un message du général français en coupant la tête à son parlementaire : mais fallait-il répondre à une cruauté par une plus grande cruauté?

L'armée s'avança sur Saint-Jean-d'Acre (Ptolémaïs), où Djezzar s'était retiré avec ses trésors et une nombreuse garnison. Buonaparte fit immédiatement donner l'assaut. Mais la grande armée turque s'avançait, et il importait de l'empêcher de se réunir à celle de Djezzar. Abdallah, pacha de Damas, en commandait l'avant-garde. Déjà elle avait passé le Jourdain. Kléber s'avance hardiment contre elle; le combat s'engage au pied du mont Thabor. Quinze mille fantassins occupent le village de Fouli, et douze mille cavaliers s'étendent dans la plaine. Kléber a trois mille hommes; mais il forme ses carrés, ces terribles carrés contre lesquels doit échouer toute la puissance musulmane. La charge des Turcs est effroyable : les Français restent inébranlables. Ils accueillent leurs ennemis par des décharges à bout portant, et bientôt ils en ont abattu un assez grand nombre pour pouvoir se faire un abri de leurs corps, et combattre pendant six heures derrière ces remparts de nouvelle espèce. Mais Buonaparte était accouru au secours de son brave lieutenant. Il approche en silence, et enferme la cavalerie turque dans un triangle; puis, à un signal donné, il s'ébranle, et la met dans une déroute complète. Fouli est emporté d'assaut. Murat, posté sur le Jourdain, tue encore un grand nombre de fuyards. Six mille hommes avaient triomphé de vingt-cinq mille.

Saint-Jean-d'Acre résistait encore. Déjà on avait tué beaucoup de monde à sa garnison ; la ville allait céder quand douze mille hommes de renfort arrivent dans son port, amenés par l'amiral anglais Sidney-Smith. Avant qu'ils soient débarqués, Buonaparte fait donner l'assaut ; on monte par la brèche, on s'empare des travaux de l'ennemi, on encloue ses canons, on égorge à droite et à gauche, on massacre sans pitié, on va être maître de la place, quand tout à coup les troupes débarquées arrivent, et, par leurs masses condensées, refoulent nos malheureux soldats. Deux jours après, un nouvel assaut est donné : l'ardeur des Français est plus grande encore, s'il est possible ; de nouveau ils escaladent la brèche, de nouveau ils sont repoussés ; une troisième fois, l'effort recommence sans plus de résultat ; il fallut enfin céder au nombre, et renoncer à une occupation impossible. Les rêves de Buonaparte s'étaient évanouis. On raconte que toute sa vie, il considéra cet événement comme l'écueil où sa fortune était venue se briser (1).

Il est difficile de soumettre un peuple du premier coup. L'orgueil peut plier un moment sous la force,

---

(1) Son regret fut tel, que, malgré sa destinée inouïe, on lui a entendu répéter souvent, en parlant de Sidney-Smith : *Cet homme m'a fait manquer ma fortune.* (THIERS, *Hist. de la Rév. franç.*, t. X, p. 293.) *(Note de l'Editeur.)* — Buonaparte répétait encore à Sainte Hélène : « Si j'avais enlevé Saint-Jean-d'Acre,
» j'opérais une révolution dans l'Orient. Les plus petites circon-
» stances conduisent les grands événements ; j'aurais atteint Con-
» stantinople et les Indes : j'eusse changé la face du monde. » *(Id.)*

mais il n'attend qu'une occasion pour se relever. Quand Buonaparte rentra de son expédition, tout le Delta était agité. Un prétendu prophète, qui se disait l'ange El-Mohdy, était parvenu à souffler le feu de la révolte. Il avait repris Damanhour, et fait égorger la garnison. De plus, l'armée française commençait elle-même à se lasser. L'amour de la patrie travaillait toutes les âmes, même celles des généraux. Buonaparte calma les ennemis par des mesures sévères, et ses soldats par des proclamations. Mais il était évident que dès ce moment son but était manqué, et que son ambition allait se trouver mal à l'aise dans ces régions lointaines, où il ne pouvait recruter son armée. Chaque jour la peste, les autres maladies, les coups de l'ennemi, en diminuaient le nombre. Il n'était pas difficile de prévoir le moment où il se trouverait en présence de troupes nombreuses et d'une population révoltée, n'ayant pour se défendre qu'une poignée de braves, vaincus par le découragement et la lassitude. Dès lors sa pensée se retourna vers l'Europe; il attendait avec impatience d'en recevoir des nouvelles, pour savoir quel parti il devait prendre.

En ce moment, notre division fut rappelée de la Haute-Egypte. Nos soldats devinèrent facilement la raison pour laquelle on évacuait cette conquête, qui leur avait coûté si cher. « Le général replie bagage, » disait-on dans tous les rangs. La pensée de Buonaparte était si bien celle des soldats, que les espérances comme les découragements de l'un se communiquaient aux autres avec une rapidité électrique. Mais il s'agissait encore d'une bataille, et par conséquent d'un triomphe. Nous quittâmes avec joie nos riantes solitudes; nous étions tous heureux de nous rapprocher de quelques lieues du pays. Une armée de dix-huit mille Turcs venait de débarquer à Aboukir : dans ce même lieu que la défaite de notre flotte avait immortalisé, mais dont une victoire allait réhabiliter la mémoire. Buonaparte ne nous attendit pas : il ne voulait point laisser à Mourad-Bey le temps de revenir du fond des déserts réunir aux Turcs les débris de ses Mamelucks, dispersés par Murat. Après avoir pris ces sages mesures que son génie lui dictait toujours sur-le-champ, il attaque cette nombreuse et vaillante armée, dont la réputation est si vieille; elle résiste avec un admirable courage : nos soldats s'aperçoivent bientôt qu'ils n'ont plus affaire à des Arabes sans discipline et sans tactique. Mais que peut la valeur contre les combinaisons du talent, et cette fortune inouïe du chef, et cette indomptable énergie du soldat? Les malheureux Turcs sont pressés, cernés, étreints de toutes parts; on les égorge, on les sabre à outrance; leurs retranchements sont forcés, Aboukir est emporté; ceux qui échappent au sabre sont pris ou poussés dans la mer, où beaucoup aiment mieux se précipiter que de se rendre. Après quelques heures, douze mille cadavres flottent sur les eaux de la rade; quatre à cinq mille jonchent la terre, et ce qui vit encore est fait prisonnier. Six mille hommes en avaient complétement détruit dix-huit mille (1).

(1) Pour la première fois peut-être dans l'histoire de la guerre, l'armée ennemie avait été détruite tout entière. C'est dans cette

Cette victoire fut le dernier acte de Buonaparte en Egypte. Quelques journaux que lui avait adressés malicieusement l'amiral anglais venaient de lui révéler l'état des choses et des esprits en France. Dès lors, il n'y avait plus à hésiter. Son immense ambition voyait là une proie à saisir. Il sentait bien qu'il était l'homme de la situation, le sauveur que tous les partis appelaient. Masséna, par son admirable campagne de Suisse, avait bien écarté le danger prochain; mais la division qui travaillait le gouvernement, les intrigues des partis, n'en rendaient pas moins la situation inquiétante. En deux mots, Buonaparte n'avait plus rien à faire en Afrique ni en Asie, et tout à faire en Europe. Il résolut donc de partir. Notre flotte était détruite, la mer était sillonnée de navires anglais : mais qu'importait à ce génie audacieux, qui semblait prendre plaisir à braver la fortune? Il laisse à Kléber le commandement de l'armée d'Egypte, en lui donnant l'ordre d'envoyer Desaix en Europe, dès qu'il serait de retour; et le 5 fructidor an VII (22 août 1799), il s'embarque en secret avec ses principaux lieutenants et quelques savants, sur deux frégates, suivies de deux chébecs. Un bonheur inouï le protége à travers tous les périls de la mer et des flottes ennemies; et moins de deux mois après, 17 vendémiaire an VIII (9 octobre 1799), il débarquait à Fréjus, et était reçu aux acclamations de toute la France.

occasion que Kléber, arrivant à la fin du jour, saisit Buonaparte au milieu du corps, et s'écria: *Général, vous êtes grand comme le monde!* (THIERS, *Hist. de la Rév. franç.*, t. X, p. 310.)
(*Note de l'Editeur.*)

La nouvelle de ce départ précipité répandit le deuil dans l'armée d'Egypte. Le 23 août, une proclamation l'apprit officiellement à l'armée, ainsi que la nomination de Kléber au commandement général. La fièvre m'avait saisi au moment où nous nous mettions en route pour le Caire. Fort heureusement, elle n'était point assez violente pour m'empêcher de marcher; car, sans cela, laissé au fond de la Haute-Egypte, je ne sais ce que je serais devenu. Mais à peine fûmes-nous au Caire, qu'elle prit de l'intensité. Ce fut dans le moment de sa plus grande violence que j'appris que Napoléon nous laissait. Pour moi, comme pour tous, la fortune s'en allait avec lui. Nous ne rêvions plus que revers et défaites. Si, dans toutes les positions, l'exil est pénible, à combien plus forte raison dans la maladie! Lorsque la violence du mal avait atténué la force de mon intelligence, quand je frissonnais ou que je suais abondamment, dans ces heures de délaissement où l'on n'a pas un ami avec qui converser, point de remèdes, aucun de ces soins dont l'affection double le prix, oh! que mon cœur se gonflait de tristesse au souvenir du pays! Que j'aurais désiré sentir la main de ma mère passer sur mon front brûlant! Et que de fois je maudis l'heure où une fatale nécessité m'arracha au foyer!

Je guéris pourtant, grâce à l'amitié d'un chirurgien-major, qui me prit en affection. Enfant d'une famille chrétienne, frère d'un religieux mort pour la foi, pieux lui-même, il s'était senti, me disait-il, rapproché de moi par la communauté de pensées, et il s'estimait heureux de me témoigner son estime. Ses soins furent moins ceux d'un fonctionnaire que ceux d'un ami. Heureux de trouver enfin quelqu'un dont le cœur comprît le mien, je repris vie sous la bénigne influence de sa parole. Il joignait à une éducation distinguée des connaissances variées, et beaucoup d'esprit à beaucoup de cœur. Ses conversations, bien plus que ses remèdes, diminuèrent peu à peu les accès du mal; il raffermit chez moi le moral ébranlé; et bientôt, mon vigoureux tempérament reprenant le dessus, la fièvre disparut entièrement.

Mais c'était pour me reprendre peu après. Je crois que l'état de mon âme entrait pour beaucoup dans ce malaise de l'organisation, qui menaçait de me conduire, par l'épuisement, à une mort prématurée. La tristesse qui avait saisi l'armée au départ de son général ne s'était point dissipée; et, bien que je ne partageasse pas tout à fait le culte idolâtrique des soldats pour Buonaparte, je ne pouvais cependant m'empêcher de croire que son absence compromettait singulièrement sa conquête. Et puis, il est des heures où nos affections se réveillent avec une force inaccoutumée. Même quand le *magicien* était là, les soldats avaient peine à contenir leur regret de la patrie : que devait-ce être depuis qu'il était parti? Kléber lui-même encourageait, au lieu de les réprimer, ces murmures d'une armée lasse de son exil. Esprit vif, mais indiscipliné, ce vaillant chef ne soupirait qu'après la France, et n'était point fâché qu'on le sût. Voilà pourquoi tous tournaient sans cesse leurs regards vers ce point de l'Occident, où l'imagination leur indiquait la patrie. Moi-même, que de fois je me surpris les yeux fixés vers cet horizon lointain, où mon cœur était resté tout entier! Hélas! je n'avais pas même eu, pour me distraire, l'enchantement de la gloire. Ma foi religieuse me montrait la vanité des choses terrestres; elle ne souffrait pas que mon cœur se prît à cet appât de la victoire, toujours si flatteur pour le soldat. J'étais las de marches et de contre-marches, de conquêtes et de lauriers. Ce n'était point lâcheté de ma part, car j'étais prêt à verser mon sang pour ma patrie, et ni mes chefs ni ma conscience ne me reprochaient d'avoir jamais manqué au devoir d'un vaillant soldat. Mais, fils de laboureur, je n'avais rien perdu des goûts de mon adolescence, et le souverain bonheur se réduisait pour moi à ces trois mots : servir Dieu, honorer ses parents, cultiver la terre.

Buonaparte avait délivré très peu de congés pendant son séjour en Égypte. N'ignorant point les dispositions de ses soldats, il sentait qu'en se montrant facile sur ce point, il dissoudrait son armée sans moyen de la recruter. La révolution, en effet, n'avait encore imaginé aucun moyen de recrutement régulier. Voilà pourquoi nous servions indéfiniment, et pourquoi aussi les congés étaient si rares. Après les campagnes les plus laborieuses, le pauvre soldat, dénué de tout, blessé, estropié, fatigué, n'avait d'autre ressource que la désertion pour terminer son esclavage. Aussi, on ne s'imagine pas combien elle était commune alors : il est telle et telle époque de la République où le quart des soldats avait quitté les drapeaux. Au moment même dont je parle, l'armée des Apennins, réduite à la plus affreuse misère, voyait la moitié de ses soldats demander aux fruits sauvages que produisent ces montagnes une maigre nourriture, arrêter les passants sur les routes et s'enfuir vers la France. On n'y tenait plus.

Cependant la conscription venait d'être inventée. Le 5 septembre 1798 (9 fructidor an VI), les Conseils avaient voté cette fameuse loi, qui nous régit encore et sur laquelle il y a tant à dire. Mais sa première application avait souffert toutes les difficultés, toutes les lenteurs que subit une grave mesure à son début. Le décret du 2 vendémiaire an VII (23 septembre 1798), qui ordonnait la levée de deux cent mille conscrits, était resté à peu près sans effet, à cause de l'extrême pénurie du Trésor, qui ne permettait pas d'équiper ces jeunes gens. Les armées ne recevaient donc encore point de renforts; en tout cas, on eût fourni toutes celles du continent avant de songer à celle d'Egypte. Notre exil sur cette terre inhospitalière n'avait pas de terme assignable.

Aussi, ce fut avec une sorte de satisfaction que je sentis revenir la fièvre; car elle devait me procurer mon congé ou la mort. La mort était préférable pour moi aux ennuis de l'exil. Volontiers l'eussé-je désirée, si elle s'était montrée à moi escortée des consolations qui rassurent le chrétien contre ses terreurs. Mais il n'y avait aucun espoir, sur cette terre infidèle, de recevoir la bénédiction d'un prêtre. Le jeune chirurgien qui me prodiguait ses soins, et surtout ses marques d'amitié, devait bientôt retourner en France. Je le conjurai de faire tous ses efforts pour m'obtenir la permission de l'accompagner. Ma recommandation était inutile : il avait déjà pris l'initiative. Sans m'en parler, le généreux jeune homme avait fait près de Kléber lui-même les démarches nécessaires ; et, à force d'instances, à force de représenter que le climat d'Egypte allait me tuer, il arracha enfin le congé si désiré. Ce n'était, du reste, qu'une permission temporaire ; elle portait que je devais, dès que ma santé serait rétablie, me présenter au ministère de la guerre, et y recevoir une nouvelle destination ou un congé définitif. Pour le moment, je n'en demandais pas davantage. Je serrai avec effusion la main de mon ami, et versai des larmes d'attendrissement.

La difficulté était de passer à travers les croisières anglaises, turques, napolitaines, etc., qui sillonnaient la mer. Nous n'hésitâmes pas pourtant. Kléber envoyant des dépêches au Directoire, nous profitâmes de l'occasion, et nous nous embarquâmes sur le frêle bâtiment qui devait les porter. Comme Buonaparte, nous avions confiance en notre étoile, et l'étoile ne nous abandonna pas. Le lecteur sait quelle était la mienne : je fis vœu à Marie de ne passer aucun jour de ma vie sans réciter mon chapelet, si elle daignait me protéger, ainsi que mon généreux ami, et nous mener à bon port. Marie m'exauça. La mer était belle : nous partîmes le 1er janvier 1800.

J'étais encore malade quand je mis le pied dans le vaisseau. Mais bientôt l'air de la mer eut réparé mes forces. Je voguais vers la France : que fallait-il de plus ? Les fatigues passées, les privations, la maladie, le péril présent, tout était oublié : je voguais vers la France !

Toute la vivacité de mes sentiments se réveilla : ma langueur disparut complétement. Mon jeune ami et moi, nous devisions tout le long du chemin des sujets qui nous intéressaient : nous formions des projets, nous nous entretenions dans l'espérance ; je ne sais si jamais ma poitrine souffla plus au large. Là, je goûtai une des plus grandes, une des plus douces sensations qu'il soit donné à l'homme d'éprouver : l'aspect de la mer dans une belle nuit. Non, je ne saurais dire quelle impression produisait sur moi cette surface lisse et paisible, ce ciel étoilé, noyant ses bijoux dans les vagues, ce flot phosphorescent qui caresse le navire, ce silence majestueux qui n'est interrompu que par le léger bruit du vaisseau, cet horizon indéfini où le regard se perd avec la pensée, cet accord des trois plus grandes choses que Dieu ait créées : le ciel, la mer et la nuit ; tout cela me remuait, me transportait dans un monde nouveau, dont ma pensée ne se lassait pas. Que Dieu me semblait grand alors ! Que sa puissance et sa majesté se reflétaient merveilleusement pour moi dans ce beau miroir ! Je répétais avec un enthousiasme religieux : Gloire à lui seul sur la terre et dans le ciel !

XXXVII.

Retour.

Les dangers que tout bâtiment français courait alors sur la Méditerranée étaient si nombreux, que j'ai toujours regardé comme un miracle que nous ayons pu revoir les côtes de France. Cela nous fut donné cependant. Le 1er mars 1800, nous abordions dans un petit port de la Provence. L'officier chargé des dépêches de Kléber partit immédiatement pour Paris; nous, nous fûmes retenus en quarantaine. Ce fut là que nous apprîmes le merveilleux changement qui s'était opéré en France. Nous avions laissé ce malheureux pays en proie aux divisions, tiraillé par les partis, tourmenté par un gouvernement faible et violent tout à la fois; nous le retrouvions paisible, uni, jouissant d'une abondance relative, organisé d'une manière admirable, surtout par comparaison au désordre passé. Finances, guerre, tribunaux, municipalités, administration départementale, commerce, agriculture, tout avait été créé, ou au moins réglé; tout avait pris une face nouvelle. Cet heureux changement était l'œuvre d'un homme; car, bien que la constitution dite de l'an VIII, alors en vigueur, fût l'œuvre de l'idéologue Siéyès, comme une constitution ne vaut que ce qu'on la fait valoir, l'opinion n'hésitait pas à attribuer son heureux succès à l'homme puissant qui, sous le nom de Premier Consul, imprimait partout son génie organisateur. En apprenant tous ces détails, mon ami et moi nous éprouvâmes une pleine satisfaction, analogue à celle de l'homme qui a laissé au départ une personne aimée aux prises avec la mort, et qui la retrouve pleine de vie et de santé.

Je m'empressai d'écrire à ma famille, pour la prévenir de mon retour, et lui exprimer l'espoir que j'avais d'aller bientôt me jeter dans ses bras. Je ne sais pourtant quel triste pressentiment me disait que cette heure n'était pas encore venue. Il y avait près de sept ans que j'avais quitté mes parents, et dans cet intervalle s'étaient pressés des événements à remplir un siècle. Mais si la France jouissait du repos et du bien-être intérieur, la guerre se rallumait au dehors, plus vive que jamais. Buonaparte, à peine installé au consulat, avait écrit au roi d'Angleterre et à l'empereur d'Autriche pour leur offrir la paix ; l'un et l'autre l'avaient refusée. Alors son génie guerrier, s'enflammant de nouveau, conçut le plan d'une nouvelle campagne, dans le but de forcer ces deux puissances à entrer dans ses vues de pacification générale. La Vendée remuait encore. Attisée par l'Angleterre, l'insurrection s'y était ranimée : d'Autichamp, Bourmont, Cadoudal, y avaient remplacé les de Lescure et les Larochejaquelein ; mais il s'en fallait que les ressources fussent aussi grandes et l'enthousiasme le même.

Buonaparte s'occupa d'abord d'étouffer cette fermentation intérieure; il en vint facilement à bout, en employant les moyens de conciliation qui avaient si bien réussi à Hoche. En février, tout était fini. Dès lors, il porta ses vues sur la guerre du dehors, et forma le plan de cette seconde campagne d'Italie, si digne de celle qui l'avait déjà immortalisé.

La guerre! encore la guerre! Ah! que ce mot retentit péniblement à mes oreilles dans les heures de loisir forcé que me faisait le lazaret! Toutefois, ce mot même n'emportait déjà plus la signification rebutante qui s'y était attachée; ce n'était plus un chaos, une action aveugle, mais une machine régulière, une administration organisée. La conscription commençait à produire son fruit; deux cent mille conscrits avaient déjà été levés par les ordres du Directoire; le Premier Consul en demanda encore cent mille, qui lui furent accordés. Le ministère de la guerre méritait enfin son nom; la manutention militaire, l'exercice des soldats, la fourniture des équipements et des subsistances, l'approvisionnement des magasins, le service de l'artillerie, tout sortait du néant où il avait été plongé jusque-là. Nos malheureux soldats pouvaient espérer une bonne fois de ne pas mourir de faim ou de froid, après tant et de si glorieux triomphes.

Les armées de la République avaient été concentrées en deux grands corps : l'un, de cent vingt à cent trente mille hommes, sous les ordres de Moreau, portait le nom d'armée d'Allemagne; l'autre, appelé l'armée de Ligurie, était de quarante mille hommes, et obéissait à

Masséna. Celle-ci était encore dans un grand état de dénuement : obligée de vivre pendant tout un hiver dans les sauvages montagnes de l'Apennin et de la Suisse, elle avait subi toutes les horreurs de la faim. Ces héroïques soldats, sans souliers, sans vêtements, au milieu des neiges, étaient réduits à mendier ou à arracher de vive force le morceau de pain qui les empêchait de mourir. Malheureusement pour eux, dans la distribution des premiers secours, l'armée d'Allemagne, destinée à opérer immédiatement et à frapper le grand coup, avait été privilégiée à leur détriment. Une troisième armée, dite de réserve, se préparait en secret, et devait se porter, selon les circonstances, sur le point où l'appellerait le danger ou l'espoir de la victoire. Buonaparte se réservait de la commander en personne.

Son premier soin avait été pour le recrutement. Les jeunes soldats fournis par la conscription semblaient pleins d'ardeur ; mais on n'avait pas eu le temps de les exercer, et il était à craindre que, réunis en masse, ils ne rendissent que peu de services en face des vieilles troupes allemandes auxquelles il aurait fallu les opposer. Le Premier Consul prit alors le parti de les mélanger à ses invincibles bandes. Il commença par obliger les soldats qui avaient déserté à rentrer au corps. La plupart n'avaient fui que pour échapper à la pénurie et à des misères sans nombre. En même temps, il engagea, par les motifs les plus pressants, ceux qui avaient des congés réguliers à reprendre du service. Un grand nombre répondirent à l'appel. L'amour de la gloire, leurs vieux souvenirs, et surtout le nom magique de leur ancien général les avaient de nouveau séduits. Il conserva pour l'intérieur ceux que la guerre avait épuisés, et choisit parmi eux des officiers, des sous-officiers et des instructeurs pour les conscrits. En même temps, il envoya vers la frontière ceux qui pouvaient encore servir. Par là, il remplit les cadres de son armée de réserve, qu'il fit parvenir par des voies diverses à un but dont il voulait garder le secret.

On avait aussi organisé dans quelques places du Midi certains dépôts, dits de l'armée d'Egypte, lesquels, destinés à renforcer cette armée, ne l'avaient jamais pu, parce que la mer était gardée par les Anglais. Buonaparte jugea à propos d'en tirer quelques bataillons, dans lesquels il mêla une certaine quantité de conscrits, et qu'il fit acheminer vers Lyon.

Je sortis de ma quarantaine, et m'avançai avec mon jeune ami vers Toulon, pour y faire régulariser et viser ma feuille de route. Un commissaire des guerres, à qui nous nous adressâmes, nous requit de rester jusqu'à ce qu'on eût décidé de notre sort. Dès ce moment, je ne doutai plus de ce qui m'attendait. Huit jours après, un ordre du ministre de la guerre, Carnot, déclarait mon congé nul et non avenu, et m'obligeait à reprendre du service. La même décision enveloppait mon compagnon de voyage. Nous eûmes ordre de nous rendre à Marseille, et là nous fûmes attachés provisoirement l'un et l'autre à un des bataillons dont je viens de parler, lui comme chirurgien et moi comme instructeur. On nous assigna le huitième. Fort heureusement, on ne nous sépara pas ; cette consolation nous resta du moins : nous pourrions vivre et peut-être mourir ensemble.

Nous faisions partie de l'armée de réserve. Pour dissimuler à l'Europe la formation de cette armée, par laquelle il comptait décider du succès de la campagne, Buonaparte avait employé des ruses de toutes sortes. Il avait réuni à Dijon quelques vieux invalides, des canons presque hors d'usage, et quelques douzaines de chevaux efflanqués ; et pendant ce temps il faisait sonner haut dans le *Moniteur* l'importance de la susdite armée. La réalité étant si peu en rapport avec ces pompeuses promesses, les nombreux espions étrangers qui suivaient l'opération en avaient fait un sujet de ridicule pour leurs cours. Les caricatures, les plaisanteries volaient d'une nation à l'autre. Pendant ce temps-là, les soldats s'acheminaient en silence, lentement, par des chemins divers, vers la Suisse. Le matériel prenait la même route. Enfin, la ruse réussit si bien, que Buonaparte se trouva à la tête d'une fort belle armée de quarante mille hommes, bien pourvue de munitions et d'artillerie, pendant qu'on riait encore à Vienne et à Londres de l'armée de Dijon.

Si quelque chose pouvait adoucir, pour mon ami et moi, la situation présente, c'était, après le plaisir d'être ensemble, l'honneur de servir sous un si illustre chef. L'espoir des grandes choses qu'il ne pouvait manquer d'accomplir allégeait l'inquiétude que nous causaient les nouveaux dangers que nous allions courir. Cependant, un incident faillit nous séparer à jamais.

XXXVIII.

Gênes.

A Lyon, je fus mandé chez le général commandant la place. Un aide-de-camp du Premier Consul s'y trouvait.

— Citoyen, qui es-tu ?
— Un soldat de l'armée d'Egypte, sous-lieutenant dans la division Desaix.
— Comment te trouves-tu en France ?
— Par congé de réforme. La fièvre m'a obligé de quitter l'Egypte.
— Tu ne me fais guère la figure d'un fiévreux.
— Grâces au Ciel ! l'air de la mer m'a parfaitement guéri.
— Bien ! Voilà une dépêche importante du Premier Consul pour le général Masséna. Tu te rendras à Gênes, et de là tu viendras rejoindre ton corps, où l'on t'en donnera avis.

J'avais appris au lazaret dans quel état déplorable se trouvait l'armée de Ligurie. Mais il n'y a pas de difficulté qui doive arrêter un vrai soldat : et, j'aime à le redire, j'en étais un. Je n'objectai rien : j'acceptai sans difficulté.

— Sous-lieutenant, me dit l'aide-de-camp en me tendant la main, ta fidélité nous est connue. Si j'ai feint de ne pas te connaître, c'était pour t'essayer. Tu es un brave. Le Premier Consul te saura gré de tout ceci. Pars, prends des voies détournées, et sois heureux. Souviens-toi que tu portes les destinées de l'armée de Ligurie, et peut-être le succès de la campagne. Sois donc diligent et habile.

Il n'est personne qui n'ait ouï parler du siége de Gênes, un des plus mémorables de l'histoire par la bravoure qu'y déployèrent nos soldats, et l'héroïque patience avec laquelle ils supportèrent les horreurs de la famine. A part le siége de Jérusalem sous Titus, et celui de Paris sous Henri IV, où des mères, dit-on, furent réduites à manger leurs enfants, je ne sais s'il en est un où les assiégés aient plus souffert qu'en celui-ci. Pour arriver à Gênes, j'avais bien des dangers à courir. Le baron de Mélas, avec une armée de cent mille hommes, occupait la Ligurie. De chauds engagements, où la valeur de nos soldats avait suppléé au nombre, n'avaient point empêché ce général de couper en deux l'armée française, et de resserrer Masséna dans Gênes. Pour parvenir ici, j'avais donc à éviter mille difficultés. Mais rien ne pouvait rebuter mon courage. Un sentiment de vive compassion m'animait en faveur de ces malheureux frères de l'armée d'Italie, dont je savais la détresse. M'étant déguisé en paysan, je sus, à force de

précautions et de sang-froid, surmonter les dangers de la route. Il est vrai que je m'étais recommandé à la Sainte Vierge ; et le respect humain ne m'empêchera point de proclamer que, montant à Notre-Dame de Fourvières — sanctuaire alors désert — j'avais fait un second vœu à Marie, si elle m'obtenait la grâce d'arriver sain et sauf à Gênes, et d'en sortir de même. Mon vœu fut exaucé. Je ne puis raconter ici en détail les moyens que j'employai, ni les accidents qui me survinrent : ce serait tout un livre, qui ressemblerait à un roman. Le 25 avril 1800, j'entrais dans Gênes ; mais un courrier expédié directement par Buonaparte m'avait prévenu de deux jours. Introduit près de Masséna, je lui remis mes dépêches, qui ne lui apprenaient rien de nouveau ; mais je vis sa mâle figure s'empreindre d'une immense tristesse, en songeant aux horribles souffrances qui menaçaient la ville et son armée.
— Les Autrichiens, dit-il avec énergie, n'auront que nos cadavres !

Pendant quinze jours, que je passai forcément dans la ville bloquée, je fus témoin de spectacles véritablement émouvants. Masséna avait fait rechercher activement tout ce qui pouvait rester de grains dans la ville. La mer était sévèrement gardée par les Anglais, en sorte qu'il n'y avait rien à attendre de ce côté. On mangea d'abord, et à rations de plus en plus réduites, toutes les provisions que l'on possédait ; bientôt il fallut se contenter d'une soupe d'herbe et d'un peu de viande. Les femmes, en proie à la faim, parcouraient les rues, une sonnette à la main, en demandant du pain pour elles et pour leurs enfants. On fut obligé de les disperser à coups de baïonnettes. Les soldats tombaient épuisés par le besoin et par la maladie, et remplissaient les hôpitaux. On put encore subsister quelque temps à l'aide d'un pain fait d'avoine, de fèves et d'autres menues graines ; mais cette ressource manqua bientôt. Toute la viande de bétail étant consommée, on mangea celle de cheval. L'avoine et les fèves manquant pour faire du pain, on en confectionna avec de l'amidon, de la graine de lin et du cacao. Cette nourriture était si dégoûtante que la plupart des soldats ne pouvaient l'avaler. Aussi presque tous tombaient malades. Pour surcroît de misère, on était surchargé de nombreux prisonniers, que la politique défendait de rendre, que l'humanité défendait d'égorger, et qu'il fallait nourrir.

Chose prodigieuse! cette affreuse position n'ôtait rien à nos soldats de leur énergie guerrière. Ces corps hâves, amaigris par la faim, épuisés par la maladie, semblaient retrouver toute leur vertu, dès que le signal du combat était donné. On peut lire dans l'histoire les détails des divers engagements, où leur valeur éclata comme dans les plus beaux jours d'abondance. Les généraux d'Arnaud, Spital, Soult, s'y distinguèrent : celui-ci y eut même la jambe fracassée, et fut fait prisonnier.

Je quittai, le cœur navré, cette ville infortunée. Déjà Masséna avait fait savoir au Premier Consul sa position désespérée par son aide-de-camp Franceschi. Je reçus ordre d'insister, et de dire ce que j'avais vu. Mon retour fut encore plus périlleux que mon premier voyage. Mais enfin, grâce à la protection du Ciel, j'échappai à tous les dangers, et j'arrivai le 15 mai à Lausanne, où Buonaparte passait la revue de ses troupes, et prenait ses mesures pour la campagne. Je remis mes dépêches à un de ses aides-de-camp. Les bataillons dits d'Egypte composaient la division du général Chabran : j'en fus détaché, et adjoint à la division du général Lannes.

XXXIX.

Le Saint-Bernard.

Il s'agissait pour Buonaparte de faire passer les Alpes à quarante mille hommes, en dérobant aux Autrichiens leur marche et leur destination. De la rapidité et du secret de cette opération devait dépendre le succès du plan hardi conçu par ce génie extraordinaire. Trois ou quatre routes s'offraient à lui, toutes plus ou moins difficiles à travers de telles montagnes, et dans la saison de la fonte des neiges. Pour ne point trop éveiller l'attention de l'ennemi, il prit d'abord le parti de faire passer quelques détachements par le Petit-Saint-Bernard, par le mont Cenis et le Saint-Gothard. Quant au gros de l'armée, il résolut de le conduire par le Grand-Saint-Bernard : idée qui eût pu paraître extravagante, si elle n'eût été conçue et exécutée par un tel homme. Il faut avoir vu ces hautes montagnes, couvertes d'éternels glaciers, ces vallées affreuses, ces précipices, ces torrents, ces avalanches, ces déserts de neige et de glace, sans habitations et sans chemins frayés, pour se faire une image de la difficulté de cette opération. Un général carthaginois, disait-on, l'avait déjà exécutée. Mais quelle différence entre une armée où le soldat n'a à transporter que sa personne, et une expédition où il faut traîner tout un matériel d'artillerie? Le Premier Consul, avec une rare prévoyance, avait pourvu, autant que possible, à tout ce qui pouvait alléger au soldat la difficulté de la marche. D'abondantes provisions de pain, de vin, d'eau-de-vie, de biscuit, de bestiaux, de fourrages, d'avoine, avaient été préparées de distance en distance sur la route. Tous les muletiers du pays avaient été loués à prix d'or pour transporter les vivres. Nous étions sûrs au moins de ne manquer de rien d'essentiel à la vie.

Je n'ai point encore oublié l'allocution que le premier consul nous adressa à Lausanne, au moment du départ. Il avait voulu tout voir par lui-même, et inspecter les troupes, pour ainsi dire homme à homme. Sa surprise fut grande de voir encore beaucoup de vieux soldats dans un état de dénuement contrastant avec leurs honorables cicatrices. Quelques-uns n'avaient plus que des haillons ou des armes hors de service; d'autres manquaient de souliers. Il pourvut à tout. Puis, avec cet art qui n'appartenait qu'à lui, il excitait, il encourageait, il parlait avec enthousiasme de l'entreprise qu'on allait exécuter. Une ardeur incroyable enflammait les soldats. En vérité, il n'était plus possible de croire rien, je ne dis pas d'impossible, mais de difficile à des hommes pleins d'un si beau feu.

On aborda donc ces formidables montagnes. La difficulté de se tenir solide sur ces glaces polies, dans ces sentiers étroits et glissants, en haut de ces horribles précipices, était grande déjà, sans doute, mais elle n'était rien à côté de la nécessité de transporter tout l'attirail d'artillerie. Les montagnards avaient bien consenti à transporter à dos de mulets les affûts des canons, démontés pièce à pièce; mais les canons eux-mêmes étaient tout d'une pièce, et il fallait leur faire monter et descendre ces hauteurs à pic. On imagina d'abord un moyen : ce fut de partager par le milieu des troncs de sapin, de les creuser et d'en envelopper les canons, puis de les traîner ainsi à travers les sentiers. Mais quelle difficulté, surtout à la descente! Les montagnards s'étaient d'abord prêtés à ce travail, à force d'argent; mais bientôt ils y renoncèrent, et disparurent tous. Il fallut que nos soldats l'exécutassent eux-mêmes. On leur avait promis l'argent que les muletiers ne voulaient plus gagner, environ mille francs par pièce: mais ils le refusèrent, en disant que c'était un devoir pour le soldat de sauver son artillerie. Pendant la nuit, on bivouaquait sur la neige plutôt que d'abandonner ses canons. Dans les passages les plus difficiles, la musique jouait ses plus beaux airs, et les soldats y répondaient en chantant. Pour les cavaliers, la marche était surtout périlleuse. L'homme étant obligé de marcher devant le cheval, quelquefois un faux pas de celui-ci entraînait le cavalier, et tous deux roulaient dans le précipice. Cependant ces accidents furent rares. Heureusement, les vivres se trouvaient à point pour remonter les forces épuisées. Buonaparte avait fait prévenir les religieux du mont Saint-Bernard, et ils se montrèrent dignes de la confiance qu'il leur avait témoignée. Nous fûmes reçus avec une touchante cordialité par ces saints solitaires; nous trouvâmes chez eux tout ce qui était nécessaire pour nous reposer de nos fatigues.

Peu de spectacles m'ont touché plus profondément que celui de ces religieux, si entièrement, si généreusement dévoués au bien de l'humanité. Placés sur le lieu d'habitation le plus élevé qu'il y ait au monde, entourés de neiges et de glaces qui ne fondent jamais, enveloppés de l'atmosphère la plus âpre qu'on puisse imaginer, ces saints hommes supportent les plus dures privations, embrassent une existence presque intolérable, dans l'espoir d'être utiles à quelques-uns de leurs frères. La vie sur ces plateaux rigoureux est tellement pénible, qu'à quarante ans l'homme le plus vigoureux y porte l'empreinte de la vieillesse. Rien n'est là pour distraire leurs regards, rien pour charmer leur imagination; pas une fleur, pas un brin de verdure, pas un chant d'oiseau. Toujours la neige, toujours la glace, toujours les brouillards, les vents aigus, les tourbillons, les ouragans, les avalanches; une incommodité succédant à une incommodité, une tristesse à une tristesse. Mais ils ont la joie d'offrir au voyageur un abri, un guide à ceux qui s'égarent, et d'arracher parfois à la mort ceux qu'une tempête subite ou une obscurité hâtive ont surpris dans ces tristes déserts. Ah! il n'y a que la religion qui inspire de tels dévouements; la philanthropie n'en aurait pas même la pensée. J'ai appris dernièrement que le gouvernement révolutionnaire du Valais a dépouillé ce précieux établissement des biens dont les rois de l'Europe l'avaient doté, dans l'intérêt de l'humanité. Je reconnais bien là l'esprit des révolutions. Mais ce qui m'étonne, c'est que les gouvernements européens supportent un tel vandalisme, et ne s'opposent pas, au nom de l'humanité et de leurs propres droits, à une telle spoliation.

J'eus le bonheur de me confesser au supérieur de ces saints religieux, et de communier. Le Seigneur me ménageait ainsi de temps en temps l'occasion de retremper mes forces. C'étaient comme des étapes de repos dans la pénible carrière que je parcourais. Je le dis haut et ferme : je puisais là un courage que rien ne pouvait abattre. Je rends justice à l'ardeur que nos soldats montrèrent en cette circonstance, comme en toute autre; mais il me semblait que la mienne avait des racines plus profondes. Encore une fois, la piété est utile à tout et à tous, même à un soldat.

Le faîte était dépassé : il ne s'agissait plus que de descendre vers ces belles régions d'Italie, que nous connaissions, quand tout à coup un obstacle arrêta notre marche. Un fort à peine connu, à peine soupçonné, le fort de Bard, se dressait sur l'étroit et unique passage que nous eussions pour sortir de ces défilés. Sa position le rendait imprenable. Un long siége aurait pu le réduire, mais l'on était pressé. Par des sentiers aussi pénibles que ceux du Saint-Bernard, on aurait pu le tourner; mais le temps manquait : car l'armée de Gênes était à l'extrémité. L'avant-garde, commandée par Lannes, s'arrêta donc tout court. Mais Buonaparte arrive, et pour lui il n'y a rien d'impossible. Il fait d'abord tailler, d'après les avis de Berthier et de Marescot, un sentier dans les rochers d'Albaredo, et l'infanterie y défile, homme à homme. Quant à l'artillerie, elle devait absolument passer sous le feu plongeant du fort, dans l'unique rue qui forme la ville de Bard. On tente d'abord l'attaque du fort : cet assaut est inutile. On essaie de passer pendant la nuit ; mais le bruit ayant trahi l'opération, bientôt les Autrichiens s'éclairèrent avec des pots de feu, et tirèrent sur nos canonniers à bout portant. Il fallut reculer. Une heureuse pensée leva cette difficulté, qui semblait insurmontable : on couvrit la rue de fumier, on enveloppa les roues de paille, les canons d'étoupes, de manière à éviter le moindre bruit, et les artilleurs, traînant leurs pièces à la prolonge, arrivèrent heureusement hors de la portée du fort.

Il n'y eut plus dès lors qu'à descendre vers l'Italie. Nos généraux rencontrèrent çà et là quelques petites garnisons, quelques corps détachés : mais rien ne pouvait résister à des soldats qui avaient surmonté de pareils obstacles. La certitude de la victoire doublait leurs forces, pendant que des échecs isolés et successifs abattaient peu à peu le moral de nos ennemis, et semait déjà parmi eux ces sinistres pressentiments, avant-coureurs de la défaite.

Le secret du passage des Alpes et de la concentration de nos forces avait été si bien gardé, que le baron de Mélas n'en avait pas eu la moindre nouvelle. Quand on la lui annonça, il n'en pouvait croire à ses oreilles. Bientôt maître de tous les points importants, et particulièrement des grandes routes, le Premier Consul surprit, dit-on, une dépêche où le ministre d'Autriche Thugut, écrivant à Mélas, tournait en ridicule la prétendue armée de réserve des Français. Et pendant qu'on riait si agréablement de l'armée de Dijon, cinquante mille hommes apparaissaient, comme tombés du ciel ou sortis de terre, prêts à écraser le malheureux général, dont tous les plans étaient bouleversés.

Je faisais partie, je l'ai dit, de la division de Lannes, qui formait l'avant-garde. Le 22 mai, j'assistais à l'enlèvement de la ville d'Ivrée par escalade : nous n'avions pas encore de canons. Le 26, j'assistais à la sanglante bataille de la Chiusella, où, trois fois repoussés et trois fois vainqueurs, nous forçâmes enfin les généraux Kaim et Haddick à nous laisser le champ de bataille, leurs morts, leurs blessés et des prisonniers. Sur tous les points, des succès analogues attendaient nos divers corps d'armée, pendant que les colonnes de flanc descendaient sur Bellinzona et Avigliano. Le 2 juin, Buonaparte était déjà maître du Piémont, des passages des Alpes, des principales lignes des rivières, et entrait à Milan, où il était reçu aux acclamations universelles.

Oui, vraiment, ces histoires semblent tenir de la fable. On chercherait vainement ailleurs une telle série de succès, une ardeur aussi soutenue dans des troupes, une telle confiance des soldats dans leurs chefs et des chefs dans leurs soldats. Immortelles campagnes d'Italie, votre souvenir fait encore la joie et l'orgueil de mes vieux jours !

Une nouvelle vint pourtant attrister nos cœurs : Gênes avait été forcée de se rendre. Rien d'affreux comme les derniers jours de ce siége. Le pain d'amidon avait diminué : chaque soldat n'en recevait plus que deux onces par jour. Quant aux habitants, depuis longtemps ils ne vivaient plus que de soupe d'herbes. On avait été obligé d'enfermer les prisonniers, prêts à se révolter ; de vieilles carcasses de vaisseaux enfermés dans le port servirent à ce but ; et des pièces de canon toujours prêtes à vomir la mort les y tenaient en respect. Les hôpitaux ne suffisaient plus à contenir les malades. Nos malheureux soldats avaient peine à soutenir le poids de leurs armes. Il avait fallu leur permettre de monter la garde assis ; on en voyait tomber morts dans les rues. Et point de nouvelles de Buonaparte ! A chaque instant on croyait entendre le bruit du canon français ; on braquait les lunettes, on prêtait l'oreille ; mais rien, toujours rien ! On raconte qu'un soir une allégresse universelle se répandit dans la ville : chacun criait : *Les Français! les Français!* On avait cru entendre le canon, et ce n'était que le roulement d'un tonnerre d'orage dans les Apennins. En vain Masséna, par la fermeté de son caractère, cherchait à rassurer les soldats découragés ; en vain les chefs partageaient eux-mêmes le mauvais pain du troupier, et faisaient tous leurs efforts pour ranimer une patience poussée à bout : l'héroïsme même a ses limites. Le désespoir s'emparait de la garnison, aussi bien que de la ville : on avait vu des soldats briser leurs armes. Enfin le pain d'amidon manqua : il fallut se rendre. Le 4 juin, la capitulation fut signée avec le général Ott ; nos malheureux soldats sortirent avec les honneurs de la guerre, et rejoignirent la division Suchet sur le

Var. Ils avaient écrit dans nos annales une page sombre, mais glorieuse et immortelle.

S'ils eussent pu tenir quelques jours de plus, la victoire venait les délivrer.

XL.

Marengo.

Tout, en effet, se préparait pour une bataille décisive. Revenu de sa surprise et de ses longues hésitations, Mélas comprit enfin que son redoutable ennemi, par une série de combinaisons les plus profondes peut-être que le génie militaire eût encore inventées, l'enfermait dans un réseau de fer, dont il ne lui était plus donné de sortir que les armes à la main. Toutes les routes étaient interceptées, tous les points importants occupés : il fallait se faire jour par une victoire, ou succomber glorieusement. Buonaparte, assuré du résultat de son plan, cherchait son ennemi : bon gré mal gré, il fallut se joindre. Dans son étonnante sagacité, le général français avait prévu les délais, les marches, les faux-fuyants par lesquels les Autrichiens chercheraient à lui échapper : il avait même prévu ou plutôt fixé pour champ de bataille Marengo. Marengo fut, en effet, le théâtre où se passa le brillant fait d'armes qui eut une si grande influence sur les destinées de l'Europe.

Dès le 6 juin, notre division passait le Pô entre Belgiojoso et San-Cipriano, et le corps du général Watrin, qui en faisait partie, battait des détachements autrichiens, sortis de Valence et d'Alexandrie. Nous prîmes position au delà du Pô, près de la grande route d'Alexandrie à Plaisance. Le même jour, Murat arrivait sous les murs de cette dernière ville ; le lendemain, il en débusquait le général Oreilly. Nous eûmes un engagement avec la cavalerie de celui-ci, qui fut repoussée. Nous étions maîtres de toute la ligne du Pô, de Pavie à Plaisance. Laissant quelques mille hommes à Milan, à Arona, le long du Tessin et du Pô, Buonaparte avait réuni le gros de ses troupes à la Stradella, dont il voulait faire le point central de ses opérations. Mais tout était si bien réglé qu'il pouvait, au moindre signe du danger, accourir sur tous les points menacés.

La division Lannes, à laquelle j'appartenais, était aussi à la Stradella. Elle avait ordre, ainsi que la division Murat, d'empêcher les corps autrichiens expulsés de Pavie et de Plaisance de se réunir à ceux du général Ott, qui venait de Gênes. Le 9 juin, suivant les prévisions du général en chef, notre division, forte à peine de sept ou huit mille hommes, rencontre près de Montebello le corps de Ott, qui en comptait dix-huit mille. Malgré l'infériorité du nombre, Lannes n'hésita pas à attaquer. De tous les généraux de cette époque, il était un de ceux qui savaient le mieux enflammer le courage des soldats : sa vigueur et sa bravoure étaient, du reste, admirables. On aborda le bourg de Casteggio de deux côtés : par la plaine du Pô, et par les monticules de l'Apennin. Un combat des plus vifs s'engagea sur tous les points. Déjà nous avions l'avantage, quand le général Gottesheim, survenant tout à coup, culbuta nos bataillons des hauteurs qu'ils avaient occupées. Lannes, bravant le feu et la mitraille, les rallie et les soutient. Toutefois, il eût fallu céder au nombre, si le général Rivaud n'était venu à notre secours. Après une affreuse mêlée, nous restâmes les maîtres. Casteggio, où le général Watrin soutenait un combat acharné, fut pris et perdu plusieurs fois. Enfin, il resta en notre possession, et l'ennemi, pressé de toutes parts, s'enfuit à Montebello, nous laissant cinq mille prisonniers et trois mille tués ou blessés. Cette belle victoire, où douze mille hommes en avaient battu dix-huit mille, prit le nom de Montebello, et devint un titre de gloire pour l'illustre Lannes.

Ce n'était que le brillant prélude de la grande affaire qui devait bientôt se passer. Toutes les divisions eurent ordre de se réunir sur la route d'Alexandrie à Plaisance. Le 10 et le 11 juin, les troupes se reposèrent. Vers le soir du 11, on vit arriver providentiellement un des hommes les plus estimés de l'armée, le général Desaix, que les fautes de Kléber ramenaient d'Egypte. Son arrivée causa une grande joie à Buonaparte, dont il était l'ami de cœur; et tous les soldats, par un pressentiment instinctif, en augurèrent la victoire. L'événement justifia leur attente; mais, hélas! la victoire devait coûter la vie à l'infortuné général. Le 12 au soir, le Premier Consul, surpris de ne pas voir les Autrichiens, s'avança vers Tortone. Le 13, nous entrions dans la plaine de

Marengo. Le général Victor occupait ce village avec deux divisions; Lannes, avec une des siennes, et Murat, avec sa cavalerie, se déployaient dans la plaine. Enfin, le 14, après de longues délibérations, le général Mélas sortit d'Alexandrie, résolu à livrer bataille.

Son armée devait déboucher par les ponts de la Bormida, se diriger en partie sur Castel-Ceriolo, en partie sur Marengo, et le reste longer la Bormida. La réserve se tenait en avant d'Alexandrie. Le combat commença par le corps du général Oreilly, qui rencontra la division Gardanne détachée de celle de Victor, et la força par la supériorité du nombre à rentrer dans Marengo. Les généraux Haddick et Kaim étant venus se joindre à Oreilly, Marengo fut attaqué. Un combat violent s'engagea; le corps du général Rivaud opposa une barrière insurmontable aux efforts de l'ennemi. Plusieurs fois Haddick essaya de l'entamer, et toujours il fut repoussé en désordre. A la fin, ce malheureux général ayant reçu une blessure mortelle, ses soldats se retirèrent. La division Kaim reçut ordre de reprendre sa place, pendant que la cavalerie du général Pilati avait mission de faire une charge sur la gauche. Mais Kellermann, à la tête de sa cavalerie, observait ce mouvement de l'ennemi. En attendant, la division Lannes s'était mise en ligne entre Marengo et Castel-Ceriolo, et foudroyait de sa fusillade la division Kaim. Pilati, à la tête de quelques milliers de chevaux, était parvenu à s'avancer, quand Kellermann, fondant sur lui, le repousse et le précipite dans un ruisseau marécageux qui se trouvait à quelque distance. Jusque-là nous tenions l'ennemi en échec : les deux divisions de Lannes et de Victor, fortes au plus de seize mille hommes, tenaient tête à trente-six mille Autrichiens. Mais la bataille était définitivement engagée ; elle devait être générale et décisive.

Par l'ordre de Mélas, on recommença l'attaque sur toute la ligne française : Ott s'avança contre Lannes, les corps d'Oreilly, Haddick et Kaim contre la division Victor. Le combat fut des plus vifs : une effroyable artillerie appuyait partout les mouvements de l'ennemi. Les grenadiers de Lattermann étaient parvenus à passer un petit ruisseau qui protégeait les Français, et s'avançaient, soutenus par leur artillerie, vers Marengo ; le général Rivaud sortit de ce village à la tête de la quarante-quatrième demi-brigade, et fit des efforts inouïs pour les repousser. Mais une horrible mitraille l'obligea à s'arrêter, et il tomba lui-même blessé. Alors les grenadiers autrichiens se portèrent en masse sur Marengo, et s'en emparèrent. Rivaud, couvert de sang, rallie ses troupes et les repousse ; mais bientôt il est emporté du champ de bataille, affaibli par la perte de son sang. En même temps le corps du général français Chambarlhac succombait, écrasé par la mitraille, pendant que le général Oreilly repoussait la quatre-vingt-seizième, et que Lannes allait être débordé par Ott à la tête d'une nombreuse cavalerie. En vain Champeaux et Kellermann exécutaient les plus brillantes charges de cavalerie : le nombre l'emportait, le désordre se mettait dans nos rangs, et déjà une partie des soldats de la division Victor se retiraient en criant que tout était perdu.

Je n'oublierai jamais cette heure de péril et d'angoisse. Ah! que le cœur d'un soldat saigne, quand il s'aperçoit que la victoire passe dans les rangs ennemis! Je ne me souviens pas d'avoir éprouvé plus vivement qu'à cette heure le stimulant d'un glorieux désespoir. Une vigueur incroyable animait mon bras. Dans l'ardeur de la mêlée, je ne sus sur qui mes coups portaient; mais je sentais un grand désir de vendre chèrement ma vie. Je ne voulais pour linceul que la gloire d'avoir bravement combattu. Je frappai d'estoc et de taille, de la baïonnette comme de la crosse de mon fusil. Aussi bien n'était-il pas possible de se contenir, quand les généraux eux-mêmes donnaient de tels exemples. Je vois encore, comme si j'y étais présent, les chefs de division, tous les officiers supérieurs, se battre comme de simples soldats, braver les boulets et la mitraille, rallier, encourager leurs troupes, parler du geste et de la voix, et se précipiter, tête baissée, dans le plus épais de la mêlée. Je vois surtout Lannes, l'intrépide, l'héroïque Lannes, possédé, pour ainsi dire, du démon des combats, déployer une force et une valeur que quelques-uns ont pu égaler, mais que nul ne surpassa. La bataille alors pouvait passer pour perdue : mais nos braves, chefs et soldats, pouvaient dire comme ce roi de France : « Tout est perdu, fors l'honneur. »

Buonaparte n'était pas là. Et tant que le génie puissant qui avait organisé cette campagne n'assistait pas au dénouement, on ne pouvait désespérer du succès. Trompé par les hésitations de Mélas, il était allé à quelque distance observer, ou plutôt chercher son ennemi. On l'avertit que, conformément à ses prévisions, c'est bien à Marengo que le nœud de l'affaire se rattache. Il accourt aussitôt avec sa garde consulaire (cette troupe d'élite qui, sous le nom de garde impériale, s'acquit plus tard une si belle renommée, mais qui data de Marengo). Il a, de plus, trois demi-brigades (division Monnier), et deux régiments de cavalerie. Au premier coup d'œil, il voit où il faut porter ces nouvelles troupes, peu nombreuses, il est vrai, mais toutes fraîches et pleines de ce feu guerrier, qu'il savait si bien souffler à l'âme des soldats. Son plan est pris avec la rapidité de l'éclair. Les trois cents grenadiers de la garde, placés à côté de la division Lannes, ont ordre d'arrêter la cavalerie autrichienne (dragons de Lobkowitz), et de se fixer au milieu de la plaine, comme pour être le pivot autour duquel l'action devra tourner. L'ordre est exécuté avec un aplomb merveilleux. Deux demi-brigades sont ensuite dirigées sur Castel-Ceriolo, le reprennent et s'y fixent. Puis lui-même, à la tête de la soixante-douzième, va ramasser les débris dispersés de la division Victor, que la cavalerie d'Oreilly poursuit, mais que celle de Murat protége. Tous se rallient au nom du Premier Consul, et recommencent le combat avec un nouvel acharnement. Lannes surtout redouble d'efforts : sous son énergique impulsion, deux demi-brigades (la quarantième et la vingt-huitième) se précipitent sur la masse énorme des Autrichiens, et le sang coule à torrents. Alors Mélas, dans une dernière tentative de désespoir, concentre ses troupes sur Marengo, débouche du village, et accable enfin les soldats exténués du général Gardanne, pendant qu'Oreilly mitraille, sans obstacle, ceux de la division Chambarlhac. L'avantage que nous avions reconquis au prix de tant de sang est encore une fois perdu : il faut céder le terrain. Mais on ne le fait que pied à pied. Buonaparte ordonne de se retirer lentement et en combattant. L'intrépidité de Lannes arrêta longtemps la marche de l'ennemi ; il s'agissait pour le Premier Consul de gagner du temps et d'attendre le corps de Desaix, qui était à quelques lieues de là, et qu'il avait envoyé prévenir. On ne saurait dire quelle bravoure déploya Lannes dans cette circonstance : il semblait se multiplier lui-même. Une masse énorme d'Autrichiens, quatre-vingts bouches à feu vomissent balles et boulets sur les quatre demi-brigades qui l'entourent : cette tempête l'ébranle à peine. Après deux heures de combat acharné, l'ennemi n'avait gagné sur lui que trois quarts de lieue. La garde consulaire, que les charges de cavalerie n'ont pu ébranler, est attaquée par l'artillerie, comme une place forte. Les boulets labourent ses rangs ; ses rangs ne se rompent pas, mais elle recule. Le général Carra Saint-Cyr a dû également abandonner Castel-Ceriolo : partout nos héroïques efforts sont annulés. Lannes, désespéré, fait sauter les caissons, qu'il n'espère pas soustraire à l'ennemi.

Une seconde fois, l'affaire semble perdue. Le champ de bataille présentait un des spectacles les plus désolants qui aient jamais frappé mes yeux. Une multitude de morts et de blessés le couvrent ; çà et là des corps amoncelés forment comme des monticules, et indiquent en quels endroits la mêlée a été plus chaude. Dans le moment de répit qui suivit, les mains, les habits, le visage, les souliers teints de sang, je ne pus m'empêcher de réfléchir sur le rôle que je jouais là, et, je l'avoue, mes paupières s'humectèrent de larmes. Un grand mal de cœur me saisit ; je ne retrouvais presque plus de mes compagnons d'armes, car notre bataillon avait été affreusement criblé par la mitraille autrichienne. Je levai tristement les yeux au Ciel, en demandant quand finirait pour moi une si pénible existence. O sort du laboureur, que vous me sembliez doux !

Mais la victoire ne faisait que nous bouder : elle ne nous abandonnait point. Desaix, le fidèle Desaix, aux premiers coups de canon qui vinrent frapper ses oreilles, avait compris que l'action était engagée, et que l'ennemi, qu'on l'envoyait chercher à Novi, était à Marengo. Il rebrousse chemin, et envoie ses aides-de-camp annoncer à Buonaparte qu'il va arriver. Il arrive, en effet, et trouve notre armée abattue, fatiguée, dispersée, et une plaine immense jonchée de cadavres. Sa présence ranime l'espoir du Premier Consul. On délibère sur ce qu'il faut faire. La plupart des officiers opinent pour la retraite. Buonaparte consulte Desaix. On raconte que, tirant sa montre, le modeste général répondit : « Oui, la bataille est perdue ; mais il n'est que trois heures, et il est encore temps d'en gagner une. » Sur-le-champ l'ordre est donné ; Desaix, à la tête de ses six mille hommes, arrêtera de front les Autrichiens, pendant que les débris de l'armée se rallieront pour les prendre en flanc.

L'ennemi comptait avoir remporté la victoire. Le vieux Mélas, accablé de fatigue, et désormais tranquille sur le sort de ses troupes, à qui il voyait une route assurée, s'était retiré à Alexandrie pour y prendre un peu de repos, laissant à son chef d'état-major, Zach, le commandement supérieur. Une amère déception devait succéder, pour ce vieux guerrier, à cette joie d'un moment. Bientôt les dispositions sont prises de la part de Buonaparte; son génie lui a dicté sur-le-champ le moyen de profiter du secours que Desaix lui amène, et des avantages que lui laisse encore sa position. Il parcourt les rangs, en disant : « Mes amis, c'est assez reculer. Souvenez-vous que j'ai l'habitude de coucher sur le champ de bataille. » Ces mots volent avec la rapidité de l'éclair, et nous infusent à tous une nouvelle vigueur. Desaix a rangé son petit corps d'armée à l'abri d'un pli de terrain qui le dérobe à l'ennemi. Les débris des divisions Chambarlhac et Gardanne se sont ralliés à gauche, sous Victor; à droite, la division Lannes se reforme; puis vient la garde consulaire, puis le détachement de Carra Saint-Cyr, tandis que le brave Kellermann, avec sa cavalerie, se place entre Lannes et Desaix, un peu en arrière. Une batterie de douze pièces, seul reste de notre artillerie, protége le front de Desaix.

Oui, le courage nous était revenu à tous; nous avions soif de venger notre défaite. Nul, j'ose le croire, ne doutait à ce moment que la victoire ne vînt enfin se ranger sous nos drapeaux. Les Autrichiens s'avançaient paisiblement, en ordre de marche, sur la grande route, quand, tout à coup, Marmont, démasquant ses douze pièces de canon, les arrête par une décharge. Leur surprise fut grande, car ils nous croyaient en pleine déroute. Desaix, profitant de ce premier moment de désordre, s'ébranle à la tête de la neuvième légère, cette illustre brigade qui mérita dans cette journée le nom d'*Incomparable.* Le choc est terrible : démasquée subitement, elle tire à bout portant. La confusion se met dans les deux premiers régiments autrichiens, qui reçoivent son feu. Ils résistent pourtant. Une balle vint alors atteindre Desaix à la poitrine ; il tombe, et n'a que le temps de dire à son chef de division : « Cachez ma mort : cela pourrait ébranler les troupes. » Mais on l'a vu tomber, et tous ses soldats s'écrient : « Vengeons notre général ! » Ils se rangent alors en colonne, se précipitent sur l'ennemi, culbutent les deux premiers régiments sur la seconde ligne ; bientôt ils sont secondés, à droite par Victor, à gauche par Boudet ; mais les grenadiers de Lattermann, qui forment la seconde ligne, ont eu le temps de se former en colonne, et tiennent ferme. Le général Zach les soutient de sa présence. Alors Kellermann fond sur eux à la tête de sa cavalerie, et les coupe en deux ; on sabre à droite et à gauche. Pris de tous côtés, ces braves grenadiers ne savent où se tourner ; deux mille d'entre eux se rendent prisonniers, et parmi eux le général Zach lui-même. Kellermann tourne bride ensuite, fond sur le corps de dragons de Lichtenstein, et les refoule sur le gros de l'armée, ce qui y amène quelque confusion. Lannes, profitant de cette circonstance, s'élance vigoureusement sur le centre ébranlé de l'armée autrichienne, et le pousse avec vigueur. Pendant ce temps-là, la garde consulaire et Carra Saint-Cyr reprennent Castel-Ceriolo ; le combat s'engage partout. Mais partout l'enthousiasme anime nos soldats, tandis que la terreur et le découragement s'emparent des Autrichiens. Une panique subite saisit la cavalerie du général Ott : *Aux ponts ! aux ponts !* s'écrie-t-elle de toutes parts ; et elle s'enfuit au galop vers la Bormida, en se frayant passage à travers les Français. C'est en vain que les généraux Haddick et Kaim essaient de soutenir le centre de leur armée ; rien ne résiste à l'impétuosité de Lannes, qui les repousse sur Marengo. La cavalerie autrichienne essaie pourtant quelques charges ; mais les grenadiers de la garde lui font rebrousser chemin. Bientôt Victor se joint à Lannes ; tous ensemble se jettent sur Marengo, et en chassent Oreilly et les grenadiers de Weidenfeld. Dès ce moment, la victoire est décidée ; les ennemis se précipitent pêle-mêle sur la Bormida ; les ponts ne pouvant suffire à la foule des fuyards, on se jette dans la rivière. Mais nous nous attachons à leur poursuite, et une foule de prisonniers et un immense matériel nous restent entre les mains.

Si la maladie fait mieux apprécier la santé, la défaite rend plus douce la victoire. Jamais une joie plus pure n'inonda le cœur des soldats qu'après cette mémorable journée, où nous nous étions si bien vengés d'un double échec. On s'embrassait sur le champ de bataille. La mort de Desaix étendait seule comme un voile de deuil sur cette félicité si pure. Il fut universellement regretté, et sa perte diminua bien pour le Premier Consul le plaisir de la victoire. — Quelle belle journée ! lui disait son secrétaire. — Oui, répondit-il tristement, si j'avais pu embrasser Desaix sur le champ de bataille. — Je vis l'aide-de-camp de ce dernier chercher longtemps, au milieu des morts, le corps de son infortuné général. Il le reconnut à son abondante chevelure, l'enveloppa dans un manteau de hussard, et l'emporta pieusement au quartier-général.

Huit mille Autrichiens et six mille Français, tués ou blessés, jonchaient cette plaine, désormais immortelle ; quelle affreuse boucherie ! Ah ! que j'étais peu disposé à partager la joie de mes frères d'armes ! J'avais pourtant pris ma part au triomphe de la journée. Moi aussi, j'avais senti la honte d'être vaincu, et goûté le plaisir de la vengeance. Mais, dans le moment de l'action, un voile tombe sur les yeux du soldat ; il frappe en aveugle, par devoir ; instrument, sans le savoir, de la Justice Divine, il exécute des arrêts portés dans le ciel ; et c'est plus tard seulement qu'il réfléchit au rôle qu'il a joué, et que son œuvre lui apparaît tout entière.

Les résultats de la bataille de Marengo furent immenses. L'Europe entière en fut ébranlée, ou d'admiration ou d'épouvante. C'est certainement l'événement qui a le plus influé sur la destinée de Napoléon : il fixa sur lui l'estime et l'amour de la France ; il en fit l'effroi de ses ennemis.

Par une coïncidence étrange, le même jour tombaient deux généraux également remarquables par leur bravoure, sinon par leurs qualités personnelles, Kléber et Desaix. Kléber, succédant à Buonaparte dans le gouvernement de l'Egypte, avait d'abord commis des fautes ; mais il les répara noblement par sa belle conduite et cette célèbre victoire d'Héliopolis, rivale de celle des Pyramides. Il tomba le 14 juin 1800, sous le poignard d'un musulman fanatique. Le même jour, Desaix, que les fautes mêmes de Kléber et une irrésistible affection pour Buonaparte avaient ramené en Europe, succombait glorieusement, après avoir fixé la victoire sous les étendards de son maître. Leur vie, aux yeux des hommes, avait été pleine; que fut-elle devant Dieu? Que pesèrent, au tribunal du grand Juge, ces victoires, ces lauriers, cette gloire, ce nom immortel?

Je m'incline et je me tais.

XLI.

Rencontre.

Je fus nommé lieutenant sur le champ de Marengo. Lannes avait été témoin à deux reprises du courage avec lequel je combattais : il voulut m'en récompenser. Ce fut en présence du Premier Consul qu'il me décerna ce grade, et cela me valut la faveur d'un compliment de celui-ci. — Lieutenant, me dit-il, on ne s'arrête pas en si beau chemin. — Je m'inclinai et osai lui répondre : Non, général, surtout avec de tels guides.

Au fond, qu'en pensais-je? Il me tardait de revoir mes parents et ma terre natale. Après le premier mouvement de satisfaction, je revins bientôt à ce qui avait fait l'ambition de toute ma vie : l'existence tranquille du laboureur.

Lannes me revit en particulier, et voulut bien m'entretenir un instant de moi-même. Je vis percer dans ce petit bout de conversation le mauvais esprit qui remplissait cette âme, d'ailleurs héroïque, pour tout ce qui tenait à la religion. Chacun sait l'opposition qu'il fit au Premier Consul, quand celui-ci laissa rentrer les prêtres et rouvrir les temples. Il me railla avec amertume sur mon attachement à la foi de mes pères, et ne me dissimula point que là était la raison de mon peu d'avancement. Avec un caractère moins ferme, j'aurais été bien exposé à faire comme tant d'autres : à renier Dieu par respect humain. Je ne le fis pas : je restai inébranlable dans ma fidélité à mes devoirs religieux. Bien que tombées de haut, les plaisanteries du général glissèrent sur moi, sans y faire la moindre impression. Je plaignais, au contraire, ces hommes si braves sur le champ de bataille, ces héros dont le courage ne fut jamais surpassé, je les plaignais d'être ainsi desséchés par l'impiété, et de rester courbés vers la terre, tandis que leurs grandes âmes pouvaient si aisément se relever vers le ciel. Je sentis mieux le vide de ces grandeurs humaines qui ne s'appuient point sur une base immortelle, et n'en résolus que plus vivement de chercher en haut mon point d'appui.

En quittant le général Lannes, je me dirigeai vers une chapelle de la Sainte Vierge, et y renouvelai ma ferme résolution de vivre et de mourir chrétien.

En avançant en grade, je m'efforçais d'être de plus en plus utile à mes inférieurs. D'abord par l'exemple. Si la plus grande partie des officiers ne rougissaient pas de se livrer au plus honteux libertinage, je ne m'en croyais que plus obligé de rester irréprochable dans mes mœurs.

Que le Seigneur me pardonne, si je dis ici quelque chose à ma louange : mais jamais un acte, une parole, un geste ne m'échappa, qui pût donner le moindre scandale au dernier de mes frères. Cette sainte horreur qui m'avait été inspirée dès l'enfance pour le vice impur, ne m'a jamais quitté : je fus dans les camps ce que j'avais été dans ma pudique enfance, ce que je suis resté toute ma vie. Heureux effet d'une éducation profondément chrétienne !

Un autre objet de mes soins, ce fut d'être bon et humain à l'égard de mes subordonnés. Il n'est que trop commun, parmi les officiers inférieurs, de traiter le soldat avec dureté. Plus même le grade que l'on occupe est bas dans la hiérarchie, plus on semble tenir à faire sentir son autorité : un colonel est toujours plus indulgent qu'un caporal. Dans les premiers jours de la révolution, on montrait à l'égard du soldat une grande sévérité. Les nombreuses désertions qui affaiblissaient alors nos armées n'avaient pas seulement pour cause le dénuement et des misères sans nombre, mais aussi la rigueur de la discipline. On fuyait la tyrannie, autant que la faim. Sous Buonaparte, ce despotisme s'adoucit. Buonaparte aimait le soldat et en était adoré. Il était ferme pourtant ; mais on sentait que cette fermeté était pour le bien, et n'excluait point chez lui l'affection. Plusieurs de ses généraux, et Desaix en particulier, avaient imité de lui cette tendresse presque paternelle; mais d'autres portaient jusqu'à la dureté l'amour de la discipline. Sans doute, la discipline est nécessaire dans une armée ; mais, trop tendue et portée à l'excès, elle irrite l'âme du soldat et l'aigrit. Du reste, c'est le procédé qui importe surtout. L'homme le plus indocile au joug convient au fond de son cœur qu'il faut une loi, un ordre, un lien puissant pour serrer ensemble ces masses terribles qu'on appelle des armées ; mais ce qu'il apprécie surtout, c'est la manière dont les règlements sont appliqués. De deux chefs qui tiennent également à la discipline, l'un la fera aimer et l'autre haïr. Pourquoi? C'est que l'un parle comme un maître, et l'autre comme un ami.

Ma conscience me rend cette justice, que je m'efforçai toujours de joindre ensemble ces deux qualités : la fermeté et la bonté. Et moi aussi j'aimais le soldat, non pas, comme Buonaparte, parce qu'il était un instrument à ma volonté ou à mon ambition, mais parce qu'il était homme, parce qu'il était mon frère. L'idée ne me vint jamais qu'une épaulette, un vain signe de distinction dût m'inspirer assez d'orgueil pour me placer dans ma propre estime au-dessus de qui que ce fût. Hélas ! tous les grades du monde ne sauraient relever l'homme d'une ligne ! Nous sommes ce que nous sommes, disait un grand saint, et Dieu seul sait nous apprécier à notre juste mesure. Ce que l'orgueil humain tendait à produire chez moi, le sentiment chrétien l'atténuait ou l'effaçait. Je ne crois pas avoir une seule fois manqué de fermeté dans ma vie ; mais je ne me souviens pas non plus d'avoir jamais usé à l'égard d'un frère d'armes d'une sévérité excessive. Tant il est vrai, encore une fois, que le principe religieux est utile à tout ; et que seul, peut-être, il peut donner à un chef militaire ce juste milieu entre la mollesse qui demande trop peu et la dureté qui demande trop.

Aussi, je crois avoir gagné l'affection de mes subordonnés. Mes principes bien connus en matière de religion purent me rendre ridicule à leurs yeux ; ils ne m'ôtèrent jamais leur estime. Jamais, il est vrai, je n'avais pris occasion de ces basses plaisanteries, de ces airs de dédain qu'on affectait à mon égard, pour faire peser le poids de mon autorité ; je portais avec joie cette petite croix pour l'amour de mon Dieu, sans rien rabattre de mon amour pour mon prochain. Je finis ainsi par me concilier l'amitié du soldat, et, en plus d'une occasion, je pus me convaincre que cet attachement pour moi était sincère et profond. Il m'est arrivé, dans la suite, de rencontrer çà et là quelques vieux compagnons d'armes, d'anciens soldats de l'armée du Nord, de Sambre-et-Meuse, d'Italie ou d'Egypte ; et toujours nous renouvelâmes cordialement connaissance. Plusieurs m'ont avoué qu'ils s'étaient parfois amusés de *mes superstitions,* mais que jamais cela n'avait nui à leur estime pour moi. Au fond, me disaient-ils, tout le monde vous aimait. Pourquoi aussi vous avisiez-vous d'avoir un Dieu, quand personne n'en voulait plus? Nous autres, pauvres soldats, nous savions bien que ce n'était pas là un crime ; mais les chefs voyaient cela de trop mauvais œil, pour que nous ne parussions pas faire chorus avec eux.

Déplorable respect humain, tu fais partout des victimes ! Il faut donc plus de courage pour affronter une raillerie, que pour braver la mitraille ! Des hommes que j'avais vus tant de fois s'exposer à la mort n'osaient, je ne dis pas pratiquer, mais seulement respecter la vertu !

Un soir d'hiver — il y a de cela vingt ans — comme

j'étais près de mon poêle, rêvant ou écrivant peut-être quelqu'une de ces lignes, une voix de mendiant vint frapper mon oreille. *Donnez*, disait-il, *donnez à un pauvre aveugle, pour l'amour de Dieu.* Entre toutes les infirmités humaines, aucune ne me touche comme la cécité. J'accepterais toutes les autres, plutôt que celle-là. Nature, œuvre de mon Dieu, vous êtes si belle que je ne me consolerais pas de ne plus voir! Je sortis donc pour donner l'aumône. Mais le froid était si rigoureux, que j'invitai le bon vieillard à passer la nuit sous mon toit. Un chien était son guide. Le pauvre petit animal n'eut pas plus tôt vu la porte ouverte, qu'il entraîna son maître avec une force qui voulait dire : Il est besoin que nous couchions ici. On réchauffa l'aveugle, on l'assit à notre table, pendant que nos petits enfants comblaient son chien de caresses. Durant le repas, je demandai au vieillard où il avait contracté son infirmité.

— En Egypte, me dit-il.
— En Egypte ! Vous avez été en Egypte ?
— Deux ans et demi, pour mon malheur.
— Dans quelle division, s'il vous plaît ?
— Desaix d'abord, puis Lanusse, puis Friant.

Une vive émotion fit palpiter mon cœur : je crus reconnaître l'accent de cette voix.

— Vous étiez à la bataille des Pyramides ?
— Oui, oui, et à Sédiman, et à Damanhour, et à Ramanieh, et à Héliopolis, et à la dernière défaite d'Aboukir.

— Votre nom ?

— Antoine Raymond, dit le *Sabreur*.

— Touchez là, mon ami, lui dis-je ; voici votre sous-lieutenant.

— Quoi ! le brave, le bon M. Charrue ! dit-il en se levant vivement, et en cherchant à saisir ma main. Oh ! souffrez que je vous embrasse !

Il se jeta dans mes bras, puis colla ma main contre ses lèvres. Des larmes inondèrent ses joues.

— Brave et généreux mortel, dit-il, c'est à vous que je dois la vie. Une fois, vous m'avez sauvé du sabre des Mamelucks. Vous souvenez-vous du mouvement que firent ces huit mille cavaliers fondant sur notre carré, qui était le premier à droite du côté des pyramides ? Le choc fut affreux : je n'ai tremblé dans ma vie que cette fois-là. Nous les reçûmes pourtant avec un grand sang-froid. Mais quand, par une manœuvre inattendue, ils renversèrent sur nous leurs chevaux et firent une brèche au carré, alors je me trouvai pris. Jeté à terre par le cheval fougueux d'un de ces cavaliers, je reçus un coup de sabre qui me blessa légèrement, et j'allais être foulé aux pieds, quand une main charitable me tira du péril ; cette main, c'était la vôtre. Je vous en ai gardé une éternelle reconnaissance.

— Je m'en souviens, Raymond ; mais je n'ai point oublié non plus l'ardeur que vous mîtes à vous venger. Ces trente ou quarante cavaliers vinrent expirer aux pieds de Desaix : combien en tuâtes-vous pour votre part ?

— Sept ou huit, peut-être ; ma fureur était au comble.

— Oui, et c'est ce qui vous valut, de la part de Desaix, ce surnom de *Sabreur*, que vous n'avez plus quitté.

— Et dont j'étais bien fier. Ah ! le bon général que Desaix ! Il a quitté l'Egypte trop tôt pour moi... Et vous aussi, vous nous avez laissés....

— J'étais malade, Raymond, et puis j'étais bien en mal de la patrie.

— Et qui donc n'en était pas en mal ? Encore était-ce le bon temps alors ; tant que le *petit caporal* fut là, cela allait bien. Mais depuis son départ, ce ne fut plus que tristesse et calamités. Kléber, il est vrai, maintint encore un moment le calme parmi nous, ou au moins la victoire sous nos drapeaux. Malheureusement, il ne se plaisait pas en Egypte, et il l'avait trop laissé voir. Bientôt un malaise général s'empara du soldat : on soupirait après la France. Personne, sans doute, n'avait le poignet assez fort pour soutenir l'œuvre du *petit caporal*. On signa cette malheureuse convention d'El-Arisch, qui stipulait l'évacuation de l'Egypte. Puis bientôt Kléber eut lieu de s'en repentir ; il avait vu la mauvaise foi de l'Angleterre. Alors vint cette fameuse bataille d'Héliopolis, aussi chaude, aussi brillante que celle des Pyramides. Une fois de plus, je fus blessé, et sur le point d'être pris...

— Je m'étonne, lui dis-je alors, que vous n'ayez pas été récompensé et élevé en grade...

— Je ne savais ni lire ni écrire, et puis ma vue s'affaiblissait. Un long séjour dans la Haute-Egypte, les voyages à travers des sables brûlants, l'effet du mirage, le simoun, la fièvre, tout se réunit pour me priver de ce précieux organe.

— Pourquoi alors ne pas demander à revenir en France ?

— Je l'ai demandé dix fois. Les chirurgiens attestaient que je deviendrais aveugle, si peu que je prolongerais mon séjour en Egypte. Mais il n'était pas facile alors de revenir. Kléber venait de tomber sous un coup de poignard; Menou nous administrait mal ; la division et le désordre étaient partout, et les Anglais nous interdisaient la mer. Je dus subir ma triste destinée. J'assistais à cette déplorable affaire de la rade d'Aboukir, où le brave Friant fut repoussé. J'assistais à la capitulation du 27 juin (1801); je vis enfin cette belle conquête nous échapper aussi rapidement qu'elle nous était venue.... Je.... Mais tirons le voile là-dessus : ces souvenirs m'arrachent encore des larmes. Toutefois, aucun nom n'est resté gravé plus avant dans mon cœur que le vôtre, généreux sous-lieutenant. Je me souviens des beaux exemples que vous nous donniez. Je n'ai point oublié surtout le jour où, à l'ambulance de Sédiman, vous vîntes me voir malade de la fièvre, fiévreux vous-même ; votre âme alors se révéla à moi tout entière. J'avais, hélas ! je dois le dire, oublié mes devoirs et donné, comme les autres, dans le vice. Nos chefs nous offraient de si funestes exemples ! Mais vous ne craignîtes pas de me faire rougir de ma conduite; et, d'une voix douce et pénétrante, vous réveillâtes dans mon cœur une foi qui y dormait, mais qui n'y était pas éteinte… Merci, brave Monsieur ! Vos avertissements n'ont point été perdus. De ce jour-là, je fus meilleur ; et si à cette heure j'ai du moins la foi pour me consoler dans mes maux, c'est à vous en grande partie que je le dois.

Les paupières du vieillard étaient mouillées de pleurs, pendant qu'il parlait ainsi. Il m'expliqua ensuite fort au long ses infortunes, dont le récit intéressa singulièrement nos enfants. Emu de pitié, je l'abritai pendant les plus gros froids, et le renvoyai ensuite avec quelques secours, et une recommandation qui lui obtint une entrée aux Invalides. Mais, avant de partir, il me réitéra l'expression de sa reconnaissance, et aucune ne m'alla jamais plus droit au cœur.

J'avais contribué au salut d'une âme !

XLII.

Le Splügen; la paix.

Je passai dans la garnison de Milan les six mois qui suivirent la bataille de Marengo. L'armistice avec l'Autriche expirait le 28 novembre 1800 (7 frimaire an IX); les hostilités furent reprises immédiatement. Le Premier Consul, voulant forcer cette puissance à la paix, résolut de l'enserrer, pour ainsi dire, dans un réseau d'opérations militaires. Pour cela, outre la grande armée de Moreau, composée de cent trente mille hommes et opérant sur l'Inn, il en forma quatre autres : celles du Mein, sous Augereau; du Mincio, sous Brune; des Grisons, sous Macdonald; et une réserve sous Murat. Je fus attaché à celle de Macdonald, qui portait le nom de seconde réserve. Nous avions en tête deux corps d'armée assez considérables, commandés, l'un par le général Iller, l'autre par le général Davidovitch; et notre destination était de les tenir en haleine, en les menaçant à la fois ou tour à tour. Au fait, Macdonald pouvait se jeter sur Iller dans le Tyrol allemand, ou sur Davidovitch dans le Tyrol italien, avec une égale facilité, ou plutôt avec une égale difficulté : car, des deux côtés, nous avions d'affreuses montagnes à franchir, et la saison rigoureuse approchait. Mais avec une direction comme celle de Buonaparte, et après un passage comme celui du Saint-Bernard, il n'y avait plus rien d'impossible. Notre force pouvait être de quinze mille hommes ; mais ce chiffre était assez habilement dissimulé pour que l'ennemi ne pût le savoir au juste, et craignît encore une surprise comme celle qui venait de lui coûter si cher. Nous devions aussi, en cas de besoin, aller renforcer la grande armée de Moreau.

Buonaparte ayant combiné ses opérations de manière à ce que l'Autriche fût pressée par tous les points, et voyant que Moreau pouvait se passer de notre appui, donna ordre à Macdonald de franchir la grande chaîne des Alpes, pour se porter sur Trente et déborder la ligne du Mincio. Son but était de faire tomber ainsi la résistance des Autrichiens en Italie, en menaçant leurs derrières. Nous avions donc à passer le Splügen, cette crête élevée des Alpes, à nous jeter dans la Valteline, et de la Valteline dans le Tyrol italien. Une telle opération dans le cœur de l'hiver pouvait passer pour impossible aux yeux de quiconque a vu de près ou de loin ces terribles montagnes ; mais, encore une fois, rien ne pouvait résister à cette volonté de fer, aux yeux de laquelle hésiter était un crime, ou, pis encore, une lâcheté. En vain Macdonald envoya-t-il son chef d'état-major au Premier Consul, pour lui représenter qu'il était imprudent et même barbare d'exposer des soldats à des froids aussi rigoureux : Buonaparte répondit : « Nous enlève-

» rons sans combattre cette immense forteresse du Tyrol.
» Il faut manœuvrer sur les flancs des Autrichiens, me-
» nacer leur dernier point de retraite : ils évacueront
» sur-le-champ toutes les hautes vallées. Je ne change-
» rai rien à mes dispositions. Dites à Macdonald qu'une
» armée passe toujours, et en toute saison, partout où
» deux hommes peuvent poser le pied. IL FAUT que
» quinze jours après la reprise des hostilités, l'armée
» des Grisons se trouve aux sources de l'Adda, de l'Oglio
» et de l'Adige ; qu'elle ait tiré des coups de fusil sur
» le mont Tonal... Je saurai porter à temps des renforts
» où ils seront nécessaires. Ce n'est pas sur la force nu-
» mérique d'une armée, mais bien sur le but, sur l'im-
» portance de l'opération, que je mesure celle du com-
» mandement. »

Terrible IL FAUT ! Il n'y avait pas à résister. Nous nous mîmes en marche. On entrait en décembre : la neige, tombée en abondance, couvrait déjà tous les chemins qui servent de communication entre les rares habitations de ces affreuses montagnes. J'avais assisté au passage du Saint-Bernard ; mais j'affirme qu'il n'avait pas offert de difficultés comparables à celles que nous rencontrâmes dans ces horribles défilés. Un sentier étroit et tournant serpentait en spirale pendant plusieurs lieues, autour du Splügen ; et, outre que pendant la belle saison il y a quelquefois à peine place pour poser le pied, la neige ou la glace l'avait alors recouvert, en sorte qu'on était obligé de le frayer de nouveau. A côté étaient des précipices ; au-dessus, des montagnes de neige, menaçant à chaque instant de nous ensevelir sous leurs avalanches. Je n'ai de ma vie vu quelque chose d'aussi effrayant que cette position. Macdonald, avec cette énergie de caractère qui lui était propre, nous animait, nous encourageait, et nous donnait lui-même l'exemple. J'étais attaché à la troisième demi-brigade, dite d'Orient, toute composée d'anciens soldats d'Italie et d'Egypte. « Soldats de Lodi et des Pyramides, nous disait-il, est-ce qu'il est encore au monde des difficultés pour vous? » Un élan incroyable nous remplissait l'âme; mais il fut des heures où notre courage était presque à bout. D'horribles tourbillons de neige, soulevés par le vent, nous environnaient, et nous forçaient à nous arrêter, sous peine de faire un faux pas et de rouler dans des précipices. Une de ces tempêtes détermina une avalanche qui emporta la moitié d'un escadron de dragons. La terreur glaça tous les cœurs. Il fallut attendre trois jours avant de se remettre en route; et on devine combien durent être pénibles trois jours et trois nuits de bivouac dans la neige. Pourtant, le cœur ne faillit à personne. Pour ouvrir passage à l'artillerie, il fallait donner à la neige qui encombrait le chemin un peu de solidité; on fit passer dessus des troupeaux de bœufs, puis des hommes qui la battaient à grands coups de pelle. En certains endroits, les sapeurs durent couper les glaces qui obstruaient le sentier. Le gros de l'armée passa enfin, non sans d'horribles souffrances. La quatrième et dernière colonne allait atteindre le sommet du col, quand une nouvelle tempête ferma de nouveau le chemin, dispersa la cent quatrième demi-brigade, et ensevelit une centaine d'hommes. Il fallut rouvrir le chemin fermé, et Dieu seul sait ce qu'il en coûta de peines et de souffrances. Mais l'intrépide Macdonald sut admirablement rallier ses soldats et les encourager. Le 6 décembre, le quartier-général était à Chiavenna.

Nous n'étions pas encore remis de cette guerre contre les éléments, que déjà nous recommencions la guerre contre les hommes. Nous avions ordre d'attaquer le mont Tonal, qui domine l'entrée du Tyrol et de l'Adige. Mais le général Wukassowitch en avait fortifié les principaux abords par des retranchements. Dix mille Autrichiens occupaient la vallée de Nos, qu'il fallait franchir pour communiquer entre la vallée de l'Oglio et celle de l'Adige. Mais notre armée, dite la seconde de réserve, venait de rentrer dans la grande armée du général Brune; Macdonald ne pouvait plus agir que sous la direction de celui-ci. Il lui fit demander deux divisions afin d'exécuter le projet qu'il avait formé de tourner entièrement la droite des Autrichiens, et de la rejeter au delà de l'Adige. Huit de nos compagnies ayant été surprises par le général Bachmann, à Zutz et à Skampf, un assez bon nombre de nos soldats avaient péri dans les neiges; l'armée de Macdonald ne comptait donc plus guère que huit mille hommes en état d'agir. Brune refusa, ou plutôt se contenta de lui envoyer deux mille hommes de la légion italique. Malgré la faiblesse numérique de ses troupes, Macdonald n'hésita pas à attaquer et à franchir toutes les sommités des montagnes. Brune attendait, pour prendre l'offensive sur le Mincio, que son flanc gauche fût fortifié par l'armée des Grisons. Le général

Rochambeau, détaché de cette aile, devait servir de point de ralliement entre lui et Macdonald.

Ses dispositions étant prises, Brune résolut de passer le Mincio sur deux points à la fois : Pozzolo et Mozzembano. Il y eut, près de la première de ces localités, un engagement sanglant entre le général Dupont, qui venait de passer, et les Autrichiens. Dupont n'avait que dix mille hommes contre un ennemi qui en avait trente mille ; néanmoins, le champ de bataille lui resta. Pozzolo avait été pris et repris six fois. Il y eut des deux côtés six mille hommes tués ou blessés. Le lendemain, 26 décembre, l'armée entière passa le fleuve et s'empara des positions environnantes, en faisant douze cents prisonniers. De là, on s'avança sur l'Adige, que l'avantgarde traversa le 1er janvier (1801) ; une autre partie de l'armée, sous la conduite de Moncey, allait remonter le fleuve jusqu'à Trente, tandis que Brune le descendait jusqu'à Vérone, dans le dessein d'envelopper cette ville. Ainsi, le général autrichien Bellegarde allait se voir forcé de tous côtés. Il attendait avec impatience les corps d'armée du Tyrol ; mais, avec ses neuf mille hommes, Macdonald suffisait à les inquiéter, et opérait la plus heureuse diversion pour l'armée française. Après avoir assiégé un à un les pics et les glaciers, dispersé tous les ennemis qui s'opposaient à notre passage, nous étions à Storo le 6 janvier. Vingt-cinq lieues seulement nous séparaient du corps de Moncey. Nous venions d'apprendre le passage du Mincio : cette nouvelle nous remplit d'ardeur et de joie. Les généraux autrichiens du Tyrol avaient le plus grand intérêt à empêcher la jonction de Macdonald à Moncey; ils firent tout ce qu'ils purent pour s'y opposer. Mais, battus à la Chiusa, à la Corona, à la Serra-Valle, ils n'empêchèrent point le général Moncey de s'emparer de Roveredo. Un dernier effort devait réunir son corps au nôtre. Le 7, nous fîmes quarante milles dans la journée, et nous entrions le soir à Trente. Moncey en était à une demi-journée, quand, trompé par un mensonge du général Laudon, il le laissa échapper de ses mains. Le perfide Autrichien avait affirmé sur son honneur qu'un armistice venait d'être conclu pour les armées d'Italie, comme pour celles d'Allemagne, et le loyal Français avait souscrit à une suspension d'armes. Ce fut aux portes de Trente, à la vue de nos avant-postes, que Moncey reconnut la ruse dont il était victime. Laudon, serré entre Macdonald et Moncey, allait devenir notre prisonnier.

Notre arrivée portait à quatre-vingt-dix mille hommes l'armée de Brune. L'Adige passé, on pressa vivement l'armée autrichienne. Le 8, on était près de Vicence; le 12, on passait la Brenta; le 14, Bellegarde était serré entre la Piave et nous. De plus, Murat s'avançait à grands pas, à la tête de douze mille hommes d'élite, et le colonel Sébastiani entrait à Trévise. Bellegarde était donc réduit à la position la plus critique, quand des plénipotentiaires autrichiens arrivèrent pour signer l'armistice.

Car la grande armée de Moreau avait obtenu de magnifiques succès en Allemagne. Par une marche lente, mais sûre, cet habile général avait acculé ses ennemis, et venait de remporter la glorieuse victoire de Hohenlinden. Il était aux portes de Vienne. Mais, suivant ses belles expressions, c'était la paix qu'il cherchait, et non la gloire. Le 25 décembre, il avait signé l'armistice de Steyer, sous les conditions les plus honorables, en attendant la conclusion de la paix, qui se traitait à Lunéville. Le 16 janvier, Brune en signait un semblable à Trévise.

Ce fut une grande joie parmi nous quand cette nouvelle s'y répandit. Depuis cinq ou six ans, la paix générale était comme le point de mire universel. A chaque demande de congé que nous adressions, nous, pauvres soldats, on nous renvoyait toujours à la paix. Tout à la paix, mais rien avant la paix. Quelle ne fut donc pas notre allégresse, quand ce mot vola avec la rapidité de l'éclair : « La paix a été signée le 9 février, à Lunéville ! » Je l'avoue, ma satisfaction fut des plus vives. Rien désormais ne pourrait s'opposer au plus ardent de mes vœux : mon retour dans ma famille. Et je crois que mes sentiments étaient partagés par un grand nombre de mes frères d'armes, par ceux surtout qui avaient servi comme moi en Italie et en Egypte. La victoire même fatigue ; on se lasse de cueillir des lauriers.

Le jeune chirurgien dont j'ai parlé plus haut fut aussi grandement réjoui de cette nouvelle. Plusieurs fois séparés, nous nous étions toujours rejoints, et notre amitié n'avait fait que grandir. Chaque jour je découvrais en lui comme un nouveau fond de précieuses qualités. Ses connaissances variées donnaient à sa conversation un grand attrait pour moi, pauvre enfant de la campagne ; je lui fus redevable de beaucoup de choses utiles. Il me faudrait tout un livre pour dérouler cet autre coin de ma vie, cette part que l'amitié prit dans mon existence. Je n'ai point le talent de l'entreprendre ; et d'ailleurs ce serait un livre bien sérieux pour l'âge où nous vivons. Qu'il me suffise de dire qu'après mon Dieu et ma famille, je n'ai aimé personne comme cet excellent jeune homme, et qu'après Dieu et ma famille encore, nul ne me fut plus utile que lui.

XLIII.

Délibération.

Dès la conclusion du traité de Lunéville (9 février 1801), je m'empressai de déposer une demande de congé. Elle fut froidement accueillie, et on mit beaucoup de lenteur à y répondre. Si l'armée d'Italie n'était plus nécessaire pour la conquête, elle l'était encore pour l'occupation. D'abord la République Cisalpine, encore mal assurée, avait besoin d'être soutenue; de plus, le Piémont avait été réuni à la France, et un nouveau royaume, celui d'Etrurie, récemment créé au cœur de l'Italie, en faveur d'un infant d'Espagne, restait sous la tutelle de la République française. Ces diverses raisons firent qu'on retint sous les drapeaux une partie des soldats de l'armée du Mincio, et j'eus le malheur d'être du nombre. D'ailleurs, la possibilité de la guerre se laissait toujours entrevoir à travers les réjouissances de la paix; et l'ambition inquiète du Premier Consul se décidait difficilement à briser les cadres de cette vaillante armée, qui avait servi de piédestal à sa gloire. Il tenait surtout à conserver ses officiers, bien sûr d'avoir des soldats quand il en voudrait, et convaincu, d'autre part, qu'une armée de soldats médiocres, conduite par de bons officiers, est préférable à une armée de bons soldats commandée par de mauvais chefs.

Je pus m'apercevoir qu'on songeait à m'attacher au métier. Les préjugés sur mon compte avaient singulièrement diminué. Cela était d'autant plus naturel que la paix était aussi conclue avec l'Eglise. Un concordat avec Pie VII venait de rouvrir les temples, et semblait promettre à la religion catholique une ère de tranquillité et de bonheur. Je voyais donc, moi, humble paysan, je voyais les esprits, le gouvernement, l'opinion générale revenir à ma croyance. Une joie universelle accueillait la nouvelle de la restauration du culte catholique; on battait des mains à cet acte, que l'on appelait le chef-d'œuvre du Premier Consul; une foule d'hommes qui, pendant dix ans, avaient maudit Dieu et ses saints, applaudissaient maintenant à la rentrée des prêtres, au rétablissement des cérémonies chrétiennes. Ce mouvement général se fit sentir, quoique faiblement, à l'armée. Ainsi, chacun revenait au point de départ. Instruite par une triste et sanglante expérience, la France était ramenée au Dieu de sa jeunesse. Mais moi, je n'avais pas bougé : chose singulière ! après le long détour où la révolution avait entraîné les esprits, je me retrouvais au point de départ ; je n'avais ni préjugés à déposer, ni erreurs à dépouiller, ni remords à étouffer, ni crimes à expier ; j'étais tel que j'avais toujours été, tel que l'éducation m'avait fait, croyant sincère, et je ne gagnais à ce nouveau mouvement que la joie de pratiquer plus facilement ma religion, et de voir enfin cesser les blasphèmes dont elle était l'objet.

Naturellement, mon ancien *bigotisme*, ma *ci-devant superstition*, ne pouvaient plus être un obstacle à mon avancement. Peu à peu, et je m'en apercevais, l'esprit des chefs se modifiait à mon égard. Non qu'ils fussent revenus eux-mêmes aux pratiques ou aux convictions religieuses; la plupart d'entre eux restèrent ce qu'ils étaient : voluptueux et impies. L'armée d'Italie avait été, plus que celles du Nord, infectée des principes révolutionnaires; ce fut aussi celle qui s'en dépouilla le plus tard. Elle devait cela à l'esprit de ses chefs : Augereau, Lannes, Brune, etc.... Mais du moins l'état des choses obligeait les officiers à se contenir; et leur dédain à l'égard de ma foi trouvait dans la pensée même du chef du gouvernement un trop cruel démenti pour qu'ils osassent le manifester. Et puis, je dois le dire, ma conduite ayant toujours été la même, les plus licencieux n'avaient pu me refuser leur estime. Ils éprouvèrent sans doute quelque dégoût à voir plus d'un de leurs anciens compagnons d'impiété et de débauche prendre subitement le masque d'hommes religieux. Mais il n'en était pas ainsi de moi, qui étais resté constamment et ostensiblement attaché à ma foi, alors qu'il y avait quelque péril à l'être.

La réponse à ma demande de congé fut évasive. On ne niait point mes droits, mais on m'engageait à rester. L'officier supérieur qui me la communiqua me laissa entendre que sous peu je recevrais le brevet de capitaine. Il employa toute son éloquence pour me faire envisager la carrière sous le point de vue le plus flatteur. Ces arguments n'étaient pas nouveaux ; ils m'impressionnèrent faiblement. En somme, on me conseilla de réfléchir.

En attendant, je passai le reste de cette année (1801) en garnison à Milan, à Florence et dans quelques autres villes d'Italie. On me confia plusieurs commissions, que ce n'est point ici le lieu de détailler. Ma correspondance avec ma famille devint plus active ; à mesure que mon terme approchait, je sentais augmenter mes désirs de rentrer près d'elle. Comme c'était mon habitude de ne jamais rien faire de sérieux sans avoir consulté mes parents, je crus devoir leur parler des avantages que la carrière militaire pouvait m'offrir, et leur demander ce qu'ils en pensaient. Ce fut mon père qui répondit, non pas de sa main — il ne savait pas écrire — mais par l'entremise d'une de mes sœurs. Je reconnus son style, et, au bas, la croix tracée de sa main. Voici le contenu de sa lettre :

« Mon fils, je me suis toujours fait un devoir d'aimer mes enfants pour eux, et non pour moi. Voici plus de huit ans que tu nous as quittés, et quelque désir que j'aie de t'embrasser, je te déclare que je ne m'oppose point à ce que tu restes soldat, si c'est ton goût. Consulte-toi toi-même. Quant au fond, si tu me demandes mon avis, je te dirai que cette carrière ne me plaît guère. Je préfère, comme disait un jour ta mère, un champ semé de bon grain au plus beau champ de bataille semé de cadavres. L'éclat et le bruit ne font point le bonheur. D'autre part, c'est une existence pleine de dangers : tu me comprends ; je ne veux point parler seulement du danger de mort (la guerre ne tardera pas à se rallumer, sous l'homme qui nous gouverne), mais des dangers beaucoup plus redoutables qu'entraîne la licence des camps. Jusqu'ici, j'aime à le croire, tu y as tenu bon ; mais cela durera-t-il toujours ? Songe que jusqu'à présent tu n'as été soldat que par nécessité (ce qui t'a valu bien des grâces), et que désormais tu le serais par goût, ce qui n'est plus tout à fait la même chose. De plus, ta mère et moi nous vieillissons. C'est sur toi que nous avons compté surtout, pour être notre bâton de vieillesse. Mais, je te le répète, que cette raison n'influe en rien sur ta décision ; car ta mère et moi nous serions affligés d'avoir mis obstacle à ton bonheur. Examine-toi devant Dieu, et prends bravement ton parti. »

Je fus extrêmement soulagé en lisant cette lettre. Un instant j'avais craint que mes parents ne se laissassent prendre à la glu de l'amour-propre, et ne s'estimassent fiers de voir un de leurs enfants parvenir à un haut grade dans l'armée. Mais j'avais compté sans l'admirable bon sens de mon père. Il y eut bien, en effet, je l'ai su plus tard, un petit mouvement d'ambition du côté de ma mère. Un instant elle parut pencher pour que je restasse soldat. « Hé bien ! quoi ? lui disait mon père, qu'y aurait-il au bout de tout cela ? Dieu nous a sauvé notre Mathieu pendant ces huit ans de guerre mortelle : mais nous l'a-t-il garanti pour l'avenir ? Tout à l'heure, demain peut-être, on reprendra les armes : car l'homme ambitieux qui règne sur nous est de nature à n'être jamais en paix. Un boulet de canon peut nous emporter notre fils; et alors, que nous servira de lui avoir vu l'épaulette et l'épée? Je suppose même qu'il parvienne à échapper à ces périls : il arrivera tout au plus à obtenir une petite pension, quand nous ne serons plus, et qu'il sera lui-même au déclin de l'âge. Il reviendra alors avec des goûts tout différents ; peut-être aura-t-il perdu sa foi et ses mœurs ; dis-moi, ma femme, est-ce que nous serions bien fiers de l'offrir ainsi au Juge Suprême? Et ne serions-nous pas punis de l'avoir poussé dans cette carrière, qui, en le grandissant devant les hommes, l'aurait amoindri devant Dieu ? Va ! laissons-le libre de faire ce qu'il voudra , et ne sacrifions pas à un petit grain d'amour-propre la destinée du plus sage de nos enfants. » Ces raisons eurent bientôt gagné ma mère. Elles m'avaient déjà gagné moi-même. Je n'hésitai plus un seul instant à tout mettre en œuvre pour hâter le moment de ma délivrance.

XLIV.

Les vendus.

Etant en garnison à Florence, notre quartier-général, j'eus occasion d'étudier un fait nouveau qui se produisait alors dans les armées.

J'avais remarqué un jeune conscrit, Franc-Comtois d'origine, dont la conduite régulière tranchait sur la licence ordinaire de nos soldats. Je le voyais vivre seul, parce qu'il était repoussé de ses camarades. Plusieurs fois j'avais été à même de réprimer les contrariétés qu'on lui faisait subir. Rien cependant dans lui n'était de nature à produire l'aversion ou le ridicule. Il était beau, bien fait, d'une grande douceur de caractère, et, du reste, intelligent et docile. J'avais même jeté les yeux sur lui pour le proposer comme caporal, à la première occasion.

Pourtant je ne pouvais me rendre raison de cette répulsion dont il était l'objet. Je l'avais vu plus d'une fois triste, retiré à l'écart, quand tous les autres se livraient à de joyeux passe-temps.

Un jour que j'étais officier de ronde, je demandai aux

soldats du corps de garde pourquoi leurs railleries pleuvaient si volontiers et si dru sur la tête de ce pauvre conscrit ? — Ah ! ah ! me répondit-on en riant, c'est qu'il a vendu *le veau* de ses parents. — Je provoquai l'explication de cette expression, et j'appris que c'était la tournure grossière qu'on venait d'inventer pour désigner un soldat remplaçant.

Le remplaçant était un fait nouveau à cette époque. Jusqu'alors l'obligation de servir avait été personnelle. Les vieux soldats de la République accueillirent donc fort mal cette innovation. On trouvait, à raison ou à tort, qu'il y avait quelque chose de peu honorable à rendre mercenaire une fonction jusqu'à ce moment volontaire et gratuite. Un préjugé se forma aussitôt à l'encontre de tout individu qui entrait dans les rangs à titre de remplaçant. Je fus dans la suite témoin du discrédit, ou plutôt du mépris dans lequel ces jeunes gens tombaient. Les plaisanteries, les injures, les reproches, les vexations de tout genre, leur étaient prodigués ; j'ai vu plus d'un duel s'ensuivre. On m'assure qu'il en est encore ainsi aujourd'hui.

Or, c'est là une véritable injustice. Un jeune homme peut avoir les motifs les plus honorables pour se *vendre* (qu'on me passe le mot, puisqu'il est reçu). Chose singulière ! un tapageur de village, un perdu de dettes, un fils dénaturé s'engage, et est bien reçu au régiment ; et un jeune homme honnête, rangé, prend du service pour venir en aide à sa famille, et est mal vu. C'est là une choquante inégalité.

Le soldat dont je parlais devint pour moi l'objet du

plus vif intérêt, dès que je sus la véritable origine des contradictions auxquelles il était en butte. Un jour je le surpris versant des larmes. Il tenait à la main une lettre, et son émotion était trop vive pour que je ne cherchasse pas à en savoir la cause. Il m'expliqua alors en peu de mots son histoire :

« Lieutenant, me dit-il, je suis enfant d'une honnête famille de la Haute-Saône. Mon père était jadis un cultivateur à l'aise ; mais diverses circonstances, et entre autres la longue détresse que la Révolution a fait peser sur nos campagnes, l'ont bientôt fait déchoir à un état voisin de la misère. Il est inutile de démêler en quoi ses fautes contribuèrent à sa décadence ; le fait est que nous descendions rapidement dans la voie d'une ruine complète. Un créancier surtout nous serrait de près ; il y a des âmes impitoyables qu'aucune infortune n'émeut. Une somme de cinq cents francs aurait suffi pour nous tirer de presse. On m'envoya la demander à un riche acquéreur de biens nationaux, fixé depuis peu dans nos environs. Cet homme était avare, mais bon au fond. Il m'écouta, et me dit : Joseph, tu peux, si tu le veux, gagner cette somme, sans que je te la prête. — Comment cela, Monsieur ? — Tu es jeune, tu es fort, ton père a assez d'autres enfants pour l'aider dans sa culture : absente-toi pour quelque temps, et gagne les cinq cents francs dont il a besoin. — Où ? Quand ? Comment ? répondis-je, tout ébahi. — Ecoute : j'ai un fils qui est de ta conscription ; le sort t'a favorisé, et l'a frappé. Veux-tu être soldat à sa place ? Veux-tu le remplacer ? Je te donne pour cela deux mille francs.

» Deux mille francs ! La tête m'en tournait. Je n'hésitai pas un seul instant. On fit venir le notaire : je m'engageai, c'est-à-dire je me vendis, pour employer leur langage, et touchai à l'instant même mes deux mille francs. Rien n'égalera jamais la joie que je ressentis en entrant chez moi, en mettant aux mains de ma mère ce sac de deux mille francs, qui devait finir ses infortunes et sécher ses larmes. Sécher ses larmes : je me trompe ; elle en versa encore, mais de surprise, d'émotion, de joie, et aussi de tristesse de quitter un fils chéri. En deux mots, le bonheur rentra dans ma famille. J'emportais, en la quittant, la consolation de l'avoir sauvée de sa ruine. Mon action, je le crois, était digne de Dieu et de ma conscience ; mais elle fut jugée autrement ici. Je n'ai cessé, depuis mon entrée au régiment, d'être victime des plus viles injures, des plus misérables provocations. Mais je tiens bon : le souvenir du bonheur de mes parents suffit à compenser mes douleurs. Tenez, lieutenant, quand on reçoit des lettres comme celle-là, on peut se consoler de l'injustice des hommes. »

En disant cela, il me donnait sa lettre à lire. Elle était de son père ; et la reconnaissance s'y exprimait en termes si naïfs et si touchants, que je ne pus moi-même me défendre d'émotion. Non-seulement l'action généreuse du jeune soldat avait arraché ses parents aux poursuites de leurs créanciers ; mais, du reste de la somme, ils avaient pu entreprendre un petit commerce et se créer une sorte d'aisance.

« Oui, oui, je me suis vendu, reprit le jeune homme avec feu, oui, je me suis vendu pour racheter ce que j'ai de plus cher au monde. J'ai vendu ma liberté pour sauver celle de ma famille; j'ai vendu les plus belles années de ma vie pour donner à mon vieux père des jours paisibles; j'ai vendu les joies du foyer pour sécher les larmes de ma mère. Ah! quand je songe au bien que j'ai fait, je ne suis pas tenté de regretter mon marché. Qu'ils me raillent, qu'ils m'injurient à leur aise; ils ne m'ôteront pas cette douce pensée : Ton père, ta mère, tes frères, tes sœurs, te doivent le bonheur et la tranquillité. »

— Allez, jeune homme, lui dis-je en lui serrant la main; votre action est noble et digne, et Dieu vous en récompensera.

J'ai appris plus tard que ce brave soldat est parvenu au grade de colonel. Il jouit maintenant dans la retraite du bien qu'il a fait, et de la pension qu'il a gagnée.

XLV.

Conclusion.

Je passai les derniers jours de mon service en études et en voyages. Je puis dire que ce fut le plus beau moment de ma carrière militaire. Placés chez un peuple et sous un gouvernement amis, nous avions une latitude jusqu'alors inconnue chez nous. J'obtins facilement divers congés, dont je profitai pour visiter Rome, Naples, Assise et d'autres villes d'Italie. Le jeune chirurgien m'accompagna presque partout. Nous étions assez au courant de la langue pour pouvoir converser et lire les chefs-d'œuvre de la littérature italienne. Nous nous attachâmes surtout à visiter les monuments religieux ; et je puis dire que mes plus douces émotions furent pour ces magnifiques basiliques ou ces sanctuaires plus humbles, mais non moins vénérés, dont l'Italie est pleine. Le Premier Consul, au moment où il négociait le concordat, voulant se rendre le Pape favorable, avait fait un acte de justice, qui ne pouvait manquer de lui gagner les bonnes grâces de Pie VII : il avait rendu l'image de

Notre-Dame de Lorette, enlevée par le général Victor dans la première campagne d'Italie (10 février 1797). Personne n'ignore en quelle vénération les Italiens, et je pourrais dire tous les chrétiens, ont le sanctuaire de Notre-Dame de Lorette. C'est un des pèlerinages les plus fréquentés qui soient au monde. On y vénère l'humble appartement de Nazareth, la chambre même qu'occupèrent Jésus et Marie. Une statue de la Sainte Vierge, signalée par des prodiges sans nombre, y reçoit les hommages des fidèles. Nos soldats, maîtres du pays, virent là une belle occasion de jouer un tour à la *superstition* du pays : ils ne la négligèrent point. On profana le sanctuaire, on arracha l'image de sa place, et on l'achemina vers la France. Rien ne saurait dire l'émotion douloureuse que cet événement excita dans le cœur des Italiens vraiment religieux. Une bonne femme m'avoua qu'elle en avait été plus affligée que de l'invasion et du pillage du pays, que de la prise de Rome même et de l'exil du Souverain Pontife. On se figure aussi quelle allégresse ce dut être quand le Premier Consul rendit la précieuse image. La joie alla jusqu'au délire. Il y eut à l'occasion de sa réinstallation une fête magnifique : un grand nombre de prêtres, des prélats, des cardinaux même y assistèrent, et la foule des fidèles accourus de tous les points de l'Italie fut vraiment innombrable. J'eus le bonheur d'y être présent, et c'est un des spectacles les plus émouvants dont j'aie jamais été témoin. En aucune circonstance, je n'ai vu un plus beau triomphe pour Marie, ni une preuve plus sensible de la dévotion que les Italiens lui portent. Les cris de joie, les prostrations, les larmes, tous les signes de la piété ne pouvaient suffire à épancher les sentiments dont les cœurs étaient pleins. Je vis une jeune femme s'écrier : *Basta, si può morire* (1), et tomber morte de joie. Il m'est resté de cette cérémonie une impression qui ne s'effacera jamais.

Et moi aussi je joignis mes vœux à ceux de cette foule immense. Et moi aussi, j'éprouvais le besoin de témoigner à Marie toute ma reconnaissance pour la bienveillante protection qu'elle m'avait accordée. Pendant près de neuf ans, j'avais couru les plus grands dangers sur terre et sur mer, et toujours ma bonne Mère avait veillé sur mes jours. J'avais vu une foule de mes compagnons d'armes tomber autour de moi ; et toujours j'étais resté debout, comme si une main toute puissante et invisible m'eût protégé. Elle n'était donc point vaine, la confiance que j'avais mise dès le commencement dans cette douce *Etoile de la mer!* Elles étaient donc vraies, les prévisions de ces saints prêtres, de ma jeune sœur même, qui m'avaient prédit qu'avec une telle protectrice, je ne pouvais périr ! Oh ! je la remerciai de toute l'effusion de mon cœur. Je lui rendis grâces surtout de m'avoir défendu contre d'autres périls bien autrement graves, puisqu'ils menaçaient mes intérêts éternels. Ma conscience me rendait ce témoignage qu'après avoir été longtemps témoin des excès de l'impiété et des désordres du libertinage, j'avais néanmoins résisté à ce double courant, et que je rapporterais au foyer le précieux

---

(1) *C'est assez: maintenant je peux mourir.*

dépôt que j'y avais reçu : une foi vive et des mœurs pures.

Pendant l'hiver de 1801 à 1802, mes chefs firent de nouveaux efforts pour me retenir au service. Les flatteries, les promesses, les compliments, rien ne fut épargné pour me décider à prendre de nouveaux engagements. On prit à tâche surtout d'effacer en moi jusqu'aux derniers vestiges du mécontentement dont on me supposait rempli, à raison de la partialité qu'on m'avait témoignée. Il n'en était rien, pourtant ; je déclare en toute simplicité que j'avais toujours su me résigner à ces coups de l'injustice, et y voir une main supérieure, tendant à m'écarter d'une carrière où je n'étais pas appelé. Mais toutes les tentatives furent inutiles : je persistai à dire que, fils de paysan, je voulais rester paysan ; que nulle condition, à mes yeux, n'égalait celle-là, et que ma seule ambition était d'y vivre et d'y mourir.

Cependant, mes instances pour obtenir mon congé restaient toujours sans effet. Fort heureusement, la fièvre vint à mon aide. Quoique parfaitement guéri, depuis mon retour d'Egypte, j'étais cependant toujours resté un peu sous l'impression du malaise que j'y avais éprouvé : cinq ou six fois même, un accès de fièvre se déclara, mais éphémère et sans gravité. Cette nouvelle rechute parut un peu plus sérieuse : c'était le terme marqué par la Providence à mon long et pénible esclavage. Grâce donc à cette petite indisposition, grâce aux sollicitations de mon ami, grâce surtout à la paix d'Amiens, signée le 25 mars 1802 (4 germinal an x), le congé vint enfin ;

le 20 avril 1802, je le recevais avec une satisfaction que je ne puis exprimer. Je me rendis aussitôt dans une chapelle dédiée à Marie, pour y déposer encore une fois l'hommage de ma reconnaissance et de mon entier dévouement. Je suspendis à son autel mon épaulette en *ex-voto*; puis je pris ma course, ou plutôt mon vol vers ma patrie.

Quelques jours après, j'étais dans les bras de mes parents (1).

(1) Voir dans les *Mémoires d'un vieux Paysan* la suite de l'histoire de Mathieu Charrue.

TABLE.

	Pages.
I. La guerre	1
II. Le départ	5
III. L'arrivée au régiment	11
IV. Les chefs	18
V. Une nuit de garnison	23
VI. Première bataille	34
VII. Le chevron de caporal	38
VIII. Les laboureurs et la guerre	43
IX. Une lettre	49
X. Le siége de Valenciennes	53
XI. La religion du soldat	66
XII. Une fête révolutionnaire	75
XIII. La Vendée	84
XIV. L'ambulance	95
XV. Une nuit vendéenne	101
XVI. Le duel	118
XVII. Revers	128
XVIII. Une lettre. Un cartel	133
XIX. Le sous-lieutenant Roussel	144
XX. L'hôpital	155
XXI. La caserne	167
XXII. Le 9 thermidor	175
XXIII. Victoires	182
XXIV. Respect humain	190

XXV. La Hollande	197
XXVI. L'armée d'Italie	207
XXVII. Défense des faibles	217
XXVIII. Buonaparte	226
XXIX. L'Italie.	234
XXX. L'armée de Wurmser	253
XXXI. Nouveaux succès.	265
XXXII. L'archiduc Charles ; armistice de Léoben . .	278
XXXIII. Rome	297
XXXIV. La mer.	307
XXXV. L'Egypte	313
XXXVI. Le mal du pays	333
XXXVII. Retour.	348
XXXVIII. Gênes	354
XXXIX. Le Saint-Bernard.	359
XL. Marengo	368
XLI. Rencontre.	382
XLII. Le Splügen ; la paix	392
XLIII. Délibération	401
XLIV. Les vendus	407
XLV. Conclusion.	412

En vente chez CORNU, libraire à Besançon :

HISTOIRE
DES DIOCÈSES DE BESANÇON ET DE St-CLAUDE,

IMPRIMÉE AVEC LA PERMISSION DE Mgr L'ARCHEVÊQUE,
ET SPÉCIALEMENT DÉDIÉE AU CLERGÉ FRANC-COMTOIS,

Par M. l'Abbé RICHARD,

*Curé de Dambelin, correspondant historique du ministre de l'instruction publique,
membre de l'académie de Besançon.*

3 vol. in-8º, 10 fr.

Dans le rapport fait à l'académie des inscriptions et belles-lettres, au nom de la commission des antiquités de la France, sur les ouvrages envoyés au concours en 1852, et lu par M. Lenormant dans la séance publique solennelle du 12 novembre dernier, on lit le jugement suivant sur l'*Histoire des diocèses de Besançon et de Saint-Claude*, ouvrage qui a obtenu l'avantage d'une *mention honorable*.

Le rapporteur, après avoir dit, page 3, au recto, de son rapport, que M. Derode, historien de la ville de Lille, n'échappe à la critique que quand il ne nous appartient plus de le juger, continue en ces termes :

« Nous serions tenté d'en dire autant d'une TRÈS BONNE HIS-
» TOIRE *des diocèses de Besançon et de Saint-Claude*, par l'abbé
» Richard, si nous n'avions en vue que la dernière partie de cet
» ouvrage, où les annales de la Franche-Comté, sous le rapport
» de la religion, depuis soixante ans, offrent une lecture pleine
» d'intérêt et d'instruction. Mais, heureusement pour ses lecteurs
» et pour lui, M. l'abbé Richard débute presque aussi bien qu'il
» finit. La discussion de l'établissement du christianisme dans
» cette partie de la Gaule est conduite avec prudence, avec cri-
» tique ; et l'académie, qui a accepté l'héritage littéraire des Bé-
» nédictins, ne pouvait rester indifférente à ce succès loyal dans
» une entreprise épineuse. »

NOUVEAU MOIS DE MARIE,

MYSTÈRES DE MARIE MÉDITÉS,

IDÉE DES INDULGENCES,

Principales Prières de la dévotion à Marie, et Indulgences qui y sont attachées ;

Par M. l'Abbé CHEVROTON,
DIRECTEUR AU GRAND SÉMINAIRE DE BESANÇON.

Un vol. petit in-18, 440 pages, 1 fr. 50 cent.

NOUVEAU SOUVENIR DE PREMIÈRE COMMUNION,

Par M. L.-C. BUSSON.

L'intérêt de ce petit ouvrage est tel, que tout y semble animé. Il s'établit un dialogue entre Jésus et l'enfant, et cette forme pique l'attention sans faire oublier la gravité du sujet. L'enfant interroge Jésus avec naïveté ; Jésus répond à l'enfant avec une autorité pleine de douceur. Ce sont de petites scènes courtes, vives, pleines d'instruction, variées par des exemples bien choisis et toujours mis à la portée du jeune âge. Ce que les enfants voient, ce qu'ils entendent, ce qu'ils aiment, est discuté, apprécié d'après les lumières de la foi et de la raison.

Le cent, 10 fr.

Le même, avec gravure ou cachet de première communion, très bien exécuté, le cent, 15 fr.

Gravures de première communion seules, de toutes grandeurs, propres à être mises dans des cadres, de 5 à 25 fr. le cent.

NOUVEAU SOUVENIR DE CONFIRMATION,
Par M. L.-C. BUSSON.

Le cent, 10 fr.

EN VENTE
CHEZ CORNU, LIBRAIRE A BESANÇON :

Importance d'une retraite ou mission, avantages qu'elle procure, moyens d'en profiter ; souvenir précieux, par M. Bergier, missionnaire, 1 vol. in-18, le cent,   20 fr.

Recueil de cantiques choisis pour les missions, notés en plain-chant, par M. Chardenot, missionnaire, 1 vol. in-18, couverture imprimée, le cent,   20 fr.

Le même, sans notes, le cent,   10 fr.

Confrérie du Sacré-Cœur de Jésus, et Recueil des Indulgences accordées par N. S. P. le Pape Pie VII aux associés de ladite Confrérie ; corrigée et approuvée par Mgr le Cardinal-Archevêque de Besançon ; brochure in-18, le cent,   15 fr.

Biblia Sacra vulgatæ editionis, Sixti V et Clementis VIII, Pont. Max., auctoritate recognita. Editio nova, notis chronologicis, historicis, geographicis, ac novissimè philologicis, illustrata, 2 vol. grand in-4º,   16 fr.

Id., grand jésus collé,   25 fr.

   LA BIBLE, contenant cent quarante feuilles d'impression, forme deux volumes in-4º, d'une seule pagination, pour qu'on puisse, à volonté, les relier en un seul.
   On peut dire, sans crainte d'être démenti, que cette édition est la plus belle et la plus correcte qui ait été mise au jour depuis longtemps.
   Les notes dont elle est enrichie ajoutent à son mérite ; et les tables chronologiques qui la terminent ne laissent rien à désirer sous le rapport des soins et de la fidélité.
   Cette édition se recommande par le format, par le papier, par le caractère et par le soin apporté à l'impression.

Atlas géographique, statistique et progressif des départements de la France et de ses colonies, composé de 93 cartes indiquant toutes les villes, villages et hameaux du royaume, 1 vol. oblong in-4º,   fr.

Chronique d'Einsiedeln (Notre-Dame-des-Ermites, canton de Schwitz, en Suisse), par Joseph RÉGNIER. Ouvrage publié par les ordres de Mgr Dom CÉLESTIN Ier, Abbé actuellement régnant, et revêtu de l'approbation de Mgr d'Arras, 1 v. in-8º, 2 fr.

L. C. F. Lactantii OPERA OMNIA ; accesserunt : **Arnobii Afri** LIBRI VII ADVERSUS GENTES, nec non **Minutii Felicis** OCTAVIUS : juxta probatissimas editiones recognita et emendata ; 1 vol. petit in-8º,   2 fr.

Œuvres de Bossuet, 48 vol. in-12, édition Gauthier, 45 fr.

Sacerdos Christianus, seu ad vitam sacerdotalem piè instituendam Manuductio, in quâ quidquid ad christiani Sacerdotis mores et actus debitè componendos, juxta sacrorum Canonum normam et sanctorum Patrum doctrinam, requiritur, breviter ac dilucidè et quàm maximè ad praxim accommodatum proponitur. Auctore Ludovico ABELLY. 1 vol. in-8º, 1 fr. 25

Sancti Vincentii Lirinensis Commonitorium adversus hæreses. Accedunt de vitâ et scriptis S. Vincentii, nec non de Lirinensi monasterio, dissertationes. 1 vol. in-12, dédié à Monseigneur DE FRÉJUS, 1 fr. 50 c.

Sancti Hieronymi Stridoniensis EPISTOLÆ SELECTÆ. Editio nova. 1 vol. in-8º, 2 fr.
Le même, petit in-8º, 1 fr. 50 c.

<small>Ces éditions, mises à la portée de toutes les fortunes, se distinguent par la beauté du texte et par leur correction sévère.</small>

Considérations, ou Réflexions en forme de Méditations, pour tous les jours du mois. Nouvelle édition, augmentée des prières de la Messe, des Vêpres du Dimanche, en latin et en français, d'Exercices pour la Confession et la Communion, du Chemin de la Croix et de la Visite au Saint Sacrement, etc., in-18, relié, 80 c.

<small>Cette édition, revue et corrigée par ordre de Monseigneur, est la seule qui jouisse du privilége de l'approbation de Son Eminence.
Ces Considérations sont écrites d'un style simple et naturel, plein de sens, de force, et surtout d'une douce onction qui pénètre à la première lecture. Ce livre a le double avantage de plaire à l'esprit et de trouver infailliblement le chemin du cœur.</small>

Guide de l'âme fidèle, ou Recueil de prières les mieux choisies et les plus appropriées à nos besoins, par un prêtre du diocèse de Besançon, dédié aux personnes qui s'approchent souvent de la Sainte Table; 1 vol. in-18, doré, 2 fr.

<small>Ce livre, plus complet que ceux que nous possédions, se recommande par une grande variété de prières choisies appropriées à toutes les circonstances de la vie chrétienne, et par la réunion d'Hymnes et de Proses pour tous les dimanches et fêtes de l'année, pour l'Archiconfrérie, le Sacré Cœur, l'Immaculée Conception, etc., ce qui ne se trouve pas dans les Heures de mesdames d'Andelarre et de Fenoil.</small>

Trésor des âmes pieuses, à l'usage des Confréries, par M. Vauchot, 5e édition.
Le même, rel. argentée, 1 fr. 50 c.
Le même, rel. dorée, 2 fr.

Abrégé du Trésor des âmes pieuses, à l'usage des Conférences, broché, 40 c.
Le même, cartonné, couverture rehaussée d'or, 60 c.

www.ingramcontent.com/pod-product-compliance
Lightning Source LLC
Chambersburg PA
CBHW072217240426
43670CB00038B/1580